고대의 플라톤주의자들 1

정암고전총서 04

고대의 플라톤주의자들 1

『플라톤 철학 서설』·『플라톤 사상 강의』

알비노스·알키노오스

김유석 옮김

아카넷

정암고전총서는 윤독의 과정을 거쳐 책을 펴냅니다.
아래의 정암학당 연구원들이 『고대의 플라톤주의자들 1』 원고를 함께 읽고 번역에 도움을 주셨습니다.
강철웅, 김선희, 양호영, 이기백, 이준엽, 한경자.

'정암고전총서'를 펴내며

그리스 · 로마 고전은 서양 지성사의 뿌리이며 지혜의 보고다. 그러나 이를 한국어로 직접 읽고 검토할 수 있는 원전 번역은 여전히 드물다. 이런 탓에 우리는 서양 사람들의 해석을 수동적으로 수용하는 처지를 완전히 극복하지 못하고 있다. 사상의 수입은 있지만 우리 자신의 사유는 결여된 불균형의 문제를 안고 있는 것이다. 이런 상황은 우리의 삶과 현실을 서양의 문화유산과 연관 지어 사색하고자 할 때 특히 심각한 문제를 야기한다. 우리 자신이 부닥친 문제를 자기 사유 없이 남의 사유를 통해 이해하거나 해결하는 것은 거의 불가능하기 때문이다. 우리의 문제에 대한 인문학적 대안이 때로는 현실을 적확하게 꼬집지 못하는 공허한 메아리로 들리는 것도 그런 이유 때문일 것이다.

한 공동체에서 살아가는 사람들이 자신들의 생각과 말을 나누며 함께 고민하는 문제와 만날 때 인문학은 진정한 울림이 있는 메아리가 될 수 있다. 이것은 우리가 우리의 현실을 함께 고민하는 문제의식을 공유함으로써 가능하겠지만, 그조차도 함께 사유할 수 있는 텍스트가 없다면 요원한 일일 것이다. 사유를 공유할 텍스트가 없을 때는 앎과 말과 함이 분열될 위험에 노출될 수 있기 때문이다. 이런 점에서 진정한 인문학적 탐색은 삶의 현실이라는 텍스트, 그리고 생각을 나눌 수 있는 문헌 텍스트와 만나는 이중의 노력에 의해 가능할 것이다.

현재 한국의 인문학적 상황은 기묘한 이중성을 보이고 있다. 대학 강단의 인문학은 시들어 가고 있는 반면 대중 사회의 인문학은 뜨거운 열풍이 불어 마치 중흥기를 맞이한 듯하다. 그러나 현재의 대중 인문학은 비판적으로 사유하는 인문학이 되지 못하고 자신의 삶을 합리화하는 도구로 전락하는 경향이 없지 않다. 사유 없는 인문학은 대중의 욕망을 충족시키기 위해 소비되는 상품에 지나지 않는다. 정암고전총서 기획은 이와 같은 한계상황을 극복할 수 있는 기본적인 토대를 마련하고자 하는 절실한 문제의식에서 시작되었다.

정암학당은 철학과 문학을 아우르는 서양 고전 문헌의 연구와 번역을 목표로 2000년 임의 학술 단체로 출범했다. 그리고 그 첫 열매로 서양 고전 철학의 시원이라 할 『소크라테스 이전 철학자들의 단편 선집』을 2005년도에 펴냈다. 2008년에는 비영리 공익

법인의 자격을 갖는 공적인 학술 단체의 면모를 갖추고 플라톤 원전 번역을 완결한다는 목표 아래 지금까지 20여 종에 이르는 플라톤 번역서를 내놓았다. 이제 '플라톤 전집' 완간을 눈앞에 두고 있는 시점에 정암학당은 지금까지의 시행착오를 밑거름 삼아 그리스 · 로마의 문사철 고전 문헌을 한국어로 옮기는 고전 번역 운동을 본격적으로 펼치려 한다.

정암학당의 번역 작업은 철저한 연구에 기반한 번역이 되도록 하기 위해 처음부터 공동 독회와 토론을 통해 이루어진다. 번역 초고를 여러 번에 걸쳐 교열, 비평을 하는 공동 독회 세미나를 수행하여 이를 기초로 옮긴이가 최종 수정하는 방식으로 진행된다. 이같이 공동 독회를 통해 번역서를 출간하는 방식은 서양에서도 유래를 찾기 어려운 시스템이다. 공동 독회를 통한 번역은 매우 더디고 고통스러운 작업이지만, 우리는 이 같은 체계적인 비평의 과정을 거칠 때 믿고 읽을 수 있는 텍스트가 탄생할 수 있다고 확신한다. 이런 번역 시스템 때문에 모든 '정암고전총서'에는 공동 윤독자를 병기하기로 한다. 그러나 윤독자들의 비판을 수용할지 여부는 결국 옮긴이가 결정한다는 점에서 번역의 최종 책임은 어디까지나 옮긴이에게 있다. 따라서 공동 윤독에 의한 비판의 과정을 거치되 옮긴이들의 창조적 연구 역량이 자유롭게 발휘될 수 있도록 노력했다.

정암학당은 앞으로 세부 전공 연구자들이 각각의 팀을 이루어

연구와 번역을 병행함으로써 아리스토텔레스 철학 원전, 키케로 전집, 헬레니즘 선집 등의 번역본을 출간할 계획이다. 그리고 이렇게 출간할 번역본에 대한 대중 강연을 마련하여 시민들과 함께 호흡할 수 있는 장을 열어 나갈 것이다. 공익법인인 정암학당이 전적으로 회원들의 후원으로 유지된다는 점에서 정암고전총서는 연구자들의 의지뿐만 아니라 시민들의 소중한 뜻이 모여 세상 밖에 나올 수 있는 셈이다. 이런 점에서 정암고전총서가 일종의 고전 번역 운동으로 자리매김되기를 기대한다.

정암고전총서를 시작하는 이 시점에 두려운 마음이 없지 않으나, 이런 노력이 서양 고전 연구의 디딤돌이 될 것이라는 희망, 그리고 새로운 독자들과 만나 새로운 사유의 향연이 펼쳐질 수 있으리라는 기대감 또한 적지 않다. 어려운 출판 여건에도 정암고전총서 출간의 큰 결단을 내린 아카넷 김정호 대표에게 경의와 감사의 뜻을 전한다. 끝으로 정암학당의 기틀을 마련했을 뿐만 아니라 앎과 실천이 일치된 삶의 본을 보여 주신 이정호 선생님께 존경의 마음을 표한다. 그 큰 뜻이 이어질 수 있도록 앞으로도 치열한 연구와 좋은 번역을 내놓는 노력을 다할 것이다.

2018년 11월

정암학당 연구자 일동

차례

일러두기

- 번역의 대본은 다음 두 가지이다.
  알비노스의 『플라톤 철학 서설』(이하 『서설』): Burkhard Reis(Hrsg.), *Der Platoniker Albinos und sein sogenanter Prologos*, Wiesbaden: Dr. Ludwig Reichert Verlag, 1999.
  알키노오스의 『플라톤 사상 강의』(이하 『강의』): John Whittaker(éd.), *Alcinoos: Enseignement des doctrines de Platon*, Paris: Les Belles Lettres, 1990.
- 번역서의 좌우 여백에 적힌 숫자들은 독일의 고전문헌학자인 카를 프리드리히 헤르만(Karl Friedrich Hermann, 1804~1855)이 편집한 비판본의 쪽수와 행수를 나타낸다. 그는 플라톤의 대화편들을 여섯 권으로 편집하면서(*Platonis dialogi*, 6 vols., Leipzig: Teubner, 1851~1853), 마지막 제6권에 플라톤의 위작들과 함께 알비노스와 알키노오스, 그리고 몇몇 무명의 주석가들의 저술들을 함께 수록했는데, 오늘날 알비노스와 알키노오스를 인용할 때는 헤르만 비판본의 쪽수와 행수를 적는 것이 관례이다. 알비노스의 『서설』은 헤르만 비판본의 147쪽에서 시작하여 151쪽에서 끝나며, 알키노오스의 『강의』는 152쪽에서 시작하여 189쪽에서 끝난다. 행수는 5행 단위로 표기하였다.
- 번역은 의역을 원칙으로 하였다. 특히 번역어의 경우, 그리스어의 한 단어가 여러 가지 의미로 사용되는 경우가 있는데, 우리 번역에서는 하나의 단어에 하나의 번역어를 고집하기보다는 문맥에 따라 자유롭게 번역어를 다르게 옮겼다. 다만 이 경우 제기될 수 있는 번역의 일관성 문제를 해결하기 위해, 말미의 「찾아보기」에 관련 내용을 최대한 상세히 달아 놓아, 한국어와 그리스어 모두 유관 단어를 쉽게 찾아서 확인할 수 있도록 하였다.

- 본문의 장(章)에 붙어 있는 제목들은 원문에 없는 것으로서, 내용의 이해를 돕기 위해 역자가 붙인 것이다.
- 본문에 사용된 괄호의 종류는 셋으로, 각각 소괄호( ), 대괄호[ ], 화살괄호〈 〉이다. 먼저 소괄호( )는 기본적으로 원문에 있는 것들이다. 드물긴 하지만 번역어의 이해를 돕고자 한자를 병기할 때도 사용하였다. 대괄호[ ]는 번역상 불완전한 부분을 보충한 것으로서, 독자의 내용 이해에 꼭 필요하다고 판단할 때 제한적으로만 사용하였다. 마지막으로 화살괄호〈 〉는 원문 가운데 주로 단편들처럼 불완전한 텍스트의 출전을 알려주거나, 인용된 단편의 맥락을 설명할 때 사용하였다.
- 역주는 각주가 아닌 미주로 처리하였다. 주석을 읽으려면 페이지를 넘겨야 하기에 각주보다는 불편하지만, 많은 양의 해설이나 도식, 표 등을 담기에는 오히려 미주가 더 효율적이라고 판단하였다. 하지만 독자들에게 가장 중요한 것은 독서의 흐름을 놓치지 않는 것이니, 처음 읽을 때는 주를 참고하기보다는 다소 답답하더라도 본문의 독서에 집중하기를 권한다. 주석에서 다룬 것들은 다음의 내용에 한정한다.
  ① 그리스어 원문의 독법을 둘러싼 이견들, 역자가 편집자들과 달리 읽은 부분과 그 이유.
  ② 작품의 철학적 해석과 관련하여 독자의 이해에 필요하다고 역자가 판단한 부분. 알비노스와 알키노오스의 저술 속에는 다른 철학자들의 글이 다양한 방식으로 참조되거나 암시되고 있는데, 국내에서는 이것들에 관한 연구가 거의 이루어지지 않은 점을 감안하여, 중요한 글이라고 판단한 경우에는 해당 문헌을 번역하여 주석과 함께 인용하였고, 기존 번역이 있는 경우에는 서지 정보만 표기하였다.
  ③ 작품 속 고유명사들, 정치적 역사적 문화적 맥락들에 관한 정보.

• 본문과 역주에 자주 언급된 문헌들은 다음과 같이 약하여 표기하였다.

- 『견해들』 = 아에티오스, 『철학자들의 견해들에 관하여』 : J. Mansfeld & D.T. Runia(eds.), 2023, *Aetius: Placita*, Cambridge/ Massatsusetts: Harvard University Press.
- 『단편 선집』 = 김인곤 외(옮김), 2012, 『소크라테스 이전 철학자들의 단편 선집』, 파주: 아카넷.
- 『생애』 = 디오게네스 라에르티오스, 『유명한 철학자들의 생애와 사상』 (전 2권) : 김주일 외(옮김), 2020, 파주: 나남출판.
- 『선집』 = 스토바이오스, 『선집』 : C. Wachsmutt & O. Hense(Hrsg.), 1884~1923, *Ionannis Stobaei Anthologium*, 4 vols., Berlin: Weidmann.
- 『플라톤에 관하여』 = 아풀레이우스, 『플라톤과 그의 사상에 관하여』 : I. Magnaldi(ed.), 2020, *De Platone et eius Dogmate*, in *Apulei Opera Philosophica*, Oxford: Clarendon Press.
- EK = L. Edelstein & I.G. Kidd(ed.), 1989~1999, *Posidonius*, 3 vols., Cambridge: Cambridge University Press.
- IP = M. Isnardi Parente(a cura di), 1980, *Speusippo: Frammenti*, Napoli: Bibliopolis.
- IP-D = M. Isnardi Parente & T. Dorandi(a cura di), 2012, *Senocrate–Hermodoro: Frammenti*, Pisa: Edizioni della Normale Superiore di Pisa.
- LS = A.A. Long & D.N. Sedley(ed. & trs.), 1987, *The Hellenistic Philosophers*, 2 vols., Cambridge: Cambridge University Press.
- SVF = Hans von Arnim(Hrsg.), 1903~1905, *Stoicorum Veterum Fragmenta*, Stuttgart: Teubner.

알비노스 플라톤 철학 서설

[플라톤 작품 입문]

알비노스의 서설[1] 147H

I. 철학적 대화란 무엇인가?

플라톤의 대화편들을 읽으려는[2] 사람에게는 먼저 바로 이것, 즉 대화편이란 도대체 무엇인가를 아는 것이 중요하다. 왜냐하면 그것들은 일정한 기술과 능력 없이 저술된 것이 아니어서, 관조[3]의 경험이 없는 사람에게는 그것들을 기술에 맞게 이해하기가 쉽지 않기 때문이다. 또한 우리의 철학자가 생각하기에는, 탐구하려는 대상이 무엇이든 간에 그것의 본질[4]을 연구하고, 그다음에는 그것이 무엇을 할 수 있고 무엇을 할 수 없는지, 또 그것이 본래 무엇에 유용하고 무엇에 유용하지 않은지를 검토하는 것이 바람직하기 때문이다. 그는 이렇게 말한다.

> 얘야, 무엇에 관해서든 잘 숙고하려는 사람들에게는 하나의 출발점만이 있단다. 그것은 그 숙고가 무엇에 관한 것인지를 알아야 한다는 것으로서, 그렇지 않으면, 전적으로 잘못을 범할 수밖에 없지. 그런데 대다수의 사람들은 각각의 본질을 알지 못한다는 사실을 눈치채지 못한단다. 그래서 그것을 알지 못하기에,[5] 그들은 탐구를 시작할 때 합의를 보지도 못해. 그리고 그렇게 가다 보면 그에 합당한 대가를 치르고 말지. 왜냐하면 그들은 자기들 자신과도, 타인들과도[6] 합의를 보는 데 실패하고 말거든.(플라톤, 『파이드로스』 237b~c)

그러므로 우리가 플라톤의 대화편들을 읽으면서 이런 일을 겪지 않으려면, 내가 말한 바로 이것,[7] 그러니까 도대체 대화편이란 무엇인가를 탐구해야 한다. 자, 그것은 다름 아닌 질문과 답변으로 구성된 담론[8]으로서, 정치적이고 철학적인 것들 가운데 일부를 다루며, 그것에 걸맞은 성격이 구현된 등장인물과 적절하게 배치된 말투를 동반하는 것이다.

II. 대화편의 네 가지 특징

대화편을 담론이라고 말하는 것은 인간이 동물이라고 말하는 것과 같다.[9] 그런데 담론 가운데 어떤 것은 마음속에 있는 것이고, 또 어떤 것은 발화된 것이라고 할진대, 우리가 듣게 될 것은 발화된 담론이다.[10] 또 발화된 담론 가운데 어떤 것은 연속적으로 말해지고, 또 어떤 것은 질문과 답변에 따라 말해진다[11]고 할 때, 대화편에 고유한 것은 질문들과 답변들이다. '대화편이 질문들과 답변들로 이루어진 담론'[12]이라고 말해지는 것은 이로부터이다.

그리고 '정치적이고 철학적인 것들 가운데 일부에 관해'[13]라는 표현이 더해지는데, 그 이유는 대화편의 바탕에 놓인 소재가 대화편에 적절한 것이어야 하기 때문이다. 그런데 그것은 정치적이고 철학적인 소재이다. 즉 비극과 시작(詩作) 전반에 적합한 소재로 신화가 바탕에 놓이듯이, 마찬가지로 대화편의 소재로는 148H
철학적인 것, 그러니까 철학과 관련된 사안들[14]이 놓인다는 것이다.

그리고 여기에 '걸맞은 성격이 구현된 등장인물[15]을 동반한다'라는 표현이 더해진다. 왜냐하면 담론에 등장하는 이들은 그 삶이 다양해서, 어떤 이들은 철학적인 사람들이고, 또 어떤 이들은 소피스트적인 사람들〈이며, 또 다른 이들은 일반인들[16]〉이라면, 각자에게는 적합한 성격들을, 즉 철학자에게는 고귀함과 단순함과 진리에 대한 사랑[17]을, 소피스트적인 사람에게는 다채로움과 불안정성과 의견에 대한 사랑[18]을, 그리고 일반인에게는 그에 걸맞은 성격을 구현해야 하기 때문이다.

이에 더하여 그는 '적절하게 배치된 말투'[19]라고 말하는데,[20] 이는 매우 타당성 있는 언급이다. 왜냐하면 비극과 희극에는 그것에 적합한 운율[21]이 있어야 하고, 이른바 역사에도 그[것에 적합한] 문체[22]가 있어야 하는 것처럼, 마찬가지로 대화편에도 그것에 적합한 말투와 문장 구성[23]이 있어야 하기 때문인데, 그것은 앗티카 풍의 성격, 즉 품위와 간결함과 완결성을 갖추는 것이다. 만일 어떤 말해진 담론이 내가 말한 것과 같은 형식들을 갖추지 못하고, 그것들을 결여하고 있음에도 '대화편'이라고 불린다면, 그것은 바르게 불린 것이라 할 수 없다. 그리하여 투퀴디데스에 나오는 대목이 대화편에 고유하다고 할 만한 특성을 갖추었다고 말해진다 해도 우리는 그것을 대화편이라고 말하지 않을 것이요, 오히려 의도를 가지고서 서로 대립적인 입장으로 기록한 두 편의 대중연설이라고 말할 것이다.

III. 대화편의 분류

그러면 대화편이 도대체 무엇인지를 고찰했으니, 플라톤에 따른 대화편 자체의 차이[24]에 관하여, 다시 말해 그 유형들에 관하여, 가장 상위의 유형들은 얼마나 있으며 그것들이 하위로 분류되어 나뉠 수 없는 것들에 이르기까지 얼마나 많은 유형들이 확립되었는지 살펴보도록 하자. 그러면 유형들에 관해서는 이어지는 대목에서 개요와 함께 완전하게 논의하겠지만,[25] 여기서 알아둘 것은 가장 상위의 유형들과 관련해서는 그 수가 둘로서, 하나는 설명적인 유형[26]이고 다른 하나는 탐구적인 유형[27]이라는 것이다. 설명적인 것은 가르침과 실천과 참의 증명에 걸맞고, 탐구적인 것은 연습과 경합과 거짓의 논박에 걸맞다. 또한 설명적인 유형은 사안을 다루고, 탐구적인 유형은 인물을 다룬다.[28]

자, 플라톤의 대화편들 가운데, 『티마이오스』는 자연학적인 유형에 속하고, 『크라튈로스』, 『소피스트』, 『정치가』, 『파르메니데스』는 논리학적인[29] 유형에 속하며, 『국가』, 『크리티아스』, 『미노스』, 『법률』, 『에피노미스』는 정치학적인 유형에, 『변명』, 『크리톤』, 『파이돈』, 『파이드로스』, 『향연』, 『편지들』, 『메넥세노스』, 『클레이토폰』, 『필레보스』는 윤리학적인 유형에 속한다. 또한 『에우튀프론』, 『메논』, 『이온』, 『카르미데스』, 〈『테아이테토스』〉는 시험적인[30] 유형에 속하고, 『알키비아데스』, 『테아게스』, 『뤼시스』, 『라케스』는 산파술적인 유형에 속하며, 『프로타고라스』는 입증적인[31] 유형에, 그리고 『히피아스』 〈두 편〉, 『에우튀데모스』, 『고르기아스』는 논박적인[32] 유형에 속한다.[33]

IV. 등장인물과 극적인 맥락에 어울리는 대화편들의 독서 순서

149H 그렇다면 우리가 대화편들이 본성상 지닌 차이와 그것들의 유형들을 고찰한 이상, 이것들에 더하여 어떤 대화편들에서 출발하여 플라톤의 담론을 읽어야 하는지를 말해 보자. 사실 그 견해들은 서로 달랐는데, 어떤 이들은 『편지들』에서 시작하는 반면, 다른 어떤 이들은 『테아게스』에서 시작한다.

그런가 하면, 그것들을 4부작[34]으로 나눈 사람들도 있는데, 그들은 첫 4부작을 『에우튀프론』과 『변명』과 『크리톤』과 『파이돈』을 포함하는 것으로 배치한다. 『에우튀프론』을 배치하는 것은 거기서 소크라테스에 대한 재판이 언급되기도 하기 때문이며, 『변명』은 그가 변론을 하지 않을 수 없었기 때문이다. 이것들에 더하여 『크리톤』을 배치한 것은 감옥에서 대화하며 시간을 보내기 때문이다. 다음으로는 『파이돈』을 배치한 것은 거기서 소크라테스가 삶의 최후를 맞이하기 때문이다. 데르퀼리데스와 트라쉴로스[35]가 이 견해에 속한다.

그런데 내 생각에 이들은 등장인물들과 그들이 살았던 환경에 따라 순서를 정하려 했던 것처럼 보인다. 그것은 아마 다른 것과 관련해서는 유용하겠지만, 우리가 지금 원하는 것과 관련해서는 유용하지 않다.[36] 우리가 원하는 것은 지혜에 따른 가르침의 출발점과 순서를 발견하는 것이다. 그래서 우리는 플라톤의 담론에 하나이고 규정된 출발점이 있는 것은 아니라고 주장한다. 사실 그것은 완전한 것으로서 원의 완전한 형태를 닮은 것처럼 보인다.[37] 따라서 원의 출발점이 하나로 규정된 것이 아니듯이, 그렇게 담론의 출발점도 하나로 규정된 것이 아니다.

V. 이상적인 학생을 위한 대화편들의 독서 순서

그렇다고 해서 출발점이 뭐든 그것에 따라 닥치는 대로 우리가 그의 담론을 읽어야 한다는 것은 아니다. 왜냐하면 누군가가 원을 그려야 한다고 해서, 아무 점에서나 시작해서 원을 그리지는 않기 때문이다.[38] 오히려 그 사람은 플라톤의 담론과 관련하여 우리 각자가 처한 조건에서 출발하여 대화편들을 읽을 것이다.

그런데 담론에 대하여 우리가 처한 조건들은 많고도 다양하다. 그 하나는 우리의 본성과 관련되어 있다. 예컨대 좋은 소질을 타고난 경우와 소질이 없는 경우가 그렇다. 다른 하나는 나이와 관련되어 있다. 이를테면 철학하기에 제철인 사람이나, 이미 철이 지난 사람의 경우가 그렇다. 또 어떤 것은 선택과도 관련되어 있다. 이를테면 철학을 위해서 대화편을 읽거나, 아니면 탐구를 위해[39] 대화편을 읽는 경우가 그렇다. 또 다른 어떤 것은 상태와도 관련되어 있다. 이를테면 예비적인 배움을 마친 상태이거나 무지한 상태[40]가 그렇다. 그런가 하면 또 어떤 것은 물질적인 것[41]과 관련되어 있기도 하다. 예컨대 철학에 쉽게 몰두하는 사람이나, 주변 환경에 휩쓸려 이리저리 끌려다니는 사람의 경우가 그렇다.

따라서 본래 소질이 있는 사람이 철학하기에 제철인 나이[42]에 이르고, 자신의 선택에 따라 덕을 훈련할 목적으로 담론에 다가가며, 학과들에 대한 예비적인 배움을 마쳤을뿐더러, 정치적인 주변 환경[43]에서도 벗어나 있는 상태라면, 그는 『알키비아데스』에서 시작할 것이니,[44] 이는 방향을 바꾸고 자신을 돌아보며 무엇을 돌봐야 하는지를 깨닫기 위해서이다.[45]

150H 그리고 철학자란 누구인지, 그가 몰두하는 것은 무엇이며, 어떤 가정 위에서 그의 담론이 전개되는지에 대한 훌륭한 사례를 보고자 한다면, 그 다음으로 『파이돈』을 읽어야 한다. 왜냐하면 거기서는 철학자가 무엇이고, 그가 몰두하는 일은 무엇인지를 말하고 있으며, 혼이 불사라는 가정 위에서 혼에 관한 담론을 전개하기 때문이다.

그다음에는 『국가』를 읽어야 할 것이다. 왜냐하면 그것은 첫 출생에서 시작하여 교육 전반을 개략적으로 설명하거니와, 그것을 이용함으로써 우리는 덕을 획득하는 데 이를 것이기 때문이다.

아울러 덕을 획득한 사람이 신적인 것들과 닮을 수 있으려면[46] 그것들에 관한 앎도 갖춰야 하기에, 우리는 『티마이오스』[47]를 읽게 될 것이다. 왜냐하면 자연에 관한 바로 그 탐구, 그러니까 이른바 '신학'[48]과 만유의 질서에 관해 읽음으로써, 우리는 신적인 것들을 분명하게 마주 보게 될 것이기 때문이다.

VI. 보통의 학생을 위한 대화 유형별 독서 순서

그런데 누군가가 플라톤의 가르침에 적절한 대화편들의 순서와 관련하여 그 골자라도 살펴볼 수 있기를 바란다면, 플라톤의 사상을 선택한 사람은(관조자가 되어 자신의 혼과 신적인 것들, 신들 자신, 그리고 가장 아름다운 지성과 마주하는 것이 필수적이기에) 먼저 기존에 갖고 있었던 의견들 가운데 거짓된 것들을 정화해내야 한다. 왜냐하면 의사들도 우리가 몸 안에 있는 장애물을 치워 버리지 않는다면,[49] 몸이 공급된 양분으로부터 이로움을 얻을 수 있으리라고는 생각하지 않기 때문이다. 거짓된 의견을 정화한 뒤에는 자연적 관념들[50]을 일깨우고 불러내야 하며, 그것들을 정화하고[51] 잘 구분하여 원리들로서 분명하게 제시해야 한다.[52] 이에 더하여, 혼이 말하자면 이미 준비되었다고 할 때, 우리는 그것에 적합한 사상들을 만들어 넣어야 하니,[53] 혼이 완전해지는 것은 그것들을 통해서이다. 그것들은 자연학과 신학, 그리고 윤리학과 정치학의 사상들[54]이다. 또한 그 사상들이 도망치지 못하고 혼 안에 머물도록 하기 위해서는 원인에 대한 추론으로 그것들을 묶어 놓아야 하니,[55] 이는 우리가 앞에 놓인 목표를 확고하게 하기 위해서이다. 이에 더하여, 우리는 속지 않는 능력을 확보할 필요가 있으니,[56] 이는 우리가 어떤 소피스트에게 잘못 이끌려서 우리 자신의 상태를 더 나쁜 쪽으로 돌리지 않도록 하기 위함이다.

그렇다면 우리가 거짓된 의견들을 쫓아내기 위해서는, 플라톤의 대화편들 가운데 시험적인 유형의 작품들[57]을 읽어야 할 것이다. 왜냐하면 그것들은 논박적인 성격과 이른바 정화하는 성격을 갖기 때문이다.

또한 우리가 자연적 관념들을 빛으로 불러내기 위해서는 산파술적인 유형의 대화편들[58]을 읽어야 할 것이다. 왜냐하면 그것[즉 산파적인 성격]이 이 대화편들에 고유한 특징이기 때문이다.

그리고 우리가 플라톤의 적절한 사상을 얻기 위해서는 설명적인 유형의 대화편들[59]을 읽어야 한다. 왜냐하면 그것[즉 설명적인 성격]이 이 대화편들의 고유한 특징이기 때문이다. 그런데 그
151H 것들 안에는 한편으로 자연학적인 사상들이 있고 다른 한편으로는 윤리학 및 정치학과 가정경영학[60]이 있는데, 그중 앞엣것은 관조와 관조적인 삶으로의 고양에 관여하고, 뒤엣것은 실천 및

실천적인 삶의 인도에 관여하되, 양자 모두는 신을 닮는 것에 관여한다.[61]

또한 묶인 것들이 우리에게서 도망칠 수 없도록 하기 위해서는 논리학적인 유형(이것은 설명적인 유형에 속하기도 한다)의 대화편들[62]을 읽어야 한다. 왜냐하면 이 대화편들은 나눔과 정의의 방법들을 담고 있으며, 더욱이 분석과 추론[63]의 방법들에 관해서도 다루기 때문이니, 이것들을 통해서 진리가 증명되고 거짓이 논박되는 것이다.

이에 더하여, 우리는 소피스트들에게 속지 않아야 하기에 반증적이고 논박적인 유형의 대화편들[64]을 읽을 것이다. 그 속에서 우리는 어떻게 소피스트들의 주장을 이해해야 하는지, 또 그들이 담론을 가지고서 나쁜 짓을 할 때 우리가 어떻게, 또 어떤 방식으로 대응해야 하는지를 철저하게 배울 수 있다.

부록: 단편들[65]

생애

단편 1

갈레노스,[66] 『자신의 책들에 관하여』 97, 8~11 I. Mueller

그리하여 나는 만 37세가 되었을 때, 로마를 떠나 조국으로 돌아왔고, 몇몇 사람들에게서 세 권의 책을 받았는데, 그것들은 내가 의사인 펠롭스와 플라톤주의자인 알비노스를 만나기 위해 페르가몬을 떠나 스뮈르나로 가기 전에 쓴 것들이었다.

단편 2

『코이슬리니아누스 사본』[67] 387, fol. 534ᵛ

그런데 철학에서 돋보였던 이들로는 플라톤과 그의 제자인 아리스토텔레스가 있다. 이들 가운데 많은 사람들이 플라톤에 대해 주석을 달았지만, 특히나 더 유용한 이들은 가이오스,[68] 알비노스, 프리스키아누스,[69] 타우로스,[70] 프로클로스,[71] 다마스키오스,[72] 요안네스 필로포노스[73]로서, 마지막 인물은 프리스키아누스와 대결했는가 하면 종종 아리스토텔레스와 맞서기도 했다.

단편 3

프로클로스, 『플라톤의 「국가」 주석』 II, 96, 10~15

우리는 그 모든 것들을 설명할 필요가 있는데, 무엇보다도 그 이유는 많은 이들이 그것[=『국가』 편의 에르 신화]의 고찰에 몰두했기 때문이다. 또한 정상급 플라톤주의자들인 누메니오스,[74] 알비노스, 가이오스, 니카이아의 막시모스,[75] 하르포크라티온,[76] 에우클레이데스[77]를 비롯하여, 특히나 모두의 위에 있는 포르퓌리오스[78]도 그러했는데, 나로서는 그가 신화들 속에 감춰진 모든 것들의 가장 완벽한 해석자라고 주장하는 바이다.

저술

단편 4

『파리지누스 그라이쿠스 사본』[79] 1962, pinax fol. 146ᵛ B′

알비노스의 『가이오스 강의록: 플라톤 사상 개요』 I, II, III, IV, V, VI, VII, VIII, IX, X, XI.

단편 5

프리스키아누스,[80] **『페르시아의 왕 코스로에스의 질문에 대한 답변』** 42, 8~10

우리는 또한 스트라본의 『지리지』에서 비롯된 유용한 자료들과, 마찬가지로 알비노스의 『가이오스 강의록: 플라톤 사상 개요』에서 비롯된 유용한 자료들도 사용했다.

단편 6

『파리지누스 그라이쿠스 사본』 1962, pinax fol. 146ᵛ Γ′

동일인[= 알비노스]의 『플라톤에게 속하는 견해들에 관하여』 셋째 권.

단편 7

쉬리아의 에프렘,[81] 『바르다이산의 '주(主)' 개념에 반대하여』

그러나 당신도 알다시피 『주님에 관하여』라고 불리는 그 책에서는 "플라톤주의자들의 말에 따르면, '물체들'과 '비물체들'이 있다고 한다"라고 언급되고 있소. 즉 물체적인 것들과 비물체적인 것들이 있다는 것이지요. 그렇지만 설령 그 탐구들이 플라톤주의자들의 저술들 속에 기록된 것들이라고 해도, 그것들은 플라톤주의자들에게 속하는 것이 아니오. 오히려 그것들은 스토아주의자들의 탐구들이지요. 그것들을 알비노스가 '비물체적인 것에 관하여'라고 불리는 자신의 책에 도입한 것으로서, 그것은 현자들과 철학자들의 관습에 따라 그랬던 것이오. 즉 현자들과 철학자들은 그들의 저술 속에서 먼저 그들 자신의 입장에 대한 탐구를 전개하고, 그다음에 자기들의 논변을 통해 그들의 사상적인 학파에 대립하는 사람들의 탐구를 논박하고자 노력하지요. 그런데 스토아주의자들과 플라톤주의자들의 저술들에서도 그런 일이 일어난 것입니다. 왜냐하면 플라톤주의자들은 물체들과 비물체들이 있다고 말하고, 스토아주의자들 역시 같은 것을 말했기 때문이오. 하지만 그들은 용어에 있어서는 서로 동의해도 견해에 있어서는 동의하지 않소. 왜냐하면 플라톤주의자들은 물체적인 것들과 비물체적인 것들이 자연 안에 그것도 실체로서 존재한다고 말하지만, 스토아주의자들은 자연에 존재하며 실체인 것은 모두 '물체적(말 그대로는 몸)'이라고 말하는 반면, 정신에 의해 지각되지만 자연 속에는 존재하지는 않는 것을 그들은 '비물체적'이라고 부르기 때문이오.

혼 이론

단편 8

테르툴리아누스,[82] **『혼에 관하여』** 28, 1, p. 39, 25~29

맥락 혼의 윤회에 관한 옛 담론을 소개함

그렇다면 혼의 반복적인 윤회에 관한 플라톤의 보고에 들어 있는 그 옛 담론은 오늘날 무엇일까? 그것에 따르면 혼들은 이승을 떠나 저승으로 가고, 다시 이곳으로 돌아와 살아가며, 그리고 장차 그런 식으로 다시 죽은 자들로부터 산 자들이 생겨난다고 하지 않았던가? 어떤 이들에 따르면, 그것은 퓌타고라스의 사상이라고 한다. 반면에 알비노스는 그것을 신적인 것으로 간주하며, 아마도 아이귑토스의 메르쿠리우스[83]에게서 비롯되었을 것으로 본다.

단편 9

테르툴리아누스, 『혼에 관하여』 29, 3~4, p. 41, 13~23

맥락 삶은 죽음에서 비롯된다는 퓌타고라스주의자들의 생각에 대한 반박

사실 우리로서도 태어남과 태어나지 않음, 보임(시각)과 보이지 않음(실명), 젊음과 늙음, 지혜와 무지의 대립에는 반대할 것이다. 그러므로 반대인 것이 반대인 것에서 생겨난다는 이유로 해서, 태어나지 않음이 태어남으로부터 나오지도 않고, 또 이번에는 보이지 않음이 보임으로부터 발생한다는[84] 이유로 해서, 보임(시각)이 보이지 않음(실명)에서 나오지도 않으며, 다시 이번에는 젊음에 이어 늙음으로써 쇠약해진다는 이유로, 젊음이 늙음으로부터 소생하지도 않고, 무지로부터 지혜가 날카롭게 벼려진다는 이유로, 지혜가 다시 무뎌짐으로써 무지가 생기지도 않는다. 이것에 대해 그의 플라톤을 걱정했던[85] 알비노스 역시 대립하는 것들의 종류를 세밀하게 구별하고자 노력하였다. 마치 위의 예들은, 그의 스승의 견해에 따라 해석되는 것처럼 — 내 말은 삶과 죽음처럼 —, 그렇게 절대적으로 대립하는 것들은 아니라는 듯이 말이다.

단편 10

이암블리코스, 『혼에 관하여』, in 스토바이오스, 『선집』 I, 375, 10~11 C. Wachsmuth

[…] 알비노스에 따르면, 자주적인[86] 판단으로 인한 과오가 [혼을 질료로] 하강하게 만드는 활동의 원인이 되는 것이다.

단편 11

프로클로스, 『플라톤의 「티마이오스」 주석』 III, 234, 9~18 H. Diehl = V, 94, 5~14 Van Riel

맥락 혼의 불사적인 부분이 무엇이고 가사적인 부분은 무엇인가에 대해 플라톤주의자들은 답을 찾아왔다.

그리고 어떤 이들은 오직 이성적인 혼만을 불사적인 것으로 남겨 놓고, 모든 비이성적인 생명과 혼의 숨결이 깃든 탈것은 소멸한다고 보았다. 그들은 혼이 생성으로 기우는 경향에 따라, 그것들에 존립성을 부여하며,[87] 오직 지성만이 지속하고, 신들을 닮았으며, 소멸하지 않는 것으로서, 불사적이라는 생각을 고수한다. 그들은 말하자면 더 옛날 사람들이자, 플라톤이 비이성적인 혼은 사멸한다고 보고 그것을 '가사적'이라고 부르는 것을 글자 그대로 따르기로 결정한 이들로서, 나는 앗티코스들과 알비노스들,[88] 그리고 그와 유사한 몇몇이 그들이라고 말한다.

생겨난 우주와 생겨나지 않은 우주

단편 12

프로클로스, 『플라톤의 「티마이오스」 주석』 I, 218, 28~219, 13 H. Diehl = II, 20, 16~21, 10 Van Riel

맥락 "그런데 우리가 이 우주에 관하여, 그것이 어떻게 생겨났는지, 아니면 혹시 생겨나지 않은 것은 아닌지에 대해 이런저런 설명을 하려 함에 있어서, 우리가 완전히 빗나가지 않으려면, 남신들은 물론 여신들도 불러내어, 모든 것들이 무엇보다도 그분들의 마음에 들고, 결국에는 우리의 마음에도 들도록 말할 수 있게 해달라고 기도해야 합니다."(플라톤, 『티마이오스』 27c~d)

자, 이번에는 "우주가 혹은/어떻게(η) 생겨난 것인지, 혹은(η) 생겨나지 않은 것인지"와 관련하여, 어떤 이들은 첫 번째 '에타(η)'를 거칠게(ἧ) 읽고,[89] 두 번째 '에타'는 부드럽게(ἤ) 읽으면서[90] 해석하는데, 그들의 주장에 따르면, [화자인] 티마이오스가 우주에 관해 말하려는 것은, 그것이 원인으로부터 생겨난 것인 한, 설령 그것이 생겨나지 않은 것이라고 해도[91] 결국 우리가 생겨난 것으로 그것을 관찰했을 때, 그것 안에 담긴 본성을 보게 된다는 것이다. 또한 적어도 플라톤주의자인 알비노스 역시, 플라톤의 관점에 따르면, 설령 우주가 생겨나지 않은 것이라 하더라도, 생성의 원리를 갖는다고 평가한다. 그가 보기에 그것[우주]은 심지어 참된 존재를 넘어선다. 왜냐하면 참된 존재는 그저 항상 존재할 뿐이지만, 우주는 항상 존재하는 것에 더하여 생성의 원리까지 갖고 있기 때문이다. 그 결과 우주는 항상 존재하는 동시에 생겨나는 것이다. 그것이 그렇게 생겨난 것은 시간에 따른 것으로서가 아니라, — 왜냐하면 만약 그랬다면, 그것은 항상 존재하는 것이 아니었을 것이기에 — 여럿이자 닮지 않은 것들의 종합을 통한 생성의 이치를 지닌 것으로서이다. 그 종합의 존립에 관해서는 다른 더 오래된 원인을 참조할 필요가 있다. 그 원인이 일차적으로 항상 존재함으로 인해, 우주 그 자신도 모종의 방식으로 항상 존재하는 것으로 있으며, 생겨난 것일 뿐만 아니라 생겨나지 않은 것이기도 한 것이다. 그렇지만 플라톤이 이하의 대목에서 만유가 어떤 식으로는 생겨난 것이고, 어떤 식으로는 생겨나지 않은 것이라고는 말한 적이 없다.

단편 13(?)[92]

프로클로스, 『플라톤의 「티마이오스」 주석』 I, 218, 2~7 H. Diehl = II, 19, 13~17 Van Riel

그리고 해석자들 가운데 더 옛 사람들의 주장에 따르면, 만유는 어떤 식으로는 생겨나지 않은 것이고, 또 어떤 식으로는 생겨난 것이다. 아울러 그런 이유로 그것에 관한 설명 역시, 어떤 식으로는 생겨나지 않은 것으로서 다루고, 또 어떤 식으로는 생겨난 것으로서 다루는 것이 그럼직하다. 그렇지만 막상 플라톤은 '어떤[이런저런] 식으로'라는 말을 '생겨나지 않은 것'과 '생겨난 것'에 갖다 붙인 게 아니라, '설명한다'에 갖다 붙였다.[93]

단편 14

프로클로스, 『플라톤의 「티마이오스」 주석』 I, 340, 21~341, 9 H. Diehl = II, 197, 10~198, 9 Van Riel

맥락 "이 세계는 또한 무엇인가의 모상임이 전적으로 필연적이라 하겠습니다. […] 그렇다면 우리는 모상에 관해서도, 또 본에 관해서도 다음을 구별해야 합니다. 왜냐하면 설명이란 무엇인가를 해명하는 것으로서 바로 그 대상과 동류니까요. 즉 한편으로, 안정적이고 확고하며 지성에 의지함으로써 분명하게 나타나는 것에 대한 설명은 안정적이며 흔들림이 없는 것이라는 점이요, […] 다른 한편으로, 앞엣것을 본뜬 것에 대한 설명의 경우, 그 대상이 모상이기에, 앞의 설명에 상응하게 이 설명은 그럼직한 것이라는 점입니다."(『티마이오스』 29b~c)

그렇다면 이것들에 있어서 하나이자 공통된 원칙은 무엇일까?

즉 설명은 그것이 해명하려는 사물들과[94] 동류여야 한다는 것이다. 그리고 알비노스와 가이오스를 추종하는 플라톤주의자들은 이로부터 출발점을 취하고는, 플라톤이 몇 가지 방식으로 자신의 사상을 펼쳤는지를 구분했으며, 그가 그것을 두 가지 방식, 즉 과학적인 앎의 방식으로 펼쳤거나 그럼직한 설명의 방식으로 펼쳤다고 구분한 것으로 보인다. 아울러 존재들에 관해서든 생성을 통해 존립하는 것들에 관해서든, 한 가지 방식만 따르거나 한 가지 정확성만을 갖는 것으로는 그의 온갖 다양한 설명들이 진행될 수 없다. 오히려 사물들이 어떤 상태이냐에 따라, 설명들도 사물들과 함께 나뉘듯이, 정확성과 분명함과 관련해서도 그것들의 바탕에 놓여 있는 사물들과 사정은 마찬가지이다. 그래서 그의 사상을 다룬 설명들 가운데 어떤 설명들은 사물들이 그런 식으로 있을 뿐 다른 식으로는 있을 수 없을 것이라고 말하는 반면, 다른 설명들은 사물들에 이런저런 개연성이 속한다고 말한다. 왜냐하면 설명은 그 사물들과 닮아야 하기 때문이다. 사실 그것들과 동류 관계를 맺는 식으로 말고는 다른 어떤 식으로도 그것들의 본성을 해석할 수 없을 것이다. 그러니까 사물이 집약되는 식으로 있는 것이라고 할 때, 그 설명은 풀어 내는 식으로 있어야 한다는 것이다. 그 결과 설명은 사물을 드러내며, 그것의 본성 하에 놓이게 된다.

단편 15

포티오스,[95] **『도서관』** cod. 167, 114a14~b20, p. 155, 14~156, 20

넷째 권의 장은 모두 합쳐 58개이다. 그리고 네 권 전체의 장은 208개인데, 거기서 요안네스[96]는, 우리가 앞서 말했듯이, 선집들과 격언집들과 경구집들로부터 견해들과 인용구들과 금언들을 소개하고 있다. 그런데 그가 그것들을 모은 것은 다음의 철학자들에게서이다. […] 아이사르, 앗티코스, 아멜리오스, 알비노스, 아리스탄드로스, 하르포크라티온, […] 히에락스, […] 융코스, […] 롱기노스, […] 누메니오스, […] 세베루스, […] 타우로스 […].

알키노오스 플라톤 사상 강의

알키노오스의 플라톤 사상 강의[97]

I. 철학이란 무엇인가, 또 철학자란 어떤 사람인가?

1. 플라톤의 가장 중요한 사상들 가운데 가르칠 것은 다음과 152H
같다. 철학은 지혜에 대한 욕망[98]이거나, 혹은 우리가 가지적인 것들과 참으로 있는 것들을 향해 돌아설 때 몸으로부터의 혼의 해방이자 전회(轉回)이다.[99] 그리고 지혜란 신적인 것들과 인간적인 것들에 대한 앎[100]이다.

2. '철학자'란 '철학'에서 파생되어 이름을 얻은 것으로서, 이는 마치 '음악가'가 '음악'에서 파생된 이름인 것과 같다.[101] 철학자는 먼저 방황하지도 않고 유동하지도 않는 가지적인 실체[102]를 인식하도록 자신을 적응시키고 이끌어줄 수 있는 학과들에 소질이 있어야 하며, 다음으로는 진리를 사랑하고 거짓이라고는 일절

받아들이지 않아야 한다. 이에 더하여 그는 어떤 의미에서 본성상 절제[103]하는 사람이어야 하며, 혼의 감정적인 부분[104]에 있어서도 자연스럽게 억제할 수 있어야 한다.[105] 왜냐하면 [실로] 있는 것들에 관한 학과들을 추구하고 그것들 쪽으로 자신의 욕망을 향하게 하는 사람이 쾌락을 보고 경탄하는 일은 없을 테니 말이다.

3. 또한 장차 철학을 하려는 사람은 견해에서도 자유인다워야 한다. 왜냐하면 옹색함[106]이야말로 장차 신적인 것들과 인간적인 것들을 관조하려는 혼과는 가장 상반된 것이기 때문이다. 아울러 정의와 관련해서도 소질이 있어야 하거니와, 이는 진리와 자유, 그리고 절제와 관련해서도 마찬가지이다. 그런가 하면, 쉽게 배우고 기억하는 능력[107] 또한 그에게 추가적으로 필요하다. 왜냐하면 그것들 역시 철학자의 특성을 형성해 주기 때문이다.

4. 그런데 그 좋은 소질들[108]이 바른 교육과 적절한 양육을 만날 경우, 덕과 관련하여 완벽한 사람을 만들어 준다. 반면에 그것들을 소홀히 한다면, 그것들은 거악의 원인[109]이 된다. 그리고 플라톤은 그것들을 덕들, 그러니까 절제, 용기, 정의와 같은 이름으로 부르곤 했다.

II. 관조적인 삶과 실천적인 삶

1. 한편, 삶에는 두 가지, 즉 관조적인 삶과 실천적인 삶이 있는데, 관조적인 삶의 골자는 진리의 인식에 있고, 실천적인 삶의 골자는 이성이 하달한 내용을 실천하는 데 있다. 그런데 사실을 말하자면, 귀중한 것은 관조적인 삶이고, 실천적인 삶[110]은 뒤따 153H
르는 것이긴 하지만 피할 수 없는 것이다. 이것이 사실이라는 것은 이하의 논의로부터 분명해질 것이다.

2. 자, 일단 관조는 가지적인 것들을 사유하는 지성의 활동이고, 실천은 몸을 매개로 이루어지는 이성적인 혼의 활동이다. 사실상 혼은 신적인 자 및 신적인 자의 사유들[111]을 관조할 때 즐거워한다[112]고 말해진다. 또한 혼이 겪은 그 상태는 '슬기'[113]라는 이름으로 불리는데, 그것은 누군가가 '신적인 자를 닮는 것[114]과 다르지 않다'라고 말할 수 있는 상태이다. 또한 그와 같은 것은 지도 원리가 되고, 귀중하며, 가장 추구할 만하고, 가장 적합하며, 방해받지 않고, 우리에게 달렸는가 하면,[115] 우리 앞에 놓인 목표를 달성케 하는 원인이 될 것이다. 그렇지만 실천과 실천적인 것은 몸을 통해 완수되는 것들로서 방해받을 수 있으며, 관조적인 삶을 통해 바라본 것들을 연습하여 사람들의 성격에 적용하도록 사안들이 요구할 경우에, 그 실천이 이루어질 수 있다.

3. 왜냐하면 훌륭한 사람[116]은 공적인 일들이 몇몇 사람들에 의

해 나쁘게 운영되는 것을 보게 될 때, 비로소 그것들에 개입할 것이기 때문이다. 그래서 그는 장군이 되거나, 판관이 되거나, 사절단이 되거나 하는 것이 환경에 따른 우연적인 것으로 간주하는 반면, 입법과 정체의 수립, 그리고 젊은이들의 교육과 관련된 일은 실천에 있어서 가장 훌륭하고 그 안에서도 지도 원리가 되는 것들로 간주한다. 이상의 논의로부터 철학자에게 실로 적합한 것은 결코 관조를 포기하지 않고 언제나 그것을 육성하고 키우는 것이며, 이차적인 것으로서긴 하지만 실천적인 삶을 향해서도 나아가는 것이라 하겠다.

III. 철학의 부분들

1. 플라톤에 따르면, 철학자는 다음 세 가지 것에 열심인 것처럼 보이는데, 그 하나는 존재자들에 대한 관상과 인식이고, 다른 하나는 아름다운 것들의 실천이며, 마지막 하나는 담론에 대한 관조 그 자체이다. 존재자들의 인식은 이론학이라 부르고, 행해야 할 것들의 인식은 실천학이라 부르며, 담론의 인식은 변증술[117]이라 부른다.

2. 한편 변증술은 나눔, 정의, 〈분석〉, 귀납, 그리고 추론[118]으로 나뉜다. 다시 추론은 필연적 추론을 다루는 증명, 통념에 기

반한 추론에 관해 고찰하는 변증술적 추론,[119] 그리고 세 번째로 마음속에 있는 전제[엔튀메마]를 다루는 것이어서 '불완전한 추론'이라고 불리는 수사 추론[120]으로 나뉘고, 여기에 소피스트적 궤변들이 추가되는데, 이것은 철학자에게 우선시되는 것은 아니지만 피할 수 없는 것[121]이다.

3. 실천적인 학문 가운데 하나는 성격을 돌보는 일[122]에 관해 고찰하고, 다른 하나는 가정을 관리하는 일[123]에 관해 고찰하며, 마지막 하나는 도시와 그 안보에 관해 고찰한다. 이것들 가운데 첫 번째 것은 윤리학이라 부르고, 두 번째 것은 경영학이라 부르며, 마지막 것은 정치학이라 부른다.[124]

4. 이론학 가운데, 한편으로 부동인 것들과 제일 원인들, 그리 154H
고 신적인 모든 것들을 다루는 것을 신학이라고 부른다. 다른 한편으로 별들의 운동 및 그것들의 회전과 회귀,[125] 그리고 이 우주의 구성을 다루는 것을 자연학이라고 부른다. 그리고 기하학 및 여타 학과들을 통해 고찰하는 것을 수학[126]이라고 부른다.

5. 철학의 종류에 대한 구분과 분류가 이상과 같다고 할 때, 먼저 플라톤이 인정하는 변증술 이론에 관해 말해야 하며, 제일 먼저 판단 기준[127]에 관해 말해야 한다.

IV. 진리 판단의 기준과 인식론

1. 그런데 판단하는 것이 있고, 판단되는 것이 있는 이상, 이것들로부터 도출되는 것 역시 있을 터, 혹자는 그것을 '판단'이라 부를 것이다. 사실 엄밀한 의미에서 누군가는 판단을 '판단 기준'[128]이라는 이름으로 부르겠지만, 보다 일반적으로는 판단하는 것도 그런 이름으로 부른다. 그런데 이 말은 이중적이어서, 한편으로는 판단의 대상을 판단하는 원인을 뜻하고, 다른 한편으로는 판단의 도구를 뜻한다. 이 가운데 전자는 우리 안에 있는 지성일 것이다. 반면에 도구는 일차적으로 참인 것들을 판단할 수 있고, 부차적으로는 거짓인 것들도 판단할 수 있는 자연적 기관[129]일 것이다. 그리고 그것은 자연적 이성[130]에 다름 아니다.

2. 좀 더 분명하게 말하자면, 철학자는 판단자라고 말할 수 있을 것이다. 즉 그에 의해 사물들이 판단되는 것이다. 또한 이성도 판단자라고 할 수 있다. 즉 그것을 통해서 참인 것이 판단되거니와, 그것은 우리가 도구라고 말하는 것이기도 하다. 또한 이성도 이중적이다.[131] 즉 하나는 결코 파악될 수 없지만 적확한 것이고, 다른 하나는 사물들을 인식함에 있어서 속지 않는 것이다. 이 가운데 첫째 것은 신에게나 가능하지, 인간에게는 가능하지 않다. 반면에 둘째 것은 인간에게도 가능하다.

3. 후자의 이성 역시 이중적이어서, 하나는 가지적인 것들을

다루고, 다른 하나는 감각적인 것들을 다룬다. 이 가운데 가지적인 것들을 다루는 것은 인식이자 인식적인 이성이고, 감각적인 것들을 다루는 것은 의견적인 이성이자 의견이다.[132] 이로부터 인식적인 이성은 확고하고 안정적인 원리들을 다루는 만큼 확고함과 안정성을 확보한다.[133] 반면에 설득적이고 의견적인 이성은 안정적인 것들을 다루는 것이 아니기에 대체로 그럼직함을 확보한다.

4. 그런데 가지적인 것들을 다루는 인식과 감각적인 것들을 다루는 의견의 출발점은 각각 사유와 감각이다. 감각이란 일차적으로는 몸을 매개로 겪은 힘을 보고하는 혼의 상태이다.[134] 그리고 감각에 의한 자국이 감각기관들을 통해 혼 안에 생겨나고[135] — 이것이 곧 감각이다 —, 이어서 그 자국이 시간의 경과 속에서도 희미해지지 않고 내부에 버티며 보존될 때, 그것의 보존을 '기억'이라고 부른다.[136]

5. 반면에 의견은 기억과 감각의 결합이다.[137] 왜냐하면 우리가 처음에 어떤 감각 대상과 마주치고, 그것으로부터 우리에게 감각이 발생하며, 그 감각으로부터 기억이 발생하고, 그다음에 우리가 다시 동일한 감각 대상과 마주칠 때, 우리는 선행하는 155H
기억을 두 번째로 생겨난 감각과 함께 놓으며, 우리 자신 안에서 '봐라! 소크라테스다'라든가, '말이다', '불이다' 등과 같은 말을 하기 때문이다. 즉 우리가 선행하는 기억을 새로 생겨난 감각과 함께 놓을 때 그것을 의견이라고 부르는 것이다.[138] 그리고 그것들이 서로 간에 어우러져 한목소리를 낼 때는 참된 의견이 생겨나지만, 그것들 간에 차이가 생길 때는 거짓된 의견이 생겨난다. 예를 들어 소크라테스에 대한 기억을 갖고 있던 누군가가 플라톤과 마주치고는 어떤 닮음으로 인해 소크라테스와 다시 마주쳤다고 생각한다고 치자. 이어서 그가 플라톤에게서 얻은 감각을 소크라테스에게서 얻은 것으로 간주하고는 그것을 소크라테스에 관해 지닌 기억과 함께 놓는다면, 그 의견은 거짓이 되는 것이다. 기억과 감각이 발생하는 곳, 그곳을 플라톤은 밀랍 서판에 비유한다. 감각과 기억으로부터 의견들을 빚어 낸 혼이 사고를 통해, 그것들의 출처가 되는 대상들을 바라보듯이 해당 의견들을 바라볼 때, 플라톤은 그와 같은 것을 '그림'이라고 부르는가 하면, 때로는 '상상(想像)'이라고 부르기도 한다.[139] 반면에 사고란 혼이 자기 자신과 나누는 대화이며, 말이란 혼으로부터 입을 통해서 목소리와 함께 흘러나오는 흐름을 말한다.[140]

6. 다른 한편, 사유는 제일의 가지적인 것들을 관조하는 지성의 활동이다.[141] 그런데 사유는 이중적인 것처럼 보인다. 하나는 이 몸 안에 혼이 생겨나기 전의 것으로서 자기 혼자서 가지적인 것들을 관조할 때 있는 것이며, 다른 하나는 혼이 이 몸 안에 들어와 있는 것이다.[142] 이것들 가운데 몸 안에 혼이 생겨나기 전에 있는 것은 그 자체로 '사유'라고 부른다. 반면에 몸 안에 혼이 생

겨난 경우, 그때 '사유'라고 말하던 것은 이제 '자연적 관념'이라고 말하는데,[143] 그것은 일종의 혼 안에 저장된 사유[144]인 것이다. 따라서 우리가 사유를 인식적 이성의 원리라고 말할 때, 우리는 지금 말해지는 것을 언급하는 게 아니라, 혼이 몸과 분리되어 있을 때의 것을 언급하는 것이니, 그것은 우리가 방금도 말했듯이 그때는 사유라고 말해지고, 지금은 자연적 관념이라고 말해지는 것이다. 한편 그는 자연적 관념을 '단적인 앎'[145]이라든가 '혼의 날개'[146]라고 부르는가 하면, 때로는 '기억'이라 부르기도 한다.

7. 그리고 이 순수하게 있는 앎들로부터 자연적이고 인식적인 이성이 구성되는데, 이것은 본래 우리 안에 들어 있는 것이다. 그런데 인식적 이성이 있는가 하면 의견적인 이성도 있고, 사유가 있는가 하면 감각도 있는 이상, 그것들의 대상들 역시 존재하기 마련이니, 가지적인 것들과 감각적인 것들이 그렇다.[147] 그리고 가지적인 것들 가운데 어떤 것들은 이데아들처럼 제일가는 것들이고, 또 어떤 것들은 질료에 붙어 있으며 질료와 분리되지 않는 형상들처럼 둘째가는 것들[148]인 이상, 사유 역시 이중적일 것이니, 하나는 제일가는 것들에 관한 사유이고 다른 하나는 둘째가는 것들에 대한 사유이다. 또 이번에는 감각적인 것들 중에서도 어떤 것들은 색깔이나 하양과 같이 성질들로서 제일가는 156H
것들이고, 또 어떤 것들은 '하얀'이나 '색깔을 띤 것'처럼 부수하는 것들이며, 이것들에 이어서 불이나 꿀처럼 집적체도 오는 이상,[149] 감각도 마찬가지로, 한편으로는 제일가는 것들과 관련하여 '제일간다'고 말해지는 감각이 있을 것이요, 다른 한편으로는 둘째가는 것들과 관련하여 '둘째간다'고 말해지는 감각도 있을 것이다. 한편, 사유는 인식적 이성 없이는 제일가는 가지적인 것들을 판단할 수 없으니, 이것은 연속된 설명이 아닌 직관적 파악[150]과 같은 것을 통해 이루어진다. 반면에 인식적 이성은 사유 없이는 둘째가는 가지적인 것들을 판단할 수 없다.[151] 다른 한편으로 감각은 의견적 이성 없이는 제일가는 감각적인 것들과 둘째가는 것들을 판단할 수 없으며, 의견적 이성은 감각 없이는 집적체를 판단할 수 없다.[152]

8. 가지적인 우주[153]가 실로 제일가는 가지적인 것인 반면, 감각적인 것은 집적체라고 할 때, 가지적인 우주를 판단하는 것은 이성을 동반하는 사유로서, 이것은 이성의 도움 없이는 불가능하며, 감각적 우주를 판단하는 것은 의견적 이성으로서, 이것은 감각의 도움 없이는 불가능하다. 다른 한편, 관조와 실천이 다른 것으로 존재하는 이상, 바른 이성은 관조 하에 놓인 것들과 실천의 대상들을 같은 방식으로 판단하지 않는다.[154] 한편으로 관조의 영역에서는 무엇이 참인 것이고 무엇이 참이 아닌 것인지를 조사하고, 다른 한편으로 실천의 대상들 속에서는 무엇이 [행위자에게] 적절한 것이고, 무엇이 부적절한 것인지,[155] 또 실천한다는 것이 무엇인지를 조사한다. 왜냐하면 우리가 아름답고 좋은

것에 대한 자연적 관념을 갖고 있음으로 해서 우리는 이성을 사용하고, 어떤 규정된 척도 위에 놓듯이 자연적 관념에도 조회해 봄으로써, 개개의 실천이 아름답고 좋은 상태인지, 아니면 다른 상태인지를 판단하기 때문이다.

V. 변증술

1. 변증술의 가장 기초적인 일은 첫 번째로 어떤 것에 대해서든 그것의 실체를 살펴보는 것이고, 다음으로는 그것에 부수하는 것들에 관해 살펴보는 것이라고 생각한다.[156] 변증술이란 있는 것들 각각을 그 자체로 위로부터 나눔과 정의를 통해 탐구하거나 아래로부터 분석을 통해 탐구하는 한편,[157] 실체들에 부수하고 속하는 것들에 대해서는 개별자들로부터 귀납을 통해 탐구하거나 보편자들로부터 연역을 통해 탐구한다.[158] 그러므로 이상의 설명에 따라 변증술에는 나눔, 정의, 분석, 그리고 이에 더하여 귀납과 연역추론[159]이 속한다.

2. 자, 그러면 나눔에는 한편으로 유를 종으로 나누는 것[160]이 있고, 다른 한편으로는 전체를 부분들로 나누는 것이 있으니, 예컨대 우리가 혼을 이성적인 것과 감정적인 것으로 나누고, 다시 이번에는 감정적인 것을 기개적인 것과 욕구적인 것으로 나누는

경우[161]가 그렇다. 또한 발화된 말을 이런저런 의미들로 나누는 것도 있으니, 예컨대 같은 이름이 다수의 것들에 걸쳐 있는 경우[162]가 이에 해당한다. 그런가 하면 부수하는 것들을 기체에 따라 나누는 것이 있으니, 이를테면 우리가 좋은 것들 가운데 어떤 것들은 혼과 관련된 것들이고, 또 어떤 것들은 몸과 관련된 것들이며, 또 다른 것들은 외적인 것들이라고 말하는 경우[163]가 이에 해당한다. 또한 기체들을 부수하는 것들에 따라 나누는 경우도 있으니, 이를테면 사람들 가운데 어떤 이들은 선하고 어떤 이들은
157H 악하며 어떤 이들은 중간이라고 말하는 경우[164]가 그렇다.

3. 아무튼 실체로서 있는 것들 각각을 그 자체로 식별하기 위해서는 먼저 유를 종으로 나누는 법을 사용할 필요가 있다. 하지만 그것은 정의 없이는 이루어지지 않을 것이다.[165] 그런데 정의가 나눔을 통해 산출되는 방식은 다음과 같다. 먼저 정의 하에 놓이는 것의 유를 파악해야 한다. 이를테면 인간의 유는 동물이듯이 말이다. 다음으로 그것을 인접한 종차들에 따라 나누며, 이런저런 종들까지 내려가는 것이다. 예컨대 동물을 이성적인 동물과 이성이 없는 동물로, 다시 전자를 가사적인 동물과 불사인 동물로 나누듯이 말이다. 그 결과 인접한 종차들이 유와 함께 놓이면, 그것들로 이루어진 것이 인간의 정의가 되는 것이다.[166]

4. 다른 한편, 분석의 종류는 셋이다.[167] 그러니까 하나는 감각적인 것들로부터 제일의 가지적인 것들을 향한 상승[168]이고, 다

른 하나는 제시될 수 있고 증명될 수 있는 것들을 통해 증명될 수 없고 중간이 없는 명제들[169]을 향한 상승이며, 마지막 하나는 가정에서 출발하여 무가정적인 원리들까지 올라가는 것이다.[170]

5. 첫 번째 분석은 다음과 같다. 예를 들어 우리는 몸과 관련된 아름다움으로부터 혼에 깃든 아름다움으로 이행하고, 또 이것으로부터 행실의 아름다움으로 이행하며, 이어서 이것에서 법에 있는 아름다움으로 이행하고, 그다음으로 아름다움의 대양(大洋)을 향해 이행할 때, 결국 우리는 그렇게 이행함으로써 마침내 아름다움 자체를 발견하게 될 것이다.[171]

분석의 두 번째 종류[172]는 다음과 같다. 먼저 검토할 대상을 가정해야 한다. 그리고 무엇이 그것에 선행하는지를 고찰해야 한다. 그러고는 뒤에 오는 것들로부터 선행하는 것들을 향해 올라가면서 그것들을 증명해야 하며, 이 과정은 제일가며 모두가 동의하는 것에 도달할 때까지 이어져야 한다. 또한 우리는 이것에서 출발하여 검토할 대상을 향해 종합의 방식으로 내려갈 것이다. 예컨대 혼이 불사인지를 검토하기 위해서 나는 바로 그것을 가정하고는 그것이 항상 움직이는지를 검토할 것이다. 그리고 그것을 증명한 뒤에는 항상 움직이는 것이 스스로 움직이는지를 검토할 것이요, 또 이번에는 그것을 증명한 뒤에 스스로 움직이는 것이 움직임의 원리인지를 조사할 것이다. 다음으로는 원리가 생겨나지 않는 것인지 어떤지를 고찰할 것이다. 이것은 모두가 동의한다고 받아들이는 생각으로서, 생겨나지 않는 것은 소멸하지도 않기 때문이다. 즉 이 명백한 것에서 출발하여 나는 다음과 같이 증명을 종합해 나갈 것이다. 원리는 생겨나지도 않고 소멸하지도 않는다. 스스로 움직이는 것은 움직임의 원리이다. 그런데 혼은 스스로 움직이는 것이다. 그렇다면 혼은 소멸하지도 않고 생겨나지도 않으며 불사이다.[173]

6. 다른 한편, 가정으로부터의 분석은 다음과 같다. 무엇인가에 대한 탐구에 임하는 사람은 바로 그 무엇을 가정한다. 이어서 가정된 것에서 어떤 것이 귀결되는지를 조사한다. 그리고 그다음으로 해당 가정에 대한 설명을 제공해야 할 경우, 다른 가정을 놓고는, 다시 이번에는 앞서 가정된 것이 이 다른 가정에서 귀결되는지를 검토한다. 그리고 이것을 어떤 무가정적인 원리에 다다를 때까지 행하는 것이다.[174]

158H **7.** 다른 한편, 귀납은 닮은 것에서 닮은 것으로 이행하거나 개별적인 것들에서 보편적인 것들로 이행하는 논변들을 통한 방법 일체를 말한다. 그리고 귀납은 자연적으로 타고난 관념들을 일깨우는 데 가장 유용하기도 하다.[175]

VI. 추론과 언어이론

1. 그런데 우리가 '명제'라고 부르는 담론에는 두 종류가 있으니, 하나는 긍정이고 다른 하나는 부정이다.[176] 긍정은 다음과 같은 것이다. "소크라테스가 산책한다."[177] 반면에 부정은 다음과 같은 것이다. "소크라테스는 산책하지 않는다." 부정과 긍정 가운데 어떤 것은 보편적인 것[전칭]이고, 또 어떤 것은 부분적인 것[특칭]이다.[178] 한편으로 특칭 긍정 명제는 다음과 같은 것이다. "어떤 쾌락은 좋다." 반면에 특칭 부정 명제는 다음과 같은 것이다. "어떤 쾌락은 좋지 않다." 다른 한편, 전칭 긍정 명제는 다음과 같은 것이다. "모든 추한 것은 나쁘다." 반면에 전칭 부정 명제는 다음과 같은 것이다. "추한 것은 어떠한 것도 좋지 않다."[179]

2. 한편, 명제들 가운데 어떤 것들은 정언(定言)적이고 어떤 것들은 가언(假言)적이다.[180] 정언적인 것들은 단순 명제들인데, 이를테면 다음과 같다. "모든 정의로운 것은 아름답다." 가언적인 것들은 귀결이나 모순을 드러내는 것이다.[181]

3. 그런데 플라톤은 논박과 증명을 수행하면서 추론의 체계들도 사용했는데, 한편으로는 검토를 통해 거짓을 논박함으로써, 다른 한편으로는 일종의 가르침을 통해 참을 증명함으로써[182] 그리했던 것이다. 추론이란 어떤 것들이 놓였을 때, 그 놓여 있는 것들과는 다른 무엇이 바로 그 놓여 있는 것들을 통해 필연적으로

도출되는 담론이다.[183] 한편, 추론들 가운데 어떤 것들은 정언적인 것들이고 어떤 것들은 가언적인 것들이며 어떤 것들은 혼합된 것들이다.[184] 정언적인 것들은 전제들과 결론들 모두 단순한 명제들로 이루어진 것들이고, 가언적인 것들은 가언적인 명제들로 이루어진 것들이며, 혼합된 것들은 둘을 포함하는 것들이다.

4. 한편 그 사람[플라톤]은 설명적인 대화[185]에 증명적인 추론을 사용하고, 소피스트들과 젊은이들을 상대할 때는 통념에 기반한 추론을 사용하며, 예컨대 에우튀데모스라든가 히피아스처럼, 고유한 의미에서 쟁론가들이라 불리는 이들을 상대할 때는 쟁론적인 추론을 사용한다.

5. 그런데 정언적 추론[삼단논법]의 형태[격]에는 세 가지가 있다. 첫째 것[1격]은 공통된 항이 한 명제의 술어가 되고, 다른 명제의 주어가 되는 것이다. 둘째 것[2격]은 공통된 항이 양 항의 술어가 되는 것이다. 셋째 것[3격]은 공통된 항이 양 항의 주어가 되는 것이다[186](여기서 '항'이란 명제들의 부분을 말한다. 예컨대 '인간은 동물이다'라는 명제에 대하여 우리는 '인간'과 '동물'을 항이라고 말하는 것이다).

플라톤은 종종 첫 번째 형태에 따라 논변을 제기할 뿐만 아니라 두 번째와 세 번째 형태에 따라서 논변을 제기하기도 하는데, 첫 번째 형태에 따른 논변은 『알키비아데스』에서 그렇게 한다. 즉 '정의로운 것들은 아름답다. 아름다운 것들은 좋다. 그러므로 정의로운 것들은 좋다.'[187] 반면에 두 번째 형태에 따른 논변은 『파르메니데스』에서 다음과 같이 전개한다. 즉 '부분을 갖지 않은 것은 곧지도 않고 둥글지도 않다, 형태를 나눠 가진 것은 곧거나 159H
둥글다, 그렇다면 부분을 갖지 않은 것은 형태를 나눠 갖지 않는다.'[188] 세 번째 형태에 따른 논변 역시 같은 책에서 다음과 같이 전개한다. 예컨대 '형태를 나눠 가진 것은 성질을 갖는다, 형태를 나눠 가진 것은 한계를 갖는다, 그렇다면 성질을 갖는 것은 한계를 갖는다.'[189]

6. 다른 한편, 우리는 가언적 추론[가언 삼단논법][190]이 여러 책에서 그에 의해 제기되고 있음을 발견할 수 있으며, 특히 『파르메니데스』에서 그와 같은 논변들을 발견할 수 있을 것이다. '만약 일자가 부분을 갖지 않는다면, 그것은 시작도 중간도 끝도 갖지 않는다. 만약 그것이 시작도 중간도 끝도 갖지 않는다면 그것은 어떠한 한계도 갖지 않는다. 만약 그것이 한계를 갖지 않는다면 그것은 형태도 나눠 갖지 않는다. 그렇다면 만약 일자가 부분을 갖지 않는다면 그것은 형태도 나눠 갖지 않는다.'[191]

그리고 두 번째 가언적 추론의 형태의 경우 — 이것은 대다수의 사람들이 세 번째 것이라고 주장하는 것이기도 한데,[192] — 이것에 따르면, 공통된 항은 양 극단의 항들로부터 귀결되는데, 그는 다음과 같이 제기한다. '만약 일자가 부분을 갖지 않는다면, 그것은 곧지도 둥글지도 않다. 만약 그것이 형태를 나눠 갖는다면, 그것은 곧거나 둥글다. 그러므로 만일 그것이 부분을 갖지 않는다면, 그것은 형태를 나눠 갖지 않는다.'[193]

그리고 세 번째 형태의 경우 — 몇몇 사람들은 이것을 두 번째로 보기도 하지만 — 이것에 따르면, 공통된 항은 양극단의 항들에 선행하는데, 예컨대 『파이돈』에서 그는 암묵적으로 다음과 같이 제기한다. '만약 우리가 같음에 대한 앎을 얻고는 잊지 않았다면, 우리는 알고 있다. 그런데 만약 우리가 그것을 잊었다면, 우리는 그것을 상기하는 것이다.'[194]

7. 그는 혼합된 추론들에 관해서도 언급하는데, 한편으로 논리적 귀결을 통해 입증하는 것들에 대해서는 다음과 같이 언급한다. '만약 일자가 전체이고 한정되어 있다면, 그것은 처음과 중간과 끝을 가지며 형태를 나눠 갖는다. 그런데 전자이다. 따라서 후자이다.'[195] 다른 한편으로 논리적 귀결로부터 반증이 이루어지는 추론들에 대해서는 앞의 방식에 따라 대체로 다음과 같이 그 차이들을 고찰해야 할 것이다.[196]

8. 그러므로 누군가가 혼이 지닌 능력들과 사람들의 다양한 차이들, 그리고 이런저런 혼에 어울리는 담론의 종류를 정밀하게 관찰하고, 또 어떤 종류의 사람들이 어떤 담론들에 의해 설득될 수 있는지 그 종류까지 날카롭게 포착한다고 할 때, 만약 그 사람이 담론을 사용할 적기까지 얻을 수 있다면, 그는 완벽한 수사가일 것이요, 그의 수사술이야말로 잘 말하는 것에 대한 앎[197]이

라고 정당하게 말해질 수 있을 것이다.

9. 또한 궤변의 방법과 관련해서는, 우리가 『에우튀데모스』를 꼼꼼히 읽어 본다면, 그 책에서 플라톤이 묘사한 것을 발견할 수 있을 것이다. 그러므로 거기서는 말에 기반한 궤변들로는 무엇이 있고 사물에 기반한 궤변들[198]에는 무엇이 있는지와 더불어, 그것들의 해결책들이 제시되고 있다.

10. 아울러 플라톤은 『파르메니데스』 및 다른 작품들에서 열 개의 범주를 제시했으며,[199] 『크라튈로스』에서는 어원과 관련된 모든 주제를 남김없이 검토했다.[200] 간단히 말해서 플라톤은 지극히 유능한 사람이자, 정의와 나눔〈과 분석〉, 즉 변증술의 힘을 160H
가장 잘 보여 주는 그 모든 체계들에 경탄하는 자[201]라 하겠다.

다른 한편 『크라튈로스』에 담긴 내용은 다음과 같은 것을 염두에 두고 있다. 사실 그는 이름이 자연적인 것인지, 아니면 규정에 따른 것인지를[202] 검토한다. 그런데 그의 견해에 따르면, 이름의 바름은 규정에 따른 것에 속하긴 하되 단적으로 그렇다거나 우연히 그렇게 된 것이 아니기에, 결과적으로 규정은 사물의 본성에 따라 귀결된 것이 된다. 왜냐하면 이름의 바름[203]이란 사물의 본성과 일치하는 규정에 다름아니기 때문이다. 왜냐하면 바름을 만족시키기에는 이름의 임의적인 규정으로도 충분치 않고, 자연적 본성과 최초의 발화로도 충분치 않으며, 양자로부터 비롯하는 것이기 때문이다. 결국 만물의 이름은 해당 사물의 자연적 본성에 적합한 것에 따라 정해진다는 것이다. 왜냐하면 임의의 이름이 임의의 대상에 정해질 경우, 이를테면 우리가 사람에게 '말(馬)'이라는 이름을 정하는 경우처럼,[204] 그것은 바른 것을 가리킨다고 할 수 없을 것이기 때문이다. 사실 말하는 것 역시 이런저런 행위들 가운데 하나이기에, 임의대로 말하는 사람은 바르게 말한다고 할 수 없고, 사물의 타고난 본성에 부합하는 식으로 말해야 바르게 말한다고 할 수 있을 것이다. 그런데 이름이 말의 부분이듯이 이름을 부르는 것 역시 말하는 것의 부분이기에, 바르거나 바르지 못하게 이름을 부르는 것은 임의적인 규정에 따라서가 아니라, 해당 사물에 부합하는 이름의 자연적 적합성에 따라 생겨난다고 할 수 있다. 또한 이름을 통해 사물의 자연적 본성을 가리키는 사람이 있다면, 그야말로 가장 훌륭한 작명가라 할 것이다. 왜냐하면 이름은 사물을 가리키는 도구이되, 우연적인 것이 아니라 자연적 본성에 상응하는 것이기 때문이다. 그리고 이것을 통해 우리는 서로에게 사물들을 가르쳐 주고 또 그것들을 구분해 줌으로써, 결국 이름은 각 사물의 본질을 가르치고 구분하는 일종의 도구가 되는 셈이다. 옷감을 짤 때 쓰는 북처럼 말이다.

11. 변증술에는 이것, 그러니까 이름들을 바르게 사용하는 것도 속할 것이다. 왜냐하면, 목수가 북을 제작하면 직조 장인이 그 적절한 기능을 알고서 북을 사용하듯이, 변증가 역시 작명가

가 이름을 규정하면 그것을 알맞은 방식으로 적절하게 사용할 것이기 때문이다. 사실 키를 만드는 것은 목수의 일이지만, 잘 사용하는 것은 키잡이의 일이다.[205] 또한 마치 바탕에 놓여 있는 것들의 자연적 본성을 아는 변증가가 와 있을 때처럼 그렇게 작명가 자신도 규정을 수행한다면, 그는 훌륭하게 이름을 규정할 것이다.

VII. 수학

1. 자, 변증술의 부분에 대해서는 이 정도로 충분히 기술한 것으로 하자. 다음으로는 이론학의 부분에 대해 말해 보자. 그런데 우리는 그것의 한 부분이 신학이고, 다른 한 부분은 자연학이며, 161H
또 다른 한 부분은 수학이라고 말한 바 있다. 그리고 신학의 목적은 제일가고 최상이며 근원적인 원인들에 관한 인식이고, 자연학의 목적은 만유의 본성이 과연 무엇인지, 인간이란 어떤 종류의 동물이고 우주 안에서 어떤 공간을 점유하고 있는지, 또한 과연 신이 만물을 섭리로 다스리는지, 다른 신들이 그 신의 아래에 배치되는지, 그리고 신들과 인간들의 관계는 무엇인지를 배우는 것이며, 수학의 목적은 평면과 삼차원의 본성을 탐구하고 움직임과 운동[206]에 관해 그것들이 어떠한지를 탐구하는 것이라고도 말했다.

2. 그러면 먼저 수학적인 관조를 그 골자만 다뤄 보자. 이것이 플라톤에 의해 받아들여진 것은 역시 추론적 사유의 날카로움을 위해서인데, 왜냐하면 그것은 혼을 날카롭게 벼리며,[207] 존재자들의 탐구와 관련하여 정확성을 제공하기 때문이다. 수학 가운데 수를 다루는 부분[수론]은 존재로의 상승에 적절한 상태를 임의로 만들어 내지 않고, 존재에 대한 인식을 도와줌으로써, 감각적인 것들을 둘러싼 방황과 무지로부터 우리가 거의 벗어날 수 있게 해 준다. 아울러 수를 다루는 부분은 전술적인 것들에 관한 고찰과 관계하기 때문에 전쟁과 관련해서도 쉽게 사용할 수 있다.[208] 기하학의 부분 역시 그 자체로 좋음의 인식에 가장 적합하다. 적어도 누군가가 판매를 목적으로 기하학을 탐구하는 것이 아니라, 항상 존재하는 것을 향해 상승하는 데 그것을 활용하며, 생겨나고 소멸하는 것의 영역에서는 시간을 보내지 않을 때 말이다.

3. 입체기하학[209] 역시 매우 유용하다. 사실 이차원에 대한 고찰[평면 기하학] 다음에는, 이것에 기반하여 삼차원에 대한 고찰[입체 기하학]이 따라 나오니 말이다. 또한 천문학 역시 네 번째 학과로서 유용하다. 이것에 따라서 우리는 천구 안에서 별들과 천구의 운동, 그리고 밤과 낮, 달(月)과 해(年)의 제작자[210]를 고찰하게 될 것이다. 이것들로부터 우리는 모종의 적절한 길을 따라,

마치 일종의 발판이나 요소로 삼듯이, 이 학과들로부터 이행하면서 만물의 제작자[211] 또한 검토하게 될 것이다.

4. 또한 우리는 같은 목적을 위해 청각을 고양시키면서 음악에도 주의를 기울일 것이다. 왜냐하면 눈이 천문학에 맞게 구성되었듯이, 그렇게 청각도 음악적 조화에 맞게 구성되었기 때문이다. 아울러 천문학에 지성을 집중함으로써 우리는 눈에 보이는 것들로부터 보이지 않고 가지적인 존재를 향해 인도되듯이,[212] 그렇게 조화로운 소리를 경청함으로써도, 우리는 들을 수 있는 것들로부터 지성 자체를 통해 관조되는 것들을 향해 천문학과 같은 방식으로 넘어가는 것이다. 만약 우리가 이 학과들을 그런 식으로 추구하지 않는다면, 우리에게 있어서 이것들의 탐구는 불완전하고 무익하며 아무런 논변 가치도 없게 될 것이다. 왜냐하면 볼 수 있는 것들과 들을 수 있는 것들로부터 오직 저 혼의 추론을 통해서만 볼 수 있는 것들을[213]을 향해 신속하게 넘어가 162H
야 하기 때문이다. 사실 이 학과들의 탐구는 존재자들의 관조와 관련하여 일종의 서곡(序曲)에 해당한다.[214] 왜냐하면 기하학과 수론 및 이것들로부터 비롯되는 것들은 존재의 파악을 추구하긴 하지만, 막상 원리들 및 원리들로부터 구성된 것들은 알 수 없기에, 존재에 관해서는 꿈에서만 볼 뿐, 깬 상태로 그것을 보는 것은 불가능하지만, 그럼에도 불구하고 우리가 말했듯이, 그것들은 최고의 유용함에 있어서 조금의 모자람도 없기 때문이다.

5. 플라톤이 이 학과들을 '앎'이라고 부르지 않았던 것은 그런 이유 때문이다. 반면에 변증술은 본래 기하학적인 가정들로부터 제일가고 근원적이며 무가정적인 것들을 향해 올라가는 방법이다. 이로부터 플라톤은 변증술을 '앎'이라고 불렀던 반면, 저 학과들의 경우 감각적인 것들보다는 더 명백하기에 '의견'이라고도 부르지 않았고, 제일의 가지적인 것들보다는 더 모호하기에 '앎'이라고도 부르지 않았던 것이다. 반면에 그는 물체들에 대해서는 '의견'이라 불렀고, 제일가는 것들에 대해서는 '앎'이라 불렀던 반면, 저 학과들에 대해서는 '추론적 사유'라고 불렀다.[215] 아울러 그는 '확신'과 '추측' 같은 것도 상정했는데, 이것들 가운데 확신은 감각 대상들에 관한 것이고 추측은 상들과 그림자들에 관한 것이다. 그런데 변증술은 신적인 것들과 확고한 것들을 다룬다는 점에서 수학 관련 학과들보다 더 강력하기에, 그런 이유로 그것은 그 학과들보다 위에 배치된다. 마치 나머지 것들의 갓돌[216]이라든가 수호자로서 있듯이 말이다.

VIII. 질료

1. 다음으로 계속해서 원리들과 신학의 이론들에 관해 말해 보자. 우리는 위로부터, 그러니까 제일 원리들에서 출발하고, 그

것들로부터 내려오면서 우주의 생성을 조사하고, 인간의 생성과 본성에 이르러 끝낼 것이다.[217]

2. 그러면 먼저 질료[218]에 관해 말해 보자. 플라톤은 그것을 '새김판',[219] '모든 것을 받아들이는 자',[220] '유모',[221] '어머니',[222] '공간'[223]이라는 이름으로 부르는가 하면, '비감각적인 방식으로 접촉되고 서출적인 추론에 의해 파악될 수 있는 기체'[224]라고 부르기도 한다. 또한 질료가 가진 고유성은 모든 생성을 받아들이는 것인데, 이는 질료 자신이 그것들을 품고,[225] 온갖 형상들을 받아들이되, 정작 자기 자신과 관련해서는 모양도, 성질도, 형상도 없이[226] 존재한다는 점에서 유모라는 설명에 부합함으로써, 그리고 그와 같은 상들을 받아들이고, 마치 새김바탕처럼 새겨지며, 그것들에 의해 모양을 얻는 반면, [질료 자신은] 어떠한 고유한 모양이나 성질도 갖지 않음으로써 말이다. 왜냐하면 만일 무엇인가가 그 자체로 성질이 없는 것이자, 자신이 받아들여야 하는 저 형상들을 나눠 갖지 않는 것이라면, 그것은 다채로운 새김이나 모양과 관련하여 제대로 준비를 갖출 수 없을 것이기 때문이다. 163H 아울러 우리는 기름으로 향유를 만드는 이들이 가장 냄새가 나지 않는 기름을 사용하며,[227] 밀랍이나 진흙으로[228] 모양을 제작하려는 이들은 그것들을 사전에 매끄럽게 할 뿐만 아니라 심지어는 가능한 한 가장 형태가 없도록 만드는 모습도 볼 수 있다.

3. 또한 모든 것을 받아들이는 질료가 형상들을 온전히 받아들

이려 한다면, 그것들의 어떠한 본성도 지니지 않고, 오히려 성질도 형상도 없는 편이 형상들의 수용자가 되기에 적절하다. 사정이 그렇다면, 그것은 물체도 아니고 비물체인 것도 아니다.[229] 오히려 그것은 가능적으로 물체이다.[230] 마치 우리가 청동 역시 가능적으로 조각상이라고 이해하듯이 말이다. 왜냐하면 그것은 형상을 받아들임으로써 조각상이 될 것이기 때문이다.[231]

IX. 이데아

1. 질료가 근원적인 설명에 부합하는 것과 별개로, 플라톤은 더 나아가 또 다른 원리들을 채택하는데, 하나는 본(本)이 되는[232] 원리, 즉 이데아들이라는 원리이며, 다른 하나는 만물의 아버지이자 원인인 신이라는 원리이다.[233] 그런데 이데아는 신과의 관계에 있어서는 그의 사유이고, 우리와의 관계에 있어서는 제일의 가지적인 것이며, 질료와의 관계에 있어서는 척도이고, 감각적인 우주와의 관계에 있어서는 본이 되는가 하면, 자기 자신과의 관계에 있어서는 존재라고 평가된다.[234] 사실 일반적으로 계획에 따라 생겨나는 모든 것[235]은 무엇인가와의 관계 하에서 생겨나야 하는데, 이는 마치 어떤 것으로부터 다른 것이 생겨나는 것처럼(예를 들어 나로부터 나의 상이 생겨나듯이), 그것의 본이 선

행해야 한다는 것이다. 심지어 설령 본이 바깥에 있지 않다고 해도, 전적으로 모든 면에서 기술자들은 저마다 자기 안에 본을 가지고서 그것의 모양을 질료에 씌운다.

2. 그런데 사람들은 이데아를 자연적 본성에 따른 것들의 영원한 본으로 규정한다.[236] 왜냐하면 플라톤을 따르는 대다수의 사람들은 방패나 뤼라처럼 인공적인 것들에 대해서는 이데아가 있다고 생각하지 않고, 열병이나 콜레라처럼 자연적 본성에 반하는 것들에 대해서도 이데아가 있다고 생각하지 않으며, 소크라테스와 플라톤처럼 부분적인 것들[237]의 것들의 이데아도 있다고 생각하지 않기 때문이다. 또한 먼지나 지푸라기처럼 하찮은 것들에도 이데아가 있다고 생각하지 않으며, '더 큰'이라든가 '능가하는'처럼 관계적인 것들[238]에도 이데아가 있다고 생각하지 않는다. 왜냐하면 이데아는 신의 영원하고도 자기 완결적인[239] 사유라고 생각하기 때문이다.

3. 또한 그들은 이데아들이 있다는 생각을 다음과 같이 정당화한다.[240] 신이 지성이든 지성적인 것이든 간에 그에게는 사유물들[241]이 존재하며, 그것들은 영원하고 변하지 않는 것들이다. 사정이 그렇다면, 이데아들은 존재한다.[242] 사실 만약 질료가 그 자신의 정의상 척도가 없는 것으로서 존재한다면, 그것은 더 우월하고 비질료적인 다른 무엇인가로부터 척도를 얻어야 한다. 그런데 전자가 그렇다. 그렇다면, 후자도 그렇다. 만일 사정이 그

렇다면, 이데아들은 일종의 비질료적인 척도들로서 존재한다.[243]
더 나아가 만약 이 우주가 저절로 그러한 것이 아니라면, 그것은
그저 무엇인가로부터 생겨난 것일 뿐만 아니라 누군가에 의해
생겨난 것이기도 하며, 이것만이 아니라 다른 무엇인가와의 관
계 속에서 생겨난 것이기도 하다. 하지만 생겨난 것이 관계하는
164H 게 이데아 말고 다른 무엇일 수 있겠는가? 따라서 이데아는 존재
할 것이다.[244]

4. 그뿐만이 아니라, 만약 지성이 참된 의견과 구별된다면, 가지적인 대상 또한 의견의 대상과 구별된다. 사정이 그렇다면, 가지적인 대상들은 의견의 대상들과 다른 것들로서 있다. 따라서 제일의 가지적인 것들도 있을 것이다. 제일의 감각 대상들도 있는 것처럼 말이다. 만일 사정이 그렇다면, 이데아들은 존재한다. 그런데 지성은 참된 의견들과 구별된다. 따라서 이데아들은 존재할 것이다.[245]

X. 신

1. 이어서 세 번째 원리에 대한 설명을 해야 하는데, 플라톤은 이 원리가 거의 언표될 수 없는 것이라고 생각한다.[246] 그렇지만 우리는 그것에 관해 다음의 방식으로 인도될 수 있을 것이다. 즉

만약 가지적인 것들이 있고, 그것들이 감각적인 것들도, 감각적인 것들을 분유한 것들도 아니며 오히려 제일의 가지적인 것들을 분유한 것들이라면, 그렇다면 마치 제일의 감각적인 것들[247]이 있듯이, 제일의 단적으로 가지적인 것들 역시 있다. 그런데 앞엣것이 참이다. 그러므로 뒤엣것도 참이다. 그렇지만 실상 사람들은 감각을 통해 겪은 것으로 가득 차 있어서, 그 결과 사람들은 가지적인 것을 사유하기로 선택할 때마다 종종 크기와 형태와 색깔을 마음속에 함께 떠올리듯이, 인상으로 들어온 감각적인 것들을 취하기 때문에 가지적인 것들을 순수하게 사유하지 못한다. 이와 달리 신들은 감각적인 것들에서 벗어나 있기에 순수하고 섞이지 않는 방식으로 가지적인 것들을 사유한다.

2. 그런데 혼보다는 지성이 더 낫고, 가능태 상의 지성보다는 모든 것들을 항상 동시에 사유하는 활성태 상의 지성[248]이 더 나으며, 또 이것보다는 이것의 원인, 즉 이것들보다 더 상위에 존재하는 것이 더 아름다운 이상 그것은 제일의 신일 것이니, 그 신은 하늘 전체의 지성이 끊임없이 활동하는 것의 원인으로서 존재할 것이다.[249] 그는 자신은 움직이지 않으면서 우주적 지성에 대해 활동한다. 마치 시각이 태양을 응시할 때, 태양이 시각에 대해 활동하듯이, 또 욕구의 대상이 [자기는] 움직이지 않으면서 욕구를 움직이듯이 말이다. 실로 이와 꼭 마찬가지로 이 지성도 하늘 전체의 지성을 움직일 것이다.[250]

3. 한편 제일의 지성이 가장 아름다운 것인 이상, 그것의 사유 대상 역시 가장 아름다운 것이어야 한다. 하지만 이 지성보다 더 아름다운 것은 아무것도 없다. 그러므로 이 지성은 항상 자기 자신과 자신의 사유물을 사유할 것이다. 그리고 이 지성의 활동이 곧 이데아인 것이다.[251] 그런가 하면 제일의 신은 영원하고 언표될 수 없으며, 자기 완결적이고(즉 추가적인 것이 필요치 않다),[252] 항상 완결적이며(즉 항상 완전하다),[253] 전적으로 완결적이다(즉 모든 면에서 완전하다).[254] 그는 신성이고 실체성이며, 진리이고 균형성이자 좋음이다.[255] 하지만 내가 이렇게 말하는 것은 이것들을 구별하려는 것이 아니라, 이 모든 것에 의해 사유되는 것은 하나라는 것이다. 또한 신은 좋음이니, 왜냐하면 그는 모든 좋음의 원인이어서 만물을 가능한 한 좋게 만들기 때문이다.[256] 또한 신은 아름다움이다. 왜냐하면 그는 자신의 본성에 있어서 완전한 것이자 적도에 맞게 균형을 유지하는 것이기 때문이다. 그런가 하면 신은 진리이다. 왜냐하면 마치 태양이 모든 빛의 원천이듯이, 그는 모든 진리의 원천이기 때문이다. 또한 그는 만물의 원인이라는 점에서, 그리고 자기 자신과 자신의 사유에 맞게 하늘의 지성과 우주 혼에 질서를 부여한다는 점에서 아버지[257]이
165H 기도 하다. 사실 신은 자신의 의지에 따라 만물을 자신으로 가득 채웠으니, 그는 우주 혼의 지성을 관장하는 원인으로서 우주 혼을 깨우고 자신에게 향하게 함으로써 그렇게 했던 것이다. 그리

고 우주 혼의 지성은 아버지에게 질서를 부여받고서, 이 우주 안에서 자연 전체에 질서를 부여하는 것이다.

4. 그런데[258] 앞서 말했듯이, 신은 언표될 수 없고 오직 지성에 의해서만 파악될 수 있다.[259] 왜냐하면 신은 유도 아니고 종도 아니며 종차도 아니기 때문이다.[260] 또한 그에게는 뭔가 부수하는 속성도 없으며, 그는 나쁜 것도 아니다. 왜냐하면 그렇게 말하는 것은 허용되지 않기 때문이다. 그는 좋은 것도 아니다. 왜냐하면 그렇게 되는 것은 무엇인가의 분유, 특히 좋음의 분유에 의해서일 것이기 때문이다. 신은 [좋고 나쁨과] 무관한 것도 아니다.[261] 왜냐하면 그것은 결코 신의 관념에 부합하지 않기 때문이다. 또 신은 성질을 가진 것도 아니다. 왜냐하면 그는 성질을 부여받은 적이 없으며, 성질에 의해 그와 같은 것으로서 완성된 것도 아니기 때문이다. 그렇다고 성질이 없는 것도 아니다.[262] 왜냐하면 신은 뭐든 자신에게 부여되는 성질을 결여한 적도 없기 때문이다. 그는 무엇인가의 부분도 아니고, 전체로서 어떤 부분들을 지닌 것도 아니며, 따라서 무엇인가와 같거나 다르거나 하지도 않다. 왜냐하면 그를 다른 것들과 분리해 주는 어떠한 것도 그에게 부수하지 않기 때문이다. 또한 그는 움직이지도 않고 움직여지지도 않는다.[263]

5. 실로[264] 신에 관한 사유의 첫 번째 방법은 위에서 언급된 것들의 제거에 의한 것[265]으로서, 이는 마치 우리가 점을 이해할 때

도, 감각 대상에서 출발하여, 제거를 통해 먼저 면을 이해하고, 이어서 선을 이해하며, 마지막에 점을 이해하는 것과 같다.

신에 관한 사유의 두 번째 방법은 유비에 의한 것으로서, 이를테면 다음과 같다. 그것은 태양이 우리의 시각 활동과 시각 대상에 대해 갖는 관계와 같아서, 태양 자신은 시각이 아니지만 시각에 대해서는 볼 수 있게 해 주고, 시각 대상에 대해서는 보일 수 있게 해 준다는 것이다.[266] 그런 관계를 제일의 지성은 혼 안의 사유 활동과 사유 대상들에 대해 갖는다. 왜냐하면 제일의 지성이 그 자체로 사유인 것은 아니지만, 사유 활동에 대해서는 사유할 수 있게 해 주고 사유 대상들에 대해서는 진리의 빛을 비춰 줌으로써, 그것들이 사유될 수 있게 해 주기 때문이다.

6. 신에 관한 사유의 세 번째 방법은 다음과 같은 것이 될 것이다. 즉 누군가가 몸에 나타난 아름다움을 관조하고, 그다음에는 혼의 아름다움을 향해 나아가며, 이어서 행실과 법에 나타난 아름다움을 보고, 그러고는 아름다움의 대양(大洋)을 향해 나아가니,[267] 그가 좋음 자체와 제일가는 사랑과 욕망의 대상을 사유하는 것은 그다음이라는 것이다. 빛이 나타나서 그렇게 상승하고 있는 혼을 밝혀 주는 것처럼 말이다.[268] 신을 마음속에 떠올리는 것도 그런 식이니, 이는 그의 귀중함 속에 있는 탁월함[269] 때문이다.

7. 또한 신은 부분이 없는 것이니, 자기보다 앞선 무엇인가가

없기 때문이다. 왜냐하면 부분이자 전체를 이루는 요소는 그 부분으로 이루어진 전체보다 앞서 존재하기 때문이다.[270] 말하자면, 면은 물체보다 앞서며 선은 면보다 앞선다. 더욱이 부분을 갖지 않기에 그는 장소적으로나 성질 변화에 있어서나 부동일 것이다.[271] 만약 신이 변화한다면 그것은 자신에 의해서이거나 다른 것에 의해서일 것이다. 만일 다른 것에 의해서라면 저 다른 것이 그보다 더 강력할 것이요, 만일 자신에 의해서라면 그는 더 열등한 것으로 변하거나 아니면 더 우월한 것으로 변할 것이다. 하지만 양자 모두 불합리하다.[272] 이 모든 것들로부터 신은 비물 166H
체라는 것 역시 명백해진다.[273]

이것은 또 다음과 같이 증명될 수도 있다. 만약 신이 물체라면 그는 질료와 형상으로 이루어졌을 것이다. 왜냐하면 모든 물체는 질료 및 그것과 함께 하는 형상으로 이루어진 일종의 결합물이기 때문이다. 이것은 이데아들을 닮았으며, 설명하기 어려운 모종의 방식으로 그것들을 분유한다. 하지만 신이 질료와 형상으로 이루어진다는 것은 불합리하다. 왜냐하면 그럴 경우 그는 단순하지도 근원적이지도 않을 것이기 때문이다. 그러므로 신은 비물체일 것이다.[274]

8. 또한 이로부터 다음과 같은 논변도 나온다. 만약 신이 물체라면 그는 질료로 이루어졌을 것이다. 즉 그는 불이거나 물이거나 흙이거나 공기이거나 혹은 그것들로 이루어진 무엇인가일 것

이다. 하지만 그것들은 하나하나가 근원적이지 않다. 게다가 신이 질료로 이루어진다면, 그는 질료보다 뒤에 생겨났을 것이다. 이것들이 불합리한 이상, 신은 비물체로 간주해야 한다. 더 나아가 만약 신이 물체라면, 그는 소멸과 생성, 변화를 겪을 것이다. 하지만 그것들 각각은 신에게 있어서 불합리한 것이다.[275]

XI. 성질의 비물체성에 관하여

1. 그뿐만이 아니라 성질들도 다음의 방식으로 비물체적인 것으로 입증될 것이다.[276] 즉 모든 물체는 기체이다. 반면에 성질은 기체가 아니라 부수하는 것이다. 그러므로 성질은 물체가 아니다.[277] 또한 모든 성질은 기체 안에 있다. 반면에 어떠한 물체도 기체 안에 있지 않다. 그러므로 성질은 물체가 아니다. 또한 성질은 성질과 대립하지만, 물체는 물체와 대립하지 않는다.[278] 또 물체는 그것이 물체인 한에서 다른 물체와 조금도 다르지 않으니, 물체는 성질에 있어서 다를 뿐, 제우스께 맹세코, 물체에 있어서는 다르지 않다. 그렇다면 성질은 물체가 아니다. 또한 가장 합리적으로 말해서, 질료가 성질이 없는 것이듯이 성질은 비질료적인 것이다.[279] 그런데 성질이 비질료적인 것이라면 성질은 비물체일 것이다. 게다가 만약 성질도 물체라면 두세 개의 물

체가 같은 장소에 있게 될 것이다.[280] 하지만 이는 가장 불합리한 것이다. 그런데 성질이 비물체라면 이것들의 제작자[281] 역시 비물체이다.

2. 아울러 작용하는 것들도 비물체적인 것들 이외에 다른 것일 수 없다.[282] 사실 물체는 겪는 것이고 유동적인 상태에 있을 뿐 언제나 동일성과 한결같음을 유지하는 것이 아니고, 안정적이지도 확고하도 않으며,[283] 심지어 뭔가 작용하는 듯 보이는 것들도 더 앞에서 보면 작용을 겪는 것들로서 발견된다. 따라서 순수하게 겪을 수 있는 것이 있듯이 마찬가지로 오롯이 작용할 수 있는 것 역시 있다는 것이 필연적이다. 그런데 우리는 이것이 비물체인 것 이외에 다른 것이 아님을 발견하게 될 것이다.[284]

3. 그러므로 '신학'이라고 불리는 원리들에 관한 설명은 이상과 같은 것이라 하겠다. 우리는 계속해서 자연학이라 불리는 주제를 향해 다음과 같이 시작함으로써 나아가야 한다.

XII. 우주의 생성에 관하여

1.[285] 사실 자연적이고 개별적인 감각 대상들의 어떤 규정된 본으로서, 앎과 정의의 대상이 되는 이데아들이 있어야 하는 이상 167H
(왜냐하면 모든 인간들과는 별도로 어떤 인간[임]이 사유되고, 모든 말

들과는 별도로 말[임]이, 그리고 일반화하자면, 동물들과는 별도로 생성도 소멸도 하지 않는 동물[임]이 사유되기 때문이다. 이는 하나의 인장(印章)으로부터 여러 인영(印影)들이 생겨나고,[286] 하나의 인간으로부터 무수히 많은 모상들이 생겨나는 방식과 같으니, 이데아는, 그것이 존재하는 대로, 각각의 사물이 그와 같이 있게 되는 원인이자 원리이기 때문이다), 가장 아름다운 설치물인 우주도 우주의 이데아에 해당하는 무엇인가를 바라보는 신에 의해 제작된 것임이 필연적이다. 저 이데아는 이 우주의 본이고 이 우주는 저 이데아의 모상이 되거니와, 저것을 닮은 것으로서 제작자가 이것을 산출한 것이다. 그는 지극히 경이로운 구상과 조정에 따라[287] 우주를 제작하는 일에 착수했으니, 왜냐하면 그는 훌륭했기 때문이다.

2. 그래서 그는 온갖 질료를 가지고서 우주를 제작했으니, 하늘의 생성 이전에 무질서하게 뒤죽박죽으로 움직이고 있었던 질료를 취하고서, 알맞은 수와 도형을 가지고서 그것의 부분들에 질서를 부여함으로써, 무질서로부터 가장 훌륭한 질서로 인도했던 것이다. 그래서 사람들은 불과 흙이 공기와 물에 현재 관계하는 방식을 구분할 수 있는 것이다. 반면에 그전까지 그것들은 흔적들로서 있으며, 요소들의 특성을 받아들이는 능력을 지닐 뿐 비율도 적도도 결여된 채 질료를 흔들어 대는가 하면, 다시 그 질료로 인해 자기들이 흔들리는 것들이었다.[288] 사실 제작자는 네 가지 요소들, 즉 불과 흙과 물과 공기 각각을 전부 사용

하여 우주를 산출했으며, 그 어떤 것의 어떠한 부분이나 특성도 일절 남겨 두지 않았다. 먼저 그는 생겨난 것이 물체의 형태여야 하고, 온전히 만질 수 있고 볼 수 있어야 하는데, 불과 흙 없이는 볼 수도 만질 수도 없다는 점을 고려했기에, 실로 그럼직한 설명에 따르면, 제작자는 흙과 불로부터 우주를 만들었던 것이다. 아울러 그에게는 양자를 중간에서 묶어 주기 위한 일종의 끈이 필요했는데, 신적인 끈은 비례의 끈으로서, 그것은 본래 자신과 함께 묶이는 것을 하나로 만들어 주는 것이기에, 그리고 우주는 평면이 아니라(왜냐하면 평면은 하나의 중항으로 충분하기 때문이다) 구형이기에, 조화로운 결속을 위해서는 우주에 두 개의 중항이 필요했던 것이다. 그런 이유로 그는 비례의 방식에 따라 불과 흙의 중간에 공기와 물을 배치했던 것이다.[289] 따라서 불이 공기와 관계하는 식으로 그렇게 공기는 물과 관계하고, 또 물은 흙과 관계하며, 그 역도 마찬가지가 되는 것이다.

3. 그런데 신은 바깥에 아무것도 남겨 놓지 않음으로써, 우주를 유적으로 단일하며 수적으로도 하나인 이데아를 닮은 것으로 만들었다. 이에 더하여 우주를 병들지도 늙지도 않는 것으로 만들었으니, 그도 그럴 것이 해치는 본성을 지닌 어떠한 것도 그것에 접근할 수 없기 때문이다. 그는 또 우주를 자족적이며 바깥의 어떠한 것도 필요치 않은 것으로 만들었다.[290] 또한 그것의 형태로는 구형을 부여했으니, 구형이야말로 형태들 중에서도 모양 168H

이 가장 좋고, 공간이 가장 넓으며, 움직임이 가장 좋은 것[291]이기 때문이다. 또한 우주는 시각도, 청각도, 그와 같은 다른 어떤 것도 필요하지 않았기에, 봉사를 위한 그와 같은 기관들을 그것에 덧붙이지 않았으며, 여타의 운동들은 제거하고, 오직 원운동만을 지성과 슬기에 적절한 것으로서 그것에 부여했다.[292]

XIII. 요소의 구성

1. 그런데 우주를 구성하는 것으로는 몸과 혼 두 가지가 있는데,[293] 그중 하나는 볼 수 있고 만질 수 있는 것인 반면, 다른 하나는 볼 수 없고 만질 수 없는 것이며,[294] 그것들 각각의 기능과 구성도 다르다. 사실 우주의 몸은 불과 흙과 물과 공기로 이루어졌다. 그러니까 우주 제작자는, 제우스께 맹세코, 아직 요소들의 질서를 갖추지 않았던 그 넷을 취하고서, 정사면체와 정육면체, 정팔면체, 정이십면체의 형태를 부여했으며, 모든 것들의 위에는 정십이면체의[295] 형태를 부여했던 것이다. 그리고 질료가 정사면체의 형태를 취했을 때는 불이 생겨났는데, 왜냐하면 그 형태가 가장 날카롭고 적은 수의 삼각형들로 되어 있으며, 또 그런 점에서 가장 성긴[296] 조직이기도 하기 때문이다. 또한 정팔면체를 취했을 때는 공기의 성질을 얻었고, 정이십면체가 찍혔을 때

는 물의 성질을 얻었다. 반면에 정육면체의 형태는 흙에 부여했으니, 흙이 가장 단단하고 가장 고정적이라는 점에서 그랬던 것이다. 그리고 우주를 위해서는 정십이면체를 사용했다.

2. 그런데 이 모든 것들보다 더 근원적인 본성은 면들의 본성이다. 왜냐하면 면은 입체에 선행하기 때문이다. 그리고 면에는 가장 아름다운 직각삼각형 두 가지가 일종의 조상님들처럼 존재하는데, 하나는 부등변 삼각형이고 다른 하나는 이등변 삼각형이다. 부등변 삼각형의 한 각은 직각[90도]이고, 다른 한 각은 [직각의] 삼 분의 이[60도]이며, 나머지 한 각은 삼 분의 일[30도]이다. 한편, 앞엣것, 즉 부등변 삼각형은 정사면체와 정팔면체와 정이십면체의 요소가 된다. 먼저 정사면체는 네 개의 이등변 삼각형들로 구성되며, 그 각각은 방금 언급한 여섯 개의 부등변 삼각형들로 나뉜다. 반면에 정팔면체는 여덟 개의 이등변 삼각형들로 구성되고, 그 각각도 마찬가지로 여섯 개의 부등변 삼각형들로 나뉜다. 또한 정이십면체는 스무 개의 이등변 삼각형들로 구성된다. 다른 한편, 뒤엣것, 즉 이등변 삼각형은 육면체의 구성 요소가 된다. 왜냐하면 네 개의 이등변 삼각형들이 모여서 정사각형을 만들며, 그러한 정사각형 여섯 개로부터 정육면체가 구성되기 때문이다. 그런데 신이 우주를 구성하기 위해 사용한 것은 정십이면체였다. 왜냐하면 하늘에 있는 황도대(黃道帶)의 회전에서는 열두 개의 황도궁(黃道宮)이 관찰되며,[297] 그것들 각각은 서

른 개의 부분[298]으로 나뉘기 때문이다. 그리고 십이면체의 경우
도 마찬가지여서, 그것은 열두 개의 오각형들로 구성되며, 이것
169H 들 각각은 다섯 개의 삼각형들[299]로 분할되고, 그래서 이 삼각형
들 각각은 여섯 개의 요소 삼각형들로 이루어지기에, 정십이면
체 전체 안에서는 삼백육십 개의 삼각형들[300]을 발견할 수 있으
며, 그 수는 황도대에 속하는 부분들만큼인[301] 것이다.

3. 그러므로 질료는 처음에 저 흔적들이 찍힌 채 무질서하게 움직였고, 나중에는 신에 의해 질서 쪽으로 인도되었으니, 모든 것들이 비례에 의해 서로 맞춰짐으로써 그렇게 된 것이다. 하지만 그것들은 공간에 따라 구분된 채 머물러 있는 게 아니라, 멈추지 않고 요동치며, 그 요동을 질료에 전달한다. 왜냐하면 그것들은 우주의 회전운동으로 인해 결박되고 함께 내몰리는가 하면, 서로 간에도 밀고 밀림으로써 더 미세한 입자로 된 것들은 더 굵은 입자로 된 것들의 공간으로 이동하기 때문이다. 그런 이유로 물체가 빠진 어떠한 허공도 남아 있지 않으며,[302] 이 불규칙한 상태 역시 지속함으로써 요동을 전달하는 것이다. 왜냐하면 그것들에 의해 질료가 요동치는가 하면, 다시 질료에 의해 그것들이 요동치기 때문이다.

XIV. 우주혼, 행성과 항성

1. 한편, 물체들을 혼 안에 나타내는 기능들과 관련하여 〈…〉[303] 플라톤은 그것에 관해 가르침을 행한다. 사실 존재하는 것들 각각을 판단하는 것은 우리의 혼이기에, 플라톤은 그럼직하게도 존재하는 모든 것들의 원리들을 혼 안에 배치했으니, 이는 우리가 사물들이 다가올 때마다 그 각각을 동류성과 근친성에 따라 고찰함으로써, 혼의 존재 또한 그 활동들과 한목소리를 낸다는 것을 깨닫도록 하기 위함이다.

2. 그리하여 그는 나눌 수 없는 가지적인 어떤 존재가 있고, 몸과 관련하여 부분으로 나뉠 수 있는 다른 존재가 있다고 말하면서, 이것들로부터 단일한 존재를 구성해 내었다.[304] 사유에 의해 앞의 두 존재들 각각과 접촉할 수 있음을[305] 보여 줌으로써 말이다.

또한 그는 가지적인 것들에 대해서뿐만 아니라 부분으로 나뉠 수 있는 것들에 대해서도, 동일성과 타자성이 있음을 보면서 이 모든 것들로부터 혼을 합성해 냈다. 왜냐하면 퓌타고라스주의자들의 견해처럼 닮은 것이 닮은 것에 의해 알려지거나,[306] 아니면 자연학자인 헤라클레이토스의 견해처럼 닮지 않은 것이 닮지 않은 것에 의해 알려지기 때문이다.[307]

3. 그런데 그가 우주는 생겨난 것이라고 말할 때, 그의 말을

'한때 우주가 존재하지 않았던 시간이 있었다'라는 식으로 이해해서는 안 된다. 오히려 우주는 항상 생성 중이며, 자신의 존립보다 더 근원적인 어떤 원인을 드러내는 것이라고 이해해야 한다. 또한 우주 혼도 항상 존재하는 것으로서 신이 만드는 것이 아니다. 오히려 신은 질서를 부여하거니와, 그런 점에서는 그가 만든다고도 말할 수 있을 것이다.[308] 왜냐하면 그는 마치 일종의 깊은 혼수상태나 잠에서 깨우듯이,[309] 우주 혼의 지성과 우주 혼 자체를 깨워서 자기 자신을 향하게 하기 때문이다. 이는 혼이 신 자신의 가지적인 대상들을 바라보고, 그의 사유물들[310]을 열망함으로써 형상들과 모양들을 받아들이게 하기 위함이다.

4. 따라서 우주는 생명체이며 지성적인 것이어야 함이 분명하다. 사실 신은 우주를 가장 좋은 것으로 만들기를 바라면서, 그
170H 에 따라 그것을 혼이 깃들고 지성적인 것으로 만들었던 것이다. 왜냐하면 혼이 깃든 완성품이 혼이 깃들지 않은 것보다, 지성적인 것이 지성적이지 않은 것보다, 전체 대 전체로서 더 우월하기 때문인데,[311] 아마도 지성이 혼 없이 존립한다는 것은 불가능할 것이다.[312]

그리하여 혼은 [우주의] 중심으로부터 한계까지 뻗어 나갔고, 우주의 몸[천체]을 전체에 걸쳐 둥글게 둘러싸고 뒤덮게 되었다.[313] 그 결과 혼은 온 우주에 걸쳐 펼쳐지며, 그런 방식으로 우주를 함께 묶고 결속을 유지하되, 다만 혼의 바깥쪽 부분이 안쪽

부분을 지배하게 되었다. 왜냐하면 바깥쪽 것은 잘리지 않은 채로 머무는 반면, 안쪽 것은 여섯 번에 걸쳐 두 배와 세 배 간격으로 몫이 나뉘면서 일곱 개의 회전으로 잘렸기 때문이다.[314] 또한 앞엣것은 잘리지 않고 머물러 있는 천구에 둘러싸임으로써 동일자와 같지만, 뒤엣것은 잘리는 것으로서 타자와 같다.

5. 사실 모든 것들을 둘러싸는 천구의 운동은 방황하지 않는 것이기에 단일하고 질서 잡혀 있다. 그렇지만 안쪽에 있는 것들의 운동은 다채로우며, [별들의] 뜨고 짐에 따라 다양하게 변하기에, 그런 이유로 '방황하는'이라고도 불린다.[315] 즉 바깥쪽 운동은 뜨는 쪽에서 지는 쪽으로 움직임으로써 오른쪽으로 운행하지만, 이와 반대로 안쪽 운동은 지는 쪽에서 뜨는 쪽으로 우주[천구의 회전]에 맞서며 왼쪽으로 운행하는 것이다.[316]

6. 또한 신은 행성들과 항성들[317]을 제작했으니 이중 뒤엣것들은 방황하지 않는 것들이며, 특히 밤 동안 하늘의 장식을 위한 것으로서 그 수가 어마어마한 반면, 앞엣것들은 수와 시간을 생겨나게 하고 존재자들을 보여 주기 위한 것들로서, 그 수는 일곱이다. 사실 그는 우주 운동의 간격으로서 시간을 만들었는데, 이것은 영원의 모상으로서, 영원한 우주가 지닌 영속성의 척도인 것이다.[318] 그런데 별들 가운데 방황하지 않는 것이 아닌 것들은 그 기능에 있어서도 닮지 않았다. 즉 태양은 모든 것들을 보여주고 밝히는 것으로써 모든 별들을 이끌고, 달은 그 기능 때문

에 배치상 두 번째로 관찰되며, 또 다른 떠돌이별들도 이와 유사하게 각자가 고유한 몫에 따른 자리에서 관찰되는 것이다. 달은 자신의 궤도를 완주하고 그 시간만큼 태양을 따라잡음으로써 한 달이라는 척도를 산출한다. 그런가 하면 태양은 한 해라는 척도를 산출한다. 왜냐하면 황도대를 돎으로써 한 해의 계절들을 채우기 때문이다. 아울러 다른 별들도 각자 저마다 고유한 회전 주기들을 갖는데, 이것들이 누구에게나 관찰되는 것은 아니고, 교육받은 이들에게만 관찰된다. 이 모든 회전 주기들로부터, 모든 행성들이 같은 지점에 도달하여 그에 따른 배치를 이루게 될 때, 완전한 수와 시간이 함께 이루어지며,[319] 따라서 방황하지 않는 천구로부터 지구를 향해 수직으로 떨어지는 직선을 생각할 경우, 떠돌이별들의 중심이 그 직선 위에 놓임을 관찰하게 된다.

171H **7.** 자, 아무튼 방황하는 천구에는 일곱 개의 천구들[320]이 있으니, 신은 대부분 불의 성질을 띤 실체들[321]로 일곱 개의 가시적인 몸들을 제작하고는, [이것들을] 방황하는 타자[다름]의 궤도에서 비롯된 저 천구들에 맞춰 넣었다. 그리하여 달은 지구 다음에 오는 첫 번째 궤도에 올려놓았고, 태양은 두 번째 궤도에 배치했으며, '빛을 나르는 자'[금성]와 '헤르메스의 성물'이라 불리는 별[수성]은 태양과 같은 속도로 이동하지만 태양으로부터 멀어지는[322] 궤도에 배치했다. 이것들 위에 있는 다른 별들 역시 적절한 천구에 맞게 배치했다. 한편으로 그것들 가운데 가장 느린 별은 방황

하지 않는 별[항성]들의 천구 아래에 놓였으니, 그것은 몇몇 사람들이 '크로노스의 별'[토성]이라고 명명한 것이며, 이것 다음에는 느림에서 둘째가는 것이 놓였으니, '제우스의 별'[목성]이라고 불리는 것이며, 이것 아래가 '아레스의 별'[화성]이다. 그리고 여덟 번째로 최상위의 힘이 모든 것들을 둥글게 감쌌다. 그리고 이 모든 것들은 지성적인 생명체들이자 신들이며 천구의 형태를 한 것들이다.

XV. 제작된 신들

1. 그리고 누군가는 '생겨난 신들'이라고 부를 수도 있는 또 다른 신령[323]들 역시 있는데, 어떤 것들은 눈에 보이고 어떤 것들은 눈에 보이지 않으며,[324] 그들은 각각의 요소들에 걸쳐, 아이테르와 불과 공기와 물 안에 존재한다.[325] 그래서 만유의 어느 한 부분도 혼이라든가 가사적인 것보다 더 우월한 생물의 몫을 결여하고 있지 않다. 또한 이들에게 달 아래와 지구상에 있는 모든 것들이 종속해 있는 것이다.

2. 실로 신 자신은 우주와 신들 및 신령들의 제작자이며, 이 우주는 그의 의지에 따라 해체를 겪지 않는다.[326] 그리고 신의 자식들은 그의 명령을 따르고 그를 모방하면서 그들이 맡은 모든

것들을 수행함으로써 다른 것들을 이끄니, 그들로부터 징조라든가 소리를 통한 계시, 꿈과 신탁을 비롯하여, 가사자들이 예언에 따라 기술적으로 행하는 모든 것들이 비롯되는 것이다.

3. 그런데 지구는 전체의 중심에 놓여 있으니, 만유를 관통하여 배치된 축을 중심으로 단단히 결박된 채,[327] 낮과 밤의 수호자이자 하늘 안에 있는 신들 가운데 — 적어도 우주 혼 다음으로 — 최연장자로서, 우리에게 풍부한 양식을 제공한다. 우주는 지구를 중심으로 회전하거니와, 지구 자신도 일종의 별이지만, [움직이지 않고] 머물러 있으니, 그것을 둘러싸고 있는 것들과 닮아 있으며, 일종의 균형을 유지하는 물체로서 그 한복판에 놓여 있기 때문이다.

4. 그리고 아이테르는 가장 바깥쪽에 위치하며, 이것은 방황하지 않는 것들[항성들]의 천구와 방황하는 것들[행성들]의 천구로 나뉜다. 이 천구들 다음에는 공기의 천구가 위치하며, 중심에는 지구가 자신의 습한 요소[물]와 함께 위치해 있다.[328]

XVI. 인간 및 다른 생명체의 제작

1. 그렇게 그에 의해 만물이 질서를 부여받고, 나머지로 생물들 가운데 세 가지 종족이 남게 되었는데, 그것들은 장차 가사자

가 될 것들로서, 각각 날개 달린 종족과 물에 사는 종족, 그리고 발로 걷는 종족이다. 신은 자기의 자식 신들에게 그것들의 제작을 지시하였으니, 이는 자신이 직접 그것들을 빚으면 불사신이 될까 봐 그랬던 것이다. 그리하여 그들은 정해진 시간이 되면 직 172H
접 제일 질료로부터[329] 일정한 몫을 그것에게 다시 돌려줄 것으로서 빌리고는,[330] 가사적인 생물을 제작해 나갔다.

2. 그런데 신들과 가장 동류라 할 수 있는 인간의 종족에 관해서는 만물의 아버지도 그의 자식 신들도 모두 주의를 기울이고 있었기에, 만유의 제작자는 그 종족의 혼들을 지구로 내려보냈는데, 그 수는 별들과 같았다.[331] 또한 신은 마치 수레에 태우듯이, 모든 혼들을 짝을 이루는 별에다 태우고는 운명으로 부과된 법들을 입법자의 방식대로 혼들에게 말해 주었으니, 이는 자신이 책임을 지지 않기 위해서였다. 그의 말에 따르면, 가사자들이 겪는 것들은 몸으로부터 [혼에] 달라붙게 되는데, 먼저 감각들이, 그다음에는 즐거움과 괴로움, 두려움과 분노가 달라붙는다는 것이다. 혼들이 이것들을 지배하고 이것들에 일절 강제당하지 않는다면 정의롭게 살아갈 것이요, [자기와] 짝을 이루는 별로 돌아갈 것이다. 반면에 부정의에 지배당한 혼들은 두 번째 탄생에서 여자의 삶을 살기에 이를 것이요, [부정의를] 그치지 않는 혼들은 마침내 짐승들에 이르고 말 것이다. 혼들이 겪는 노고는 [몸으로부터] 달라붙는 것들을 이겨 내고 자기에게 적절한 상

태로 돌아감으로써만 끝을 보게 될 것이다.

XVII. 인간의 몸

1. 그리하여 신들은 먼저 흙과 불과 공기와 물로 인간을 빚어냈으니, 나중에 돌려줄 요량으로 일정한 몫을 빌리고,[332] 눈에 보이지 않는 나사들로 결합하여[333] 하나의 몸을 산출한 뒤에, 내려보내진 혼의 주인이 되는 부분[334]을 머리 안에 고정시켰으며, 마치 경작지처럼 뇌를 설치하고는,[335] 얼굴을 중심으로 감각 기관들을 배치하여 적절한 봉사를 수행할 수 있도록 하였다.[336] 또한 신들은 골수를 매끄럽고 곧은 삼각형들로 — 이것들로부터 요소들이 생겨났던 것이다 — 구성했는데, 이 골수는 장차 씨앗[정자]이 생겨날 것이었다. 그리고 뼈는 흙과 골수를 반죽하고 때때로 그것을 물과 불에 적시면서 구성했다. 그런가 하면 힘줄은 뼈와 살로 구성했다. 한편, 살[337] 그 자체는 발효제처럼 짜고 신 것으로부터 생겨났다.

2. 신들은 골수에다 뼈를 둘렀고, 뼈에다가는 이것들을 함께 묶기 위해 힘줄을 둘렀다. 힘줄로 인해서 관절들이 연결되고 구부러지는 것이 가능해졌으며, 살로 인해서 그것들의 덮개가 어디는 얇게, 또 어디는 두껍게 바른 것처럼 생겨났으니, 이것들은

바로 몸의 유익함을 위한 것이었다.

3. 또한 내부의 장기들도 이것들로 형성되었으니, 즉 복강이 있고, 그 안에는 창자가 감겨 있으며, 위쪽으로는 입에서부터 식도와 기도가 내려와, 하나는 위(胃)로 가고, 다른 하나는 폐(肺)로 간다.[338] 음식은 배에서 소화되는데, 숨결과 열에 의해 쪼개지고 부드러워지며, 그런 식으로 적절한 변화를 겪으면서 몸 전체로 173H
분배된다.[339] 그리고 두 개의 혈관은 척추를 따라 이어지다가 머리 부근에서 만나 서로 엇갈리게 엮이며, 그곳으로부터 여러 곳으로 갈라져 나간다.[340]

4. 그리고 신들은 인간을 만들고는, 그 혼을 몸에 결속시켜 몸의 주인이 되도록 하였으며, 이치에 맞게, 혼의 지도적인 부분[341]을 머리 부위에 앉혔으니, 그곳으로부터 골수와 힘줄이 시작되며, 겪는 상태에 따라서는 정신착란이 발생하기도 한다. 아울러 머리 부위에는 마치 지도적인 부분을 지키는 호위병들처럼[342] 감각들이 놓여 있다. 또한 이 장소에는 이성적인[추론] 능력을 비롯하여 판단력과 관조 능력도 자리하고 있다. 반면에 혼의 감정적인 부분[343]은 아래쪽에 만들었으니, 기개적인 부분은 심장 부위에, 그리고 욕구적인 부분은 복부 주변, 즉 배꼽 둘레의 장소들에 만들었던 것이다. 이것들에 대해서는 나중에 이야기할 것이다.[344]

XVIII. 시각

1. 신들은 빛을 나르는 자인 눈을 얼굴 부위에 앉히고는 그 안에 불 중에서도 빛의 성질을 지닌 것[345]을 가두었는데, 그들은 이것이 매끄럽고 조밀하여 낮의 빛과 형제간이라고 생각했다. 그것은 눈 전체를 관통하며, 특히 가장 깨끗하고 가장 순수한 부분인 눈의 중심을 따라 아주 쉽게 뻗어 나갈 수 있다. 그것이 바깥의 빛과 닮은 것과 닮은 것으로 결합해서 한몸이 될 때 시각을 제공하는 것이다.[346] 그리고 이로부터 밤이 되어 빛이 떠나거나 어둠이 찾아오면, 우리에게서 나가는 빛의 흐름은 더 이상 이웃한 공기에 달라붙지 않게 되고, 내부에 붙들린 채 우리 안에 있는 운동을 고르게 하고 잦아들게 하며 잠을 유발하니, 눈꺼풀을 닫게 되는 것도 그로 인한 것이다.[347]

2. 그리하여 고요가 깊어지면 꿈도 거의 없는 잠이 쏟아지지만, 몇몇 운동이 남는 경우에는 많은 영상이 우리에게 생겨난다. 그리고 우리가 잠에서 깰 때와 꿈꿀 때 즉시 생겨나는 상들[348]이 그런 식으로 형성되는 것이다. 이 상들 다음으로, 거울 및 여타 투명하고 매끄러운 것들 위에 형성된 상들도 반사에 따라, 즉 거울이 볼록하냐 오목하냐, 혹은 그것을 세로로 길게 놓느냐에 따라 완성되는 것들임에 다름 아니다. 왜냐하면 빛이 볼록한 표면에서는 미끄러지고 오목한 표면으로는 모여들고 하면서, 서로 다

른 부분들로 튕겨 나감에 따라 그 상들 역시 달라질 것이기 때문이다. 사실 그런 식으로 어떤 거울에서는 왼쪽과 오른쪽이 반대로 보이고, 또 어떤 거울에서는 같아 보이는가 하면, 또 어떤 거울에서는 아래위가 반대로 뒤집혀 보이기도 하는 것이다.[349]

XIX. 청각, 후각, 미각, 촉각

1. 다른 한편, 청각은 소리를 인지하기 위해 생겨났는데, 머리 174H
부위에서 그 운동이 시작되어 간 부위의 자리에서 끝난다. 그런데 소리란 귀와 뇌와 피를 통해 이동하여 혼까지 전달되는 타격으로서, 빠르게 움직이는 소리는 높고, 느리게 움직이는 소리는 낮으며, 소리가 많으면 크고, 적으면 작다.[350]

2. 이것들에 이어서 냄새를 감각하기 위해 콧구멍의 능력이 구성되었다.[351] 그런데 냄새란 콧구멍 안의 작은 관들로부터 배꼽 둘레의 장소들까지 내려가면서 겪은 것이다. 그리고 그것들의 종류로는 가장 유적인 것 두 가지, 즉 향이 좋은 냄새와 고약한 냄새 말고는 다른 이름들이 존재하지 않으니, 그것들은 '괴로운 것'과 '즐거운 것'이라는 명칭을 얻게 되는 것이다. 또 모든 냄새는 공기보다는 입자가 굵고 물보다는 가늘다. 또한 냄새의 부류는 절반만 형성된 것이라고 말하기도 하는데, 이는 그럼직한 주

장이다. 왜냐하면 이것들은 아직 완전한 변화를 겪은 것들이 아니라, 공기와 물이 결합한 것들로서 연기와 안개의 형태로 존재하기 때문이다. 왜냐하면 이것들이 서로서로 바뀔 때, 후각이라는 감각이 완성되기 때문이다.

3. 그런가 하면 혀는 가장 다채로운 맛의 판정관으로서 신들이 설치한 것이니, 그들은 작은 관들을 혀에서 심장까지 뻗게 함으로써 맛의 시험 도구이자 판정 기관이 되도록 했다. 맛이 들이닥침에 따라 관들이 수축되거나 확장됨으로써 그것들 간의 차이를 구별하는 것이다.

4. 맛의 차이들로는 단맛, 신맛, 찌르는 맛, 떫은맛, 짠맛, 매운맛, 쓴맛의 일곱 가지가 있다.[352] 이것들 가운데 단맛은 혀 부위에 수분을 적절한 방식으로 분비한다는 점에서, 다른 모든 맛들과 반대되는 본성을 갖는다. 반면에 다른 것들에 관해 말하자면, [혀를] 휘젓고 찢는 것은 신맛이요, 뜨겁게 만들며 위쪽으로 뛰어오르게 하는 것은 매운맛이며, [혀를] 녹일 정도로 강력하게 씻어 내는 기능을 가진 것은 쓴맛이고, 부드럽게 정화하고 씻어주는 것은 짠맛이다. 다른 한편, [혀에 난] 구멍들을 모으고 수축시키는 것들 중에서 더 거친 것이 찌르는 맛이고, 그것을 덜 산출하는 것은 떫은맛이다.

5. 촉각은 뜨거운 것들과 차가운 것들, 부드러운 것들과 딱딱한 것들, 가벼운 것들과 무거운 것들, 매끄러운 것들과 거친 것

들을 포착할 수 있도록 신들이 설치한 능력이며,[353] 그래서 그
것들 간의 차이들 역시 판단할 수 있다. 한편으로 우리는 접촉
을 허용하는 것들에 대해 '양보한다'고 말하고, 양보하지 않는 것
들에 대해서는 '저항한다'고 말한다. 그런데 이것은 물체들 자체 175H
의 밑면을 따라 발생한다. 즉 더 큰 밑면을 가진 것들은 고정되
고 안정적인 반면, 작은 것 위에 선 것은 쉽게 양보하고 부드러
우며 잘 변화하기 때문이다. 다른 한편, 거친 성질은 고르지 않
은 것이 딱딱함을 동반할 때 생길 것이요, 매끄러운 성질은 고른
것이 조밀함을 동반할 때 생길 것이다. 그런가 하면 차가움과 뜨
거움은 가장 대립하는 느낌들로서 대립하는 원인들에 의해 형성
된다. 즉 입자들의 날카로움과 빠름에서 비롯된 쪼개려는 성향
은 뜨거운 느낌을 산출하는 반면, 차가운 느낌은 더 굵은 입자들
이 입구에서 더 적은 수의 작은 것들을 밀어내고, 그것들이 있던
자리로 이동하도록 강제할 때 산출된다. 사실 그때 형성되는 것
이 일종의 요동과 떨림이며, 몸 안에서 그것에 덧붙는 느낌이 오
한이다.

XX. 무거움과 가벼움

1. 무거움과 가벼움을 위와 아래로 규정하는 것은 결코 적절하

지 않다. 왜냐하면 위이거나 아래인 것은 아무것도 없기 때문이다.[354] 즉 하늘은 전체로서 구형이고 바깥쪽 표면이 고르게 마감되었기에, 혹자들이 어느 부분은 위이고 어느 부분은 아래라고 이름 부르는 것은 정당하지 않다. 오히려 '무겁다'는 것은 본성에 반하는 장소로 힘겹게 끌어올리는 것인 반면, '가볍다'는 것은 쉽게 끌어올리는 것이다. 더욱이 더 많은 입자들로 구성된 것은 '무겁다'라고 부르며, 아주 적은 것들로 구성된 것은 '가볍다'라고 부른다.

XXI. 호흡

1. 우리가 호흡하는 방식[355]은 다음과 같다. 우리의 바깥에는 다량의 공기가 둘러싸고 있는데, 그것은 입과 콧구멍을 통해서, 그리고 이성에 의해 관조되는 몸의 다른 통로들[356]을 통해서 안으로 흘러들어 온다. 그리고 그것이 뜨거워지면 바깥으로 동류의 것을 향해 쇄도한다. 그리고 그것의 빠져나가는 부분만큼 그것은 바깥의 공기를 다시 안으로 밀어내고, 그런 식으로 이 회전이 그치지 않고 완수됨으로써 들숨과 날숨이 형성되는 것이다.

XXII. 질병과 그 원인

1. 다른 한편, 질병의 원인은 다양하다.[357] 첫 번째 원인은 요소들의 결핍과 과잉, 그리고 자기에게 적절하지 않은 다른 장소들로의 이동에 기인한다. 두 번째 원인은 동종의 재료로 된 것들이 [원래 생겨나는 것과] 반대 순서로 생겨나는 데 기인하며, 예컨대 살에서 피나 담즙 혹은 점액이 생겨나는 경우가 그렇다. 사실 이 모든 것들은 입자가 녹은 것과 다름없다. 즉 점액은 새살이 녹은 것이다. 그런가 하면 땀과 눈물은 말하자면 [녹아 생긴] 점액의 묽은 부분과 같은 것이다. 그리고 점액이 바깥에 남을 경우 백반증과 나병을 발생시키고, 점액이 안에서 검은색 담즙과 섞이면 이른바 '신성한 질병'[358]을 일으킨다. 그런가 하면 시고 짠 점액은 흐름으로 인해 겪는 것들[359]의 원인이 된다. 그런데 염증 176H 이 생기는 것들은 모두 담즙에 의해 그렇게 된다. 왜냐하면 그런 무수하고도 다양한 상태들은 담즙과 점액이 산출하는 것이기 때문이다. 한편, 지속적인 고열은 불의 과잉으로부터 생겨나고, 매일열은 공기, 삼일열은 물, 그리고 사일열은 흙의 과잉으로부터 생겨난다.

XXIII. 혼과 몸의 관계, 혼이 놓인 장소

1. 계속해서 이번에는 혼에 관하여, 비록 되풀이해서 말한다는 생각이 들기도 하지만,[360] 다음 어딘가에서 그때의 설명을 다시 한번 취해서 말할 필요가 있다. 우리가 나중에 보여 주겠지만,[361] 제일의 신에게서 인간 혼의 불사적인 부분을 건네받고, 가사적인 종족들을 제작하던 신들은 그것에 두 개의 가사적인 부분들을 추가했다.[362] 혼의 신적이고 불사적인 부분이 가사적인 헛소리로 채워지지 않도록, 그들은 그것을 말하자면 몸의 성채에 거주시켰고, 그것을 다스리고 군림하는 자로 소개했으며,[363] 그것의 거주지로서 머리를 할당해 주었는데, 머리가 지닌 형태는 우주의 형태를 모방한 것이었다. 또한 그것에 봉사하도록 탈것[364]으로서 몸의 다른 부분을 머리에 붙여서 아래에 두었으며, 혼의 가사적인 부분들마다 서로 다른 거주지를 할당해 주었다.

2. 신들은 기개적인 부분을 심장에 배치했고, 욕구적인 부분은 배꼽 주변의 경계와 횡격막 사이의 중간쯤 되는 장소에 배치했으니, 마치 어떤 미쳐 날뛰는 야생의 동물을 묶어 놓듯이 그랬던 것이다. 그리고 심장을 위해서는 부드럽고 피가 없으며 구멍으로 가득하여 해면과도 유사한 폐[365]를 고안했으니, 이는 심장이 분노로 끓어올라 쿵쾅거릴 때 일종의 완충재를 확보할 수 있도록 하기 위함이다. 그런가 하면, 간은 단맛과 쓴맛을 가짐으

로써 혼의 욕구적인 부분을 자극하거나 완화하기 위해 고안했다. 또한 간은 꿈을 통한 예언을 보여 주기 위해 고안된 것이기도 하다. 왜냐하면 간[366]에 있는 매끄러움, 조밀함, 그리고 반짝임을 통해, 지성으로부터 전달되는 능력이 나타나기 때문이다. 다른 한편, 비장[367]은 간을 위해 고안된 것으로서, 간을 정화하고 그것의 반짝임을 유지하도록 만들어 준다. 실제로 그것은 몇몇 질병들로 인해 간 주위에 쌓이는 노폐물들을 자기 안으로 받아들인다.

XXIV. 혼의 세 부분

1. 그런데 혼이 그 능력에 따라 세 부분으로 되어 있으며,[368] 또 그것의 부분들이 이치에 맞게 각자에 고유한 장소들에 분배되었다는 사실을 우리는 다음으로부터 배워 알 수 있을 것이다. 우선 본성상 구분되는 것들은 서로 다른 것들이다. 그런데 감정적인 부분과 이성적인 부분은 본성상 구분된다. 뒤엣것이 가지적인 것들에 관한 것이고, 앞엣것이 괴로움과 즐거움에 관한 것이라고 한다면 말이다. 더욱이 감정적인 부분은 동물들에게도 있는 것이다.

2. 다음으로 감정적인 부분과 이성적인 부분이 본성상 다른 것들인 이상, 이것들은 장소에서도 구분되어야 한다.[369] 왜냐하

177H 면 그것들은 서로 싸우는 것들로서 관찰되는데, 막상 무엇인가가 자기 자신과 싸운다는 것은 가능하지 않으며, 서로 대립하는 것들이 같은 시간 같은 곳에 함께 있다는 것 역시 가능하지 않기 때문이다.

3. 사실 우리는 메데이아[370]에게서 분노가 이성적 능력과 싸우는 것을 본다. 왜냐하면 적어도 그녀는 다음과 같이 말하기 때문이다.

"내가 어떤 나쁜 짓을 행하려는지 나도 알지만,
분노가 나의 결심보다 더 강하구나!"[371]

그런가 하면 라이오스에게서도, 그가 크뤼시포스를 납치할 때, 욕구가 이성적인 능력과 싸우고 있음을 본다.[372] 왜냐하면 그는 이렇게 말하기 때문이다.

"아! 아! 누군가가 좋은 것을 알더라도,
그것을 사용하지 않는다면, 이것이야말로
신이 인간들에게 보낸 악이로다!"[373]

4. 더욱이 이성적인 부분이 감정적인 부분과 다르다는 것은 이성적인 부분을 돌보는 일과 감정적인 부분을 돌보는 일이 다르

다는 사실로부터도 나타난다. 전자는 가르침을 통해서인 반면, 후자는 습관의 훈련을 통해 돌보는 것이니 말이다.[374]

XXV. 혼의 불사에 관하여

1. 또한 그는 혼이 불사임[375]을 다음과 같은 방식으로 전개하면서 분명히 한다.

혼은 무엇에 덧붙어 생겨나든 간에, [자기가 덧붙게 되는] 그것에게 자신과 본성상 함께 하는 것으로서 생명을 가져다준다. 그런데 무엇인가에 생명을 가져다주는 것은 죽음을 받아들일 수 없다.[376] 그리고 그와 같은 것은 불사이다.

그런데 만일 혼이 불사라면 그것은 파괴되지 않는 것이기도 할 것이다. 왜냐하면 그것은 비물체적인 존재로서, 그 존립에 있어서 변하지 않고 가지적이며, 눈에 보이지 않을뿐더러 형태적으로 단일한 것[377]이기 때문이다. 그렇다면 그것은 결합되지 않고 해체되지도 않으며, 흩어지지 않는 것이다. 반면에 몸은 혼과는 정반대로 감각되는 것이고 눈에 보이는 것이며, 흩어지는 것[378]이고 결합된 것이며, 형태적으로 다양한 것이다. 그뿐만이 아니라 혼이 몸을 통해 감각적인 것과 관계할 때는 어지러워하고 혼란스러워하며 마치 술에 취한 것처럼 구는 반면, 혼이 그 자체로 가지적인 것에 관계할 때는 침착해지고 안정을 찾는다.[379] 확실히 혼은 관계를 맺을 때 자신을 혼란스럽게 만드는 그런 대상과는 닮지 않았다. 그러므로 혼은 오히려 가지적인 것을 닮았다. 그런데 가지적인 것은 본성상 흩어지지도 파괴되지도 않는다.

더욱이 혼은 본성상 지도적인 역할을 한다. 그런데 본성상 지도적인 부분은 신적인 것과 닮았다.[380] 따라서 혼은 신적인 것과 닮았으니 파괴되지도 않고 소멸되지도 않을 것이다.

2. 또한 중간이 없으며, 자체적으로가 아니라 부수적으로 반대인 것들은 본성상 서로로부터 생겨난다.[381] 그런데 이것, 즉 사람들이 '살아 있음'이라고 부르는 것은 '죽어 있음'에 반대이다. 따라서 죽음이 몸으로부터의 혼의 분리이듯이,[382] 마찬가지로 삶도 명백히 앞서 존재하는 혼이 몸과 함께하는 것이다. 또한 만약 혼이 죽음 이후에도 있을 것이고 몸과 만나기 전에도 있었던 것이라면, 혼은 영원한 것이라는 게 가장 설득력 있다. 왜냐하면 더 이상 그것을 파괴하는 것을 사유하기란 불가능하기 때문이다.

178H **3.** 또한 만약 배움이 상기라면 혼은 불사일 것이다.[383] 우리는 다음과 같은 방식으로 배움이 상기라는 주장에 이를 수 있을 것이다. 왜냐하면 배움은 옛날에 알았던 것들의 상기를 통해서 말고는 달리 성립할 수 없을 것이기 때문이다. 만약 우리가 개별적인 것들로부터 공통된 것[보편자]을 이해한다면, 무슨 수로 무한한 개별적인 것들을 두루 섭렵할 수 있겠는가? 그게 아니라면,

무슨 수로 적은 수의 [개별적인] 것들로부터 [보편자를] 이해할 수 있겠는가?[384] (왜냐하면, 예를 들어 만약 우리가 호흡 작용을 하는 것만이 동물이라고 판단했더라면, 우리는 속아 넘어갔을 테니 말이다.) 그게 아니라면, 어떻게 관념들이 원리적인 것일 수 있겠는가? 그렇다면 우리는 작은 불꽃들[385]로부터 상기에 의해 사유하는 셈이다. 즉 예전에 알았지만 몸 안에 갇히면서 망각한 것들[386]을 몇몇 개별적인 것들과의 마주침을 계기로 상기함으로써 말이다.

4. 또한 만약 혼이 자신의 고유한 악에 의해 소멸하지 않는다면, 혼은 다른 것의 악에 의해서 소멸하지도 않을 것이요, 단적으로 다른 것에 의해서 소멸하지도 않을 것이니, 그러한 것이기에 혼은 소멸하지 않는 것일 것이다.[387] 더욱이 스스로 움직이는 것은 근원적으로 항상 움직이는 것이다. 그리고 그와 같은 것은 불사이다. 그런데 혼은 스스로 움직이는 것이다.[388] 그런데 스스로 움직이는 것은 모든 운동과 생성의 원리이다. 그런데 원리는 생겨나지도 파괴되지도 않는 것이다. 따라서 우주 전체의 혼도 인간의 혼도 그러할 것이다. 양자는 같은 혼합물을 나눠 가진 것들이니 말이다.[389] 또한 그는 혼이 스스로 움직인다고 말하는데, 왜냐하면 혼은 그 자체로 항상 활동하는 삶과 본성상 하나이기 때문이다.

5. 그렇다면 이성적인 혼들은 불사적이라고 그 사람[플라톤]이 주장했음을 우리는 확고하게 단언할 수 있을 것이다. 반면에 비

이성적인 것들도 그런지는 논쟁거리에 속하는 문제이다.[390] 사실 설득력 있는 주장은 비이성적인 혼들이 단순한 인상만으로 움직여진다는 것,[391] 추론도 판단도 사용하지 않고, 이론들 및 그것들의 종합도 사용하지 않으며, 보편적인 판단들 역시 사용하지 않고, 가지적 본성에 대해 아무런 사유도 하지 않기 때문에, 이성적인 혼들과 동일한 실체에 속하지 않고, 가사적이고 소멸하는 것들로서 존재한다는 것이다.

6. 그런데 혼들이 불사라는 논변으로부터 그것들이 몸 안으로 들어간다는 결론이 따라 나오니, 그것들은 태아가 형성되는 자연적 과정들과 결합하면서 자라는 것이다.[392] 또한 혼들은 인간이든 인간이 아니든 여러 몸들로 갈아탄다[393]는 결론도 따라 나오는데, 이는 혼들이 [윤회의 정해진] 햇수를 기다림으로써[394] 그렇게 되거나, 신들의 의지로 그렇게 되거나, 아니면 무절제로 인해서라든가 혹은 몸을 사랑함으로 인해 그렇게 되는 것이다. 그리고 몸과 혼은, 마치 불과 역청(歷靑)처럼, 모종의 방식으로 서로에 대해 친근함을 갖는다.[395]

7. 그런데 신들의 혼 역시 그 자체로 판단력을 소유하고 있으니, 이것은 '인식 능력'이라고 불릴 수도 있을 것이다. 그런가 하면 추동하는 능력 또한 소유하고 있는데, 혹자는 이것을 '고무하는 능력'이라는 이름으로도 부를 수 있을 것이다. 아울러 신들의 혼은 자기화하는 능력[396] 또한 소유하고 있다. 이 능력들은 인간

의 혼들 안에도 있지만, [혼들이] 몸 안에 갇힌 뒤에는 말하자면 변화를 겪음으로써, 자기화하는 능력은 욕구적인 것으로 변하고 추동하는 능력은 기개적인 것으로 변한다.

XXVI. 운명에 관하여

1. 자, 운명에 관하여[397] 그 사람[플라톤]의 의견은 대체로 다 179H
음과 같다. 그는 모든 것이 운명 아래 있지만, 모든 것이 운명으로 정해진 것은 아니라고 주장한다. 사실 운명은 법의 지위를 갖는다.[398] 그래서 이를테면 '이자는 이러이러한 것들을 행할 것이고 저자는 저러저러한 것들을 겪을 것이다'라는 식으로는 말하지 않는데(왜냐하면 그것은 무한하게 갈 것이기 때문이다. 태어나는 이들도 무한하고, 그들과 관련하여 일어나는 일들도 무한할 테니 말이다), 그럴 경우 우리에게 달린 것도 사라질 것이요, 찬양과 비난 및 그에 상응하는 모든 것도 사라질 것이기 때문이다.[399] 오히려 운명은 '어떤 혼이든 이러이러한 삶을 선택하고 저러저러한 일을 행한다면, 그 혼에는 그러그러한 일이 따를 것이다'라는 식으로 말한다.[400]

2. 따라서 혼은 지배당하지 않는다. 행하거나 말거나 하는 것은 혼 자신에게 달려 있으며, 그것을 강요당하는 일도 없다. 하

지만 그 행위의 귀결은 운명에 따라 완성될 것이다. 예컨대 '파리스는 헬레네를 납치할 것이다'는 파리스에게 달린 행위지만, 그것으로부터 '헬레네를 둘러싸고 헬라스인들은 전쟁을 일으킬 것이다'가 귀결될 것이다. 사실 아폴론 역시 그런 식으로 라이오스에게 예언을 했던 것이다.

"만약 네가 아이를 낳는다면, 태어난 아이가 너를 죽일 것이다."[401]

라이오스도, 그가 아이를 낳는 것도 전제인 것에[402] 포함되는 반면, 그 귀결은 운명에 따라 정해지는 것이다.

3. 그런데 가능적인 것의 본성은 어떤 식으로든 참과 거짓의 중간에 놓이거니와, 우리에게 달린 것은 본성상 불확정적인 그것 위에, 말하자면 올라타는 것이다.[403] 그래서 우리가 하는 선택들로부터 생겨나는 것은 참이거나 거짓일 것이다. 그리고 가능태상으로 있는 것은 타고난 상태라든가 활성태와 관련해서 말해진 것과는 구별된다. 왜냐하면 가능태인 것은 아직 특정 상태에 이르지 않은 뭔가에 대해 일정한 적성을 고지하기 때문이다. 예컨대 아이는 가능적으로 문법가이고 아울로스 연주자이며 목수라고 말해질 것이다. 하지만 그 상태들 가운데 무엇인가를 배우고 습득했을 때, 그때 가서야 그것들 중에 어느 하나 혹은 둘의 상태 아래 있게 될 것이다. 또한 아이가 자신이 습득한 저 상태

에 기반하여 활동할 때 그는 활성태로 그렇게 될 것이다. 하지만 가능적인 것은 그것들 가운데 어느 것도 아니다. 오히려 가능적인 것은 결정되지 않은 것으로서, 우리에게 달린 것에 의해 어느 쪽으로 쏠리느냐에 따라 참이 되기도 하고 그렇지 않은 것이 되기도 한다.

XXVII. 좋음과 행복

1. 다음으로는 윤리적인 주제들에 대해 그 사람[플라톤]이 말한 것들의 골자를 이야기해야 한다. 그는 실로 가장 귀중하고 가장 커다란 좋음은 발견하기도 쉽지 않을뿐더러, 설령 발견했다 하더라도 모두에게 전달하기에는 안전하지도 않다[404]고 생각했다. 그래서 그는 지인들 가운데 극소수의 선택된 사람들에게만 좋음에 관한 강의를 나눠 주었다.[405] 그렇지만 누군가가 그의 저술들[406]을 취하여 자세히 검토해 본다면, 그는 우리의 좋음을 제일의 좋음에 관한 앎과 관조에다가 놓았는데, 누군가는 이 제일의 좋음을 '신' 또는 '제일 지성'이라고 부를 수도 있겠다.

2. 플라톤은 뭐가 됐든 사람들이 좋다고 생각하는 것들은 모두 180H
제일가며 가장 귀중한 좋은 것을 나눠 가짐으로써 그 명칭을 얻는다는 입장이었는데, 그것은 단것들도 뜨거운 것들도 제일가는 것들을 분유함[407]으로써 그것들의 이름을 얻는, 바로 그런 방식이기도 하다. 또한 그는 우리 안에 있는 것들 중에서는 오직 지성과 이성만이 그것과의 닮음에 도달하며,[408] 그런 이유로 우리의 좋음 역시 아름답고 거룩하며, 신적이고 사랑스러우며, 적도에 맞게 균형을 유지하는 것인가 하면, 신령스러운 이름으로 불린다고 생각했다. 하지만 많은 이들이 좋다고 말하는 것들, 예컨대 건강과 아름다움은 물론 강력함과 부 및 그와 유사한 것들과 관련하여 그것들이 덕에 기반하여 사용되지 못한다면, 그중 어떠한 것도 결코 좋지 않다고 그는 생각한다. 왜냐하면 덕으로부터 분리될 경우 그것들은 그저 질료의 자리를 유지할 뿐이며, 그것들을 서투르게 사용하는 이들에게는 나쁜 것이 되기 때문이다. 그런가 하면, 때때로 그는 그것들을 '가사적인 좋은 것들'[409]이라고 부르곤 했다.

3. 다른 한편, 그는 행복이 인간적인 좋은 것들에 속하지 않고, 신적이고 축복받은 좋은 것들에 속한다[410]고 생각했다. 그리고 이로부터 그는 참으로 철학적인 혼들이야말로 위대하고도 놀라운 것들로 가득할뿐더러, 몸에서 풀려난 이후에는 신들과 교제하고, 함께 일주 여행을 떠나며, 진리의 평원을 관조한다[411]고 말했던 것이니, 왜냐하면 그 혼들은 살아가는 동안에도 그것의 인식을 갈망했고, 또 그것에 몰두하기를 선호했기 때문이다. 이렇게 전념한 덕분에 혼들은 말하자면 혼의 눈과 같은 것[412]을 깨

끗이 씻어 내고 다시 불을 붙임으로써 — 왜냐하면 파괴되고 멀어 버린 혼의 눈이 수많은 육체의 눈들보다 더 보호할 가치가 있는 귀중한 것이기 때문이다 — 이성적인 영역 전체의 본성에 도달할 수 있게 되는 것이다.

4. 사실 그는 어리석은 이들을 지하에 거주하는 사람들과 닮은 것으로 비유한 바 있는데,[413] 그들은 빛의 반짝임이라고는 한 번도 본 적이 없고, 우리 세계에 속한 물체들의 모호한 그림자 같은 것들을 보면서, 있는 것들을 명확하게 파악한다고 여기는 자들과 닮았다는 것이다. 그들이 어둠으로부터 상승의 계기를 접하고 순수한 빛 안으로 들어섰을 때 그들은 타당하게도 한때 그들이 보았던 것들을 경멸할 것이요, 무엇보다도 그 전에 속아 넘어갔던 자기 자신들을 경멸하게 될 것이다. 그런 식으로 현생의 어둠으로부터[414] 참으로 신적이고 아름다운 것들을 향해 이행해 가는 사람들 역시, 옛날에 그들이 경탄했던 것들은 가벼이 여길 것이요, 이[신적이고 아름다운]것들의 관조에 더욱 거센 욕망을 가질 것이다. 이것들은 '오직 아름다움만이 그 자체로 좋다'[415]라든가, '행복을 위해서는 덕으로 충분하다'[416]라는 말에 부합한다. 좋음이 제일가는 것에 대한 앎에 있다는 것은 전체 논고들을 통해 분명해진 반면, 분유를 통한 좋은 것들은 『법률』 제I권에서 다음과 같이 말해진다. "좋은 것은 두 가지인데,[417] 한 가지는 인간 181H
적인 것들이고 다른 한 가지는 신적인 것들 등등." 반면에 만일 무엇인가가 제일가는 것의 실체와 분리되어 있고 그것을 나눠 갖지도 않는다면, 또 그것이 무지한 자들에 의해 좋은 것이라는 이름으로 불린다면, 그것이야말로 그 소유자에게 더 나쁜 것이라고 플라톤은『에우튀데모스』에서 말하고 있다.[418]

5. 플라톤이 '덕들은 그것들 자신 때문에 선택할 만하다'[419]라고 생각했다는 사실은 그가 '오직 아름다운 것만이 좋은 것'이라고 생각한 것의 귀결로서 받아들일 수 있다. 사실상 이 생각은 대부분의 그의 저술들에서 제시되며, 무엇보다도 특히『국가』편 전체에서 제시되어 있다. 왜냐하면 앞서 논의되었던 그런 앎을 가진 사람은 가장 운이 좋고 가장 행복한[420] 사람이기 때문이다. 이는 그런 사람으로서 얻게 될 명예나 보수 때문도 아니며, 설령 모든 사람들이 그를 알아주지도 않고 불명예와 추방과 죽음처럼 나쁘다고 말해지는 일들이 발생한다고 해도, 그는 행복하다는 뜻이다. 반면에 그런 앎과 분리된 사람은 부라든가 거대한 왕국, 몸의 건강과 활력, 그리고 아름다움처럼 좋다고 여겨지는 모든 것들을 얻는다고 해서 더 행복해지는 것은 전혀 아니라는 것이다.

XXVIII. 인간의 목표: 신을 닮는 것

1. 이 모든 것들로부터 귀결되는 것으로서 플라톤은 가능한 한

신과 닮는 것[421]이 인간의 목적이라고 제시하였다. 그런데 그는 이것을 다채로운 방식으로 다룬다. 어떤 때는 [신과의 닮음이] 슬기롭고 정의로우며 경건함이라고 말하는데, 예컨대 『테아이테토스』에서 그렇다. "그러므로 이쪽에서 저쪽으로 최대한 빠르게 도망치도록 노력해야 하네. 사실 도망이야말로 가능한 한 신과 닮는 것이거든. 그리고 닮는다는 것은 슬기로움과 함께 정의롭고 경건한 것이지."[422] 또 어떤 때는 [신과의 닮음이] 오직 정의로움만이라고 말하는데, 예를 들면 『국가』의 마지막 권에서가 그렇다. "왜냐하면 정의롭게 되고, 덕을 수행함으로써 인간으로서 가능한 한 신을 닮고자 열심히 노력하는 사람은 결코 신들이 소홀히 하지 않기 때문이네."[423]

2. 그런가 하면 『파이돈』에서는 신을 닮는 것이 절제 있는 동시에 정의로운 것이라고 말하는데, 대체로 다음과 같다. "그가 말했습니다. 그렇다면 가장 행복하고 축복받은 이들이자 가장 아름다운 장소로 가는 이들은 사람들이 절제와 정의라고 부르는 대중적이고 시민적인 덕을 추구해 온 자들이네."[424]

3. 그리하여 어떤 때 그는 목적이 신을 닮는 것이라고 말하는가 하면, 또 어떤 때는 신을 따르는 것이라고 말하기도 하는데, 예컨대 다음과 같이 말할 때이다. "실로 신은 옛 말씀처럼 시작이자 끝이며…,"[425] 등등. 그런가 하면, 또 어떤 때는 둘 다라고 말하는데, 예컨대 이렇게 말할 때이다. "신을 따르고 닮아 가는

혼”[426] 등등. 왜냐하면 확실히 좋음은 유익함의 원리인데,[427] 그것은 신에게 달려 있기[428] 때문이다. 그렇다면 이 원리로부터 귀결되는 바에 따르면 목적이 신과 똑 닮게 되는 것일진대, 이때 신은 확실히 말해서 하늘의 신이지, 제우스께 맹세코, 하늘 너머의 신은 아니니, 하늘 너머의 신은 덕을 갖고 있지 않지만, 덕보다
182H 더 나은 자인 것이다.[429] 이로부터 누군가가 불행은 [자기] 신령의 나쁜 상태이고, 행복은 [그] 신령의 좋은 상태[430]라고 말한다면, 이는 바르게 말한 것이라 할 수 있다.

4. 그런데 우리는 다음과 같은 식으로 신과의 닮음에 도달할 수 있을 것이다. 즉 적합한 본성을 누리고, 이런저런 습관과 생활방식, 그리고 법에 따라 훈련에 힘쓰며, 그리고 가장 중요하게는 이성과 가르침과 이론들의 전승에 힘씀으로써, 많은 인간적인 것들에서 벗어나 언제나 가지적인 것들과 관계할 정도에 이르면 말이다. 그리고 만일 우리가 더 주요한 학과들에 입문하려 한다면, 우리 안의 신령에 대한 예비적인 입문과 정화[431]로는 음악과 수론과 천문학과 기하학을 통한 입문과 정화를 들 수 있을 것이다. 아울러 우리는 체육을 통해 몸도 함께 돌봐야 하거니와, 체육은 우리의 몸이 전쟁에도 평화에도 잘 대비된 상태를 유지할 수 있도록 해 줄 것이다.

XXIX. 덕에 관하여

1. 그런데 덕은 신적인 것이기에,[432] 그것 자체는 혼의 완전하고 가장 훌륭한 상태로서, 인간을 자기 자신 및 타인들과 관련하여 말과 행동에서 우아하고 한목소리를 내며 확고하게 되도록 만들어 주는 것이다. 그것의 종류에는 이성적인 덕들과 함께 혼의 비이성적인 부분과 관련된 덕들, 예컨대 용기와 절제가 있어서, 기개적인 것과 관련해서는 용기가, 욕구적인 것과 관련해서는 절제가 관여한다. 또한 이성적인 부분과 기개적인 부분, 그리고 욕구적인 부분이 다르기에, 각각의 완전한 상태 역시 구별될 수 있다. 즉 이성적인 부분의 완전한 상태는 슬기이고, 기개적인 부분의 완전한 상태는 용기이며, 욕구적인 부분의 완전한 상태는 절제인 것이다.[433]

2. 먼저 슬기는 좋은 것들과 나쁜 것들, 그리고 어느 쪽도 아닌 것들에 대한 앎이다.[434] 그리고 절제는 이런저런 욕구와 욕망, 그리고 이것들이 지도적인 부분 — 이것이 곧 이성적인 부분일 것이다 — 에 순종하는 것과 관련된 질서이다.[435] 그런데 우리가 절제를 일종의 질서와 순종이라고 말할 때, 우리가 염두에 두는 것은 절제가 일종의 능력으로서 본성상 주인 노릇을 하는 것, 즉 이성적인 부분에 대해 욕망들이 질서 잡히고 순종하게 만드는 일종의 능력이라는 것이다.

3. 다른 한편으로 용기는 두려워할 만한 것과 두려워하지 않을 것에 대해 법에 부합하는 생각을 보전하는 것, 즉 법에 부합하는 생각을 지켜 내는 능력[436]이다. 그런가 하면, 정의는 혼의 부분들이 서로 간에 한목소리를 내는 것[조화]으로서, 혼의 세 부분이 서로 동의하고 한목소리를 낼뿐더러, 각자가 자신에게 적절한, 즉 제 몫으로 자신에게 속한 일에 종사하게끔 해 주는 능력으로서, 이를테면 세 가지 덕인 슬기, 용기, 절제가 전적으로 완전한 상태에 이르는 것을 말한다.[437] 한편 이성적인 부분이 다스리고
183H 혼의 나머지 부분들은 자신의 고유성에 적합하게 이성적인 부분 아래에 자리하며 그것에 복종한다고 할 때, 덕들이 상호 수반한다는 사실 역시 이로부터 비롯된 것이다.

4. 사실 용기가 법에 부합하는 생각을 지켜 내는 것이라면, 그것은 바른 이성[438]을 지켜 내는 것이기도 하다. 왜냐하면 법에 부합하는 생각은 일종의 바른 이성이기 때문이다. 그런데 바른 이성은 슬기로부터 생겨난다. 그리고 슬기는 용기와 함께 존재한다. 왜냐하면 슬기는 좋은 것들에 대한 앎인데, 그것이 겁과 겁에 수반된 감정들에 가려진다면 누구도 좋은 것을 볼 수 없기 때문이다. 마찬가지로 누군가가 무절제함을 갖고 있다면, 결코 그는 슬기로울 수 없다. 또한 일반적으로, 만약 누군가가 감정에 굴복함으로써 바른 이성에 반하여 뭔가를 행한다면, 그는 무지와 어리석음에 의해 그런 일을 겪는 것이라고 플라톤은 말한다.

따라서 누군가가 무절제하고 겁쟁이라면 그는 슬기를 가질 수 없을 것이다. 그러므로 완전한 덕들은 서로 분리될 수 없다.[439]

XXX. 좋은 소질과 덕을 향한 진보

1. 사실 좋은 소질과 덕을 향한 진보[440] 같은 것들도 다른 의미에서 덕이라고 말해지기도 한다. 이것들은 완전한 덕들과의 닮음에 따라 그것들과 같은 이름을 얻는 것이다. 어쨌든 그런 식으로 우리는 어떤 군인들을 용감하다고 부르는가 하면, 어리석은 이들에 대해서도 용감하다고 말할 때가 있는데, 그것은 완전하지 않은 덕들에 대한 설명을 할 때이다. 실로 완전한 덕들의 경우 분명한 것은 그것들이 정도보다 강도가 세지지도 약해지지도 않는다[441]는 점이다. 하지만 악덕의 경우에는 강도가 세지거나 약해지는 것을 허용한다.[442] 왜냐하면 누군가는 다른 누군가보다 더 어리석고 더 부정의하기 때문이다. 그런가 하면 악덕들은 결코 서로 수반하지 않는다. 왜냐하면 어떤 반대인 것들은 동일인에게 속할 수 없기 때문이다.[443] 사실 비겁함과 무모함의 관계라든가 물욕과 낭비벽의 관계가 그러하다. 특히나 어떤 사람이 모든 악을 다 가지면서 존립하는 것이 불가능하다는 점에서도 그렇다. 왜냐하면 몸조차도 자기 안에 몸과 관련된 모든 악들을 갖

기란 불가능하기 때문이다.

2. 아울러 보잘것없지도 않고 훌륭하지도 않은 중간적인 상태가 있다는 것 또한 인정해야 한다. 왜냐하면 모든 사람들이 훌륭하거나 보잘것없는 것은 아니기 때문이다.[444] 사실 충분한 수준을 향해 진보해 가는 사람들이야말로 그런 이들인 것이다. 또한 악덕에서 덕으로 곧장 이행하기는 쉽지 않은데, 왜냐하면 극단들은 서로 멀리 떨어져 있으며, 그 대립 또한 크기 때문이다.

3. 아울러 생각해 봐야 할 것은, 덕들 가운데 어떤 것들은 지도하는 것들이고 다른 것들은 뒤따르는 것들이라는 사실이다. 지도하는 것들은 혼의 이성적인 부분에 속하는 덕들로서, 이것들로부터 나머지 덕들 역시 완전함을 얻는다. 반면에 뒤따르는 것들은 감정적인 부분에 속하는 덕들[445]이다. 사실 이 덕들이 아름다운 일을 행하는 것은 이성에 따라 그런 것이지, 자기들 안에 있는 것에 따라 그런 것은 아니다(왜냐하면 이성을 갖고 있지 않기
184H 때문이다). 그게 아니라 이 덕들은 슬기가 자기들 안에 넣어 주는 이성에 따라 아름다운 일을 행하며, 이것들 자체는 습관과 훈련으로부터 우리 안에 생겨나는 것들이다.

그리고 오직 이성적인 부분 이외에 혼의 다른 부분 안에서는 앎도 기술도 구성되지 않는 이상, 감정적인 부분의 덕들은 가르칠 수 있는 것들이 아니다. 왜냐하면 이 덕들은 기술도 앎도 아니기 때문이다[446](사실 이것들은 고유의 관조할 내용을 갖고 있지도

않다). 하지만 슬기는 앎으로서 존재하기에, 각각의 덕에게 적절한 것들을 제공해 준다. 이는 마치 키잡이가 선원들에게 그들에게는 보이지 않는 뭔가를 하달하고 선원들은 그에게 복종하는 것[447]과 같다. 또한 같은 설명이 장군과 군인에게도 적용된다.

4. 또한 악덕들은 강도가 세지기도 하고 약해지기도 하기에 잘못들 역시 동등하지 않고, 어떤 것들은 더 클 것이고 또 어떤 것들은 더 작을 것이다. 그것들에 따라 입법자들 쪽에서도 어떤 것들에 대해서는 더 무거운 처벌을 내리고 또 어떤 것들에 대해서는 더 가벼운 처벌을 내린다. 하지만 비록 덕들이 완전한 것이며 직선과 닮은 까닭에, 극단에 있는 것들로서 존재한다고 해도 다른 의미에서는 중용으로서 있을 것이다. 이는 모든 덕들, 혹은 적어도 대부분의 덕들의 경우 그것들 각각의 양쪽에는 두 가지의 악덕이, 즉 한쪽에는 과잉으로 인한 악덕이, 다른 한쪽에는 결핍으로 인한 악덕이 보임으로써[448] 그러한데, 이를테면 넉넉함[자유인다움]의 덕과 관련하여 한쪽에는 옹색함이, 다른 한쪽에는 낭비벽이 보이는 것과 같다.[449]

5. 사실 감정들 속에서 적절함이 넘치거나 모자람에 따라 적도의 부재가 생겨난다.[450] 왜냐하면 부모가 모욕을 당할 때조차 화를 내지 않는 사람이나 매사에, 심지어 닥치는 대로 분노하는 사람이나, 적도에 맞게 감정적인 사람이 아니라 완전히 반대되는 사람이기 때문이다. 또 이번에는 부모가 죽었을 때 슬퍼하지 않

는 사람은 무감정한 사람인 반면, 슬픔으로 인해 탈진까지 할 정도인 사람은 과하게 감정적이되 감정을 조절하지 못한 사람이요, 슬퍼하되 적도에 맞게 슬픔을 겪는 사람은 적도에 맞게 감정적인[451] 사람이다.

6. 더 나아가 모든 것들을 두려워하고 게다가 정도 이상으로 그런 사람은 겁쟁이이고, 아무것도 두려워하지 않는 사람은 무모한 사람인 반면, 용감한 사람은 무모함과 두려움과 사이에서 적도를 유지하는 사람이다. 다른 것들에 대해서도 동일한 설명이 적용된다. 그러므로 감정들에 있어서는 적도가 가장 좋은 것이고, 적도가 과잉과 모자람 사이의 중간과 다름없는 이상, 그런 이유로 그와 같은 중용들이 덕들인 것이다. 왜냐하면 그것들은 우리가 감정들에 있어서 중간을 유지하게 만들어 주기 때문이다.

XXXI. 누구도 고의로 악을 저지르지 않는다

1. 그런데 우리에게 달려 있을 뿐 [누구에게도] 지배당하지 않는 무엇인가가 있다면,[452] 덕 또한 그와 같은 것이기에(왜냐하면 만약 아름다운 것이 자연이라든가 어떤 신적인 몫으로부터 생겨났다면, 그것은 [당연한 것이지] 찬양할 만한 것이 아니었을 테니 말이다[453]),

덕은 의지적인 것으로서 열정적이고 고귀하며 지속적인 어떤 충동에 따라 형성된 것[454]이라 할 수 있다. 자, 덕이 의지적이라는 사실로부터 악덕은 비의지적이라는 결론이 따라 나온다. 사실 누가 고의로 자신의 가장 아름답고 귀중한 부분[455] 안에 나쁜 것 185H
들 중에서도 가장 크게 나쁜 것을 갖겠다고 선택하겠는가? 그런데도 만약 누군가가 악덕을 향해 나아간다면, 첫 번째로 그는 악덕 그 자체를 향한다고 생각해서가 아니라 좋은 것을 향한다고 생각해서 그리로 나아가는 것일 것이다.[456] 또한 만약 누군가가 악덕에 도달한다면, 그와 같은 사람은 뭔가 더 작은 나쁨을 통해서 더 큰 나쁨을 제거할 수 있을 거라는 생각으로 완전히 속아 넘어간 것이며, 또한 그런 점에서 그는 본의 아니게 악덕에 이르게 될 것이다. 왜냐하면 누군가가 좋은 것을 희망하거나 더 큰 나쁜 것을 두려워해서가 아니라, 나쁜 것들을 갖기를 원해서 그것들을 향해 나아간다는 것은 불가능하기 때문이다.

2. 그리고 열악한 자가 저지르는 모든 부정의한 일들 역시 본의가 아닌 것이다. 왜냐하면 부정의가 비의지적인 것이라면, 부정의를 휴지 상태로 갖고 있는 것보다, 부정의에 따라 활동하는 것이 더 큰 악일 수도 있는 만큼 부정의한 행동은 훨씬 더 비의지적일 것이기 때문이다. 그렇지만 부정의한 일이 고의가 아니라고는 하더라도 부정의를 저지르는 자들은 처벌해야 하며, 그것도 다양한 방식으로 그래야 한다. 왜냐하면 피해들도 다양하

거니와, 고의가 아닌 잘못 역시 모종의 무지나 감정에 기인하기 때문이다. 그리고 그와 같은 모든 것들은 이성과 세련된 성격, 그리고 훈련으로 씻어 낼 수 있다.

3. 그런데 부정의가 그토록 나쁜 것이기에 우리가 더욱 피해야 할 것은, 부정의를 당하는 것보다 부정의를 행하는 것이다.[457] 왜냐하면 뒤엣것은 악한 자의 활동이고, 부정의를 당하는 것은 약한 자가 겪는 것이기 때문이다. 실로 양쪽 모두 수치스러운 일이지만, 부정의를 행하는 것이 더 수치스럽기도 한 만큼 그만큼 더 나쁜 것이다. 하지만 부정의를 행하는 자가 벌을 받는 것은, 이를테면 병든 사람이 치료를 위해 의사에게 몸을 맡기는 것처럼, 유익한 일이다. 왜냐하면 모든 처벌은 잘못을 범한 혼이 받는 일종의 의료행위이기 때문이다.[458]

XXXII. 감정들

1. 대부분의 덕들은 감정들과 관련하여 생겨나기에,[459] 감정에 관해서도 어떤 종류의 것이 있는지 정의해야 한다. 자, 감정이란 좋은 것이나 나쁜 것에 대한 혼의 비이성적인 움직임이라는 것이다.[460] 그런데 '비이성적인 움직임'이라고 말해지는 것은 감정이 판단도 의견도 아닌, 혼의 비이성적인 부분들의 움직임이라

는 것이다. 사실 감정은 혼의 감정적인 부분 안에 형성되며, 우리의 활동도 〈아니고〉, 우리에게 달린 것도 아니다. 아무튼 그것은 종종 우리의 의지에 반하여 생겨나는가 하면, 심지어 우리가 저항할 때도 생겨난다. 또한 우리는 우리에게 닥친 것들이 괴롭지도 않고 즐겁지도 않으며, 더욱이 두렵지도 않은 것들임을 알면서도 적잖이 그것들에 의해 휘둘릴 때가 있는데, 만약 그것들이 우리가 내린 판단들과 동일한 것들이었다면, 우리가 그런 사태를 겪지는 않았을 것이다. 왜냐하면 타당하든 타당하지 않든 우리가 그 판단들이 잘못되었다고 인정할 경우 우리는 그것들을 기각해 버리기 때문이다.

그런데 감정은 좋은 것에 대한 것이거나 나쁜 것에 대한 것이다. 왜냐하면 무관한 것의 출현에 의해서는 감정이 움직이지 않기 때문이다.[461] 사실 모든 감정은 좋은 것의 출현이나 나쁜 것의 출현에 의해 형성된다. 왜냐하면 우리에게 좋은 것이 있다고 판단할 때 우리는 즐거워하고, 좋은 것이 있을 예정이라고 판단할 때는 그것을 욕구하는 반면, 나쁜 것이 있다고 판단할 때 우리는 괴로워하고, 나쁜 것이 있을 예정이라고 판단할 때는 두려워하기 때문이다.

2. 그런데 단순하며 요소적인 성격의 감정들로는 둘이 있는데, 그것들은 즐거움과 괴로움으로서, 다른 것들은 이것들로부터 형 186H 성된다. 이 말은 두려움이라든가 욕구를 근원적이고 단순한 것

들로 간주하여 이것들과 함께 열거해서는 안 된다는 뜻이다.[462] 사실 누군가가 두려워하는 상태에 있다고 해서 즐거움이 완전히 박탈된 것은 아니다. 왜냐하면 누군가가 나쁜 것에서 해방되거나 나쁜 것이 경감되리라는 생각을 단념한다면, 그는 여하한의 시간도 살아가지 못할 것이기 때문이다. 그럼에도 불구하고 그는 괴로움과 번뇌에 깊이 잠기며, 그로 인해 괴로움과 결부된 삶을 산다. 그런가 하면 [원하는 것을] 얻으리라는 기대 속에 머물면서 욕구하는 사람은 즐거워하지만, 완전히 자신 있는 것도 아니고, 확고한 희망을 지닌 것도 아니기에 초조해한다.

3. 실로 욕구와 두려움이 근원적인 것들이 아닐진대, 다른 감정들 — 내 말은 예컨대 분노와 갈망과 부러움 및 그와 같은 것들 — 가운데 어떠한 것도 단순한 것이 아니라는 데 주저 없이 동의할 것이다. 왜냐하면 그 감정들 안에는 즐거움과 괴로움이 보이거니와, 그것들은 이 즐거움과 괴로움으로 혼합된 것들이기 때문이다.

4. 한편, 감정들 가운데 어떤 야생적인 것들이고 어떤 것들은 유순한 것들이다.[463] 유순한 것들은 자연에 따라 인간에게 속하는 것들로서 필요하고 적절한 것들이다. 그것들은 적도에 맞게 균형을 유지하는 동안에는 그런 상태로 있겠지만, 그것들이 적도를 잃는 상태에 이르면 잘못을 범하게 될 것이다. 그런 것들로는 즐거움, 괴로움, 기개, 동정심, 수치심이 있다. 왜냐하면 자연에 부합하는 것들에 대해서는 즐거워하고, 그와 반대인 것들 아

래에서는 괴로워하는 것이 적절하기 때문이다. 또한 기개는 적과 맞서고 복수하는 데 필수적이고, 동정심은 인간애에 적절하며, 수치심은 추한 것들에게서 멀어지기에 적합하다.[464] 다른 한편으로 야생의 감정들은 자연에 반하는 것들로서 비틀림과 고약한 습관들로부터 형성된 것들이다.[465] 그리고 그것들로는 조롱과 악의,[466] 그리고 인간혐오가 있는데, 이것들은 강도가 세든 약하든 어느 쪽을 취하더라도 잘못을 범하는 것들이니, 왜냐하면 그것들은 적도를 받아들이지 않기 때문이다.[467]

5. 그런데 즐거움과 괴로움에 관해 플라톤은 다음과 같이 말한다. 그 감정들은 본성상 모종의 방식으로 처음부터 우리 안에 움직임으로써 생기는데, 괴로움과 고통은 자연에 반하는 움직임에 부수하여 생기는 반면, 즐거움은 자연에 부합하는 상태로 회복하는 운동에 부수하여 생기는 감정이라는 것이다.[468] 또한 그가 생각하기에 자연에 따르는 상태란 고통과 즐거움의 중간일 뿐이요 둘 중에 어떠한 것과도 같지 않으니, 우리는 대부분의 시간을 그 안에서 보낸다[469]는 것이다.

6. 그는 즐거움의 종류가 여럿이며, 어떤 것들은 몸을 통한 것들이고 또 어떤 것들은 혼을 통한 것들[470]이라고 가르친다. 또한 즐거움들 가운데 어떤 것들은 반대인 것들과 혼합되는 반면, 다른 어떤 것들은 순수하고 섞이지 않은 것들로서 머문다[471]고도 가르친다. 그리고 어떤 즐거움들은 상기와 관련된 것들[472]인 반

면, 다른 어떤 즐거움들은 희망과 함께 생겨난다[473]고 한다. 그런가 하면 어떤 즐거움들은 수치스러운 것들로서 방탕하고 부정의와 함께 하는 것들인 반면, 또 어떤 즐거움들은 적도에 맞고 모종의 방식으로 좋음을 나눠 갖는 것들[474]이라고 하는데, 예컨대
187H 좋은 것들을 보고 기뻐하는 것[475]이라든가 덕 안에서의 즐거움이 그렇다.

7. 그런데 많은 즐거움들은 본래 평판이 좋지 않기에, 그것들이 단적으로 좋은 것들에 속하는 것이 가능한지를 검토할 필요는 없다. 사실 즐거움은 덧없고 무가치한 것처럼 보이는데, 왜냐하면 그것은 자연에 부수하여[476] 생길 뿐 실체적인 성질이나 지도하는 성질도 갖고 있지 않으며, 반대되는 것과 함께 있기 때문이다. 사실 즐거움과 괴로움은 혼합되어 있으니, 하나가 단적으로 좋은 것이고 다른 하나는 단적으로 나쁜 것이라면 그런 혼합은 일어날 수 없었을 것이다.

XXXIII. 친애와 사랑

1. 자, 특히나 주요하게 말해지는 친애[477]란 '상호적인 호의에 따라 형성된 것' 이외에 다른 무엇이 아니다. 그리고 이 친애가 존립하는 것은 이웃과 자기 자신이 잘 지내기를 쌍방이 동등하

게 원할 때[478]이다. 그런데 이 동등함이 유지되는 것은 다름 아닌 성격의 닮음을 통해서이다. 왜냐하면 닮은 것은 적도에 맞을 때 닮은 것과 친구인 반면, 적도가 결여된 것들은 서로 간에도, 적도에 맞게 균형을 유지하는 것들과도 조화를 이룰 수 없기 때문이다.[479]

2. 그 외에 친애라고 생각되는 것들도 몇 개인가 있기는 한데 실제로 그렇지는 않고, 말하자면 덕에 의해 덧칠된 것처럼 그렇게 보일 뿐이다. 예컨대 부모의 자식에 대한 자연스러운 친애[자애], 친족들 간의 친애, 그리고 이른바 시민들 간의 친애와 동지애[480]가 그렇다. 하지만 그것들은 호의의 상호성을 언제나 갖지는 않는다.

3. 한편, 사랑 역시 어떤 면에서는 친애의 한 종류이다. 그런데 사랑의 경우, 훌륭한 혼의 사랑은 세련된 것이고 나쁜 혼의 사랑은 보잘것없는 것이며, 성격이 중간쯤 되는 혼의 사랑은 중간적인 것이다. 그러므로 이성적인 동물이 지닌 혼의 상태는 셋으로서 하나는 좋은 상태이고 다른 하나는 열악한 상태이며 세 번째는 그 중간이듯이, 마찬가지로 그 종류에 따라 서로 구별되는 사랑도 셋일 것이다.[481] 그런데 그것들이 셋임을 가장 잘 보여주는 것은 서로 간에 구별되는 목표들이다. 즉 열악한 사랑은 오직 육체만을 향하고 즐거움에 패배하며, 그런 식으로 짐승의 성질을 띤다.[482] 반면에 세련된 사랑은 오직 덕과 관련된 적성이 관

찰되는 혼만을 위한 것이다.[483] 그런가 하면 중간적인 사랑은 양자를 함께 목표로 삼으니, 한편으로는 육체를 욕망하고 다른 한편으로는 혼의 아름다움도 욕망하는 것이다.[484]

4. 그런데 사랑받을 만한 사람[485]은 그 자신이 보잘것없는 사람이거나 세련된 사람이 아니라 중간적인 사람이다. 그래서 육화된 에로스 역시 신이라기보다는 일종의 신령이라고 말해야 하는 것이다.[486] 그는 결코 흙으로 된 몸 안에서 생겨나지는 않았지만, 신들 편에 있는 것들을 인간들에게 전해 주는가 하면, 또 그 반대로도 하는 자[487]이기 때문이다. 또한 일반적으로, 앞서 논의된 것들에 따라, 사랑이 앞서 논의된 세 종류로 나뉜다면, 어쨌든 훌륭한 사람의 사랑은 감정으로부터 자유로우며 일종의 기술적인 것으로서 존재한다. 그래서 그것은 혼의 이성적인 부분 안에서 형성된다. 그것의 관조 내용은 누가 사랑받을 만한 사람인지를 알아내고 획득하며 교제하는 것이다. 그를 선택하는 기준
188H 은 그가 지닌 목표와 추동력에 기반하며 그것들이 고귀한지, 아름다움을 지향하는지, 강렬하고 열정적인지가 관건이 된다. 사랑을 획득한 자는 사랑의 대상[488]을 나긋나긋하게 대하거나 찬양함으로써가 아니라,[489] 오히려 그를 강제하고, 그가 지금처럼 그런 상태를 유지해서는 살 가치가 없음을 보여 줌으로써 획득하게 될 것이다. 그가 사랑받는 이[490]를 얻게 되면, 그는 훈련하는 자가 완전해질 수단을 사랑받는 이에게 건네면서 그와 교제할

것이니, 그들의 목적은 사랑하는 자와 사랑받는 자의 관계 대신에 친구가 되는 것이다.

XXXIV. 정치 형태와 제도

1. 다른 한편, 플라톤은 정체들 가운데[491] 어떤 것들은 무가정적인 것들[492]이라고 말하며, 그것들을 『국가』에서 다룬 바 있다. 즉 그는 이 작품에서 첫 번째로 전쟁 없는 정체를 기술하고, 두 번째로는 염증과 전쟁 상태인 정체[493]를 기술하면서, 이것들 중 어떤 것들이 가장 훌륭한지, 또 어떻게 그것들이 구성될 수 있는지를 검토했던 것이다. 그런데 혼을 나눴던 것과 마찬가지로 정체 역시 세 부분으로, 그러니까 수호자들과 보조자들, 그리고 장인들의 집단으로 나눴다. 그는 이들 중 숙의하고 통치하는 역할을 첫 번째 집단에 부여하고, 두 번째 집단에는 필요한 경우 방어를 위한 전쟁에 나서는 역할을 부여하며(이들은 이를테면 이성적인 부분과 함께 싸우는 자들로서 기개적인 부분에 맞게 배치되어야 한다), 세 번째 집단에는 기술 및 다른 제작하는 일을 부여한다. 또한 그는 통치자들이 철학자들이자 제일의 좋음을 관조하는 이들이라고 평가한다. 왜냐하면 그들이 적절한 방식에 따라 모든 것을 관리하는 것은 오직 그런 식으로만이 가능하기 때문이다.

2. 사실 철학자들이 왕이 되거나, 아니면 왕이라 불리는 이들이 어떤 신적인 몫을 받아 진정으로 철학을 하기에 이르지 않는다면, 인간사는 결코 나쁜 것들에서 벗어날 수 없을 것이다.[494] 왜냐하면 각 부분이 자율적으로 행함으로써 통치자들은 인민을 위해 숙의하고, 함께 싸우는 자들[495]은 그들에게 봉사하고 그들을 위해 싸움에 임하며, 나머지 사람들은 순종적으로 그들을 따르게 될 때, 비로소 도시들이 정의와 더불어 가장 훌륭한 상태를 회복할 것이기 때문이다.

3. 다른 한편, 그는 다섯 가지 정체가 있다고 말한다. 먼저 최선자 정체가 있는데 이것은 가장 훌륭한 사람들이 통치할 때이고, 두 번째로 명예정[496]이 있는데 이것은 통치자들이 명예를 사랑할 때이며, 세 번째로는 민주정이, 그다음에는 과두정이, 마지막으로는 참주정이[497] 가장 나쁜 것으로서 존재한다는 것이다.

4. 또한 그는 가정으로부터[498] 다른 정체들도 개략적으로 묘사한다. 그것들에는 『법률』 편에 나오는 정체와 『편지들』에 나오는 수정된 형태의 정체가 속한다. 『법률』 편에서는 병든 도시들을 위해 그 정체를 사용하는데,[499] 그 도시들은 이미 따로 정해진 장소와 모든 연령에 걸쳐 선택된 사람들을 갖고 있어서, 그들의 타고난 소질과 장소들의 차이에 따라 적절한 교육과 지도, 그리고 무장을 필요로 하는 것들이다. 사실 바다에 면해 사는 사람들은 항해도 하고 해전도 벌이며 살아갈 것이요, 내륙에 거주하

는 사람들은 보병전에 맞게 살아가니, 산악 지방에 사는 사람들 189H 은 좀 더 가벼운 무장을 갖추거나, 완만하게 기울어진 평야에 거주하는 이들은 좀 더 무거운 무장을 갖추며 살아갈 것이다. 아울러 후자의 사람들 중 일부는 기병대를 육성하기도 할 것이다. 그런데 [『국가』에서와 달리 『법률』에 나오는] 그 도시에서는 여자들의 공동체를 절대 입법하지 않는다.

5. 그러므로 정치학은 이론적이고 실천적인 덕[500]이자 훌륭하고 행복하며 한마음으로 한목소리를 내며 조화로운 도시를 만들기 위해 선택하는 기술[501]이고 일종의 지시를 내리는 기술[502]로서, 그 아래에는 전쟁술과 지휘술, 그리고 사법술이 놓인다. 왜냐하면 정치학은 다른 수많은 문제들을 살펴보지만, 특히나 바로 이것, 즉 전쟁을 해야 할지 말아야 할지도[503] 살펴보기 때문이다.

XXXV. 철학자와 소피스트

1. 철학자가 어떤 사람인지에 대해서는 앞서 말했지만[504] 소피스트는 한편으로 삶의 방식에 있어서 젊은이들에게 보수를 받는다는 점에서,[505] 그리고 실제로 훌륭하고 좋은 사람이 되기보다는 오히려 그렇다고 여겨지기를 바란다는 점에서[506] 철학자와 구

별된다. 다른 한편으로는 다루는 소재와 관련하여, 철학자는 언제나 동일하고 한결같은 상태를 유지하는 것들에 관여하는 반면, 소피스트는 어둠 때문에 식별하기 어려운 장소로 뒷걸음질 치면서 있지 않은 것에 몰두한다[507]는 점에서 구별된다. 사실 비존재는 존재와 대립하지 않는다.[508] 왜냐하면 비존재란 실재하지 않고, 사유되지도 않으며, 어떠한 존립도 하지 않는 것이자, 만약 누군가가 강제로 말하거나 사유하려 든다면 그는 모순으로 인해 자신 안에 갇혀 빙빙 돌고 말 그런 것이기 때문이다.

2. 그렇지만 비존재가 귀를 기울일 만큼 의미 있는 것이라고 할 때, 그것은 존재의 순수한 부정이 아니라, 타자와의 관계를 부차적으로 나타내는 것으로서[509] 함께 존재하기 때문이니, 이 타자는 일차적인 존재에 부수하는 것이기도 하다. 그리하여 만약 존재자들이 비존재를 나눠 갖지 않았다면, 그것들은 다른 것들과 구분되지 않았을 것이다. 그렇지만 지금은 존재자들이 있는 한, 그만큼의 방식으로 비존재도 있는 것이다.[510] 왜냐하면 뭔가 있지 않은 것은 존재일 수 없기 때문이다.

XXXVI. 결론

1. 플라톤의 사상에 관한 입문이라고 말하기에는 이만큼의 논

의들로 충분할 것이다. 그것들 가운데 아마도 어떤 것들은 질서 있게 논의되었고, 또 어떤 것들은 이것저것 무질서하게 논의되었겠지만 말이다. 그렇지만 이상의 논의들로부터 그의 나머지 사상들에 대한 관조와 발견 역시 귀결을 통해 나오게 될 것이다.

알키노오스의 플라톤 사상 적요[511]

주석

「플라톤 철학 서설」

1 [플라톤 작품 입문] 알비노스의 서설: 원문의 제목은 다음과 같다. [*Eisagōgē eis tēn tou Platōnos biblon*] *Albinou Prologos*. 이 논고의 제목에 관해서는 「작품 안내」의 2. 1) (2) 항목을 보라.

2 읽으려는: '읽다'로 옮긴 동사 'entunchanein'는 일차적으로 '만나다', '조우하다'를 의미한다. '플라톤의 대화편을 읽는다'는 말에는 플라톤과의 만남, 즉 플라톤 철학 입문이라는 중의적 의미가 담겨 있다.

3 관조: '관조'로 옮긴 'theōria'는 '마음의 눈으로 바라보다(theōrein)'라는 의미로, 지성의 활동을 통해 진리를 인식하는 것 혹은 이론적인 고찰을 뜻하며, 플라톤 철학에서는 가지적 형상에 대한 사유를 의미하기도 한다. 알키노오스, 『강의』 II, 2, 153, 3~4 참조.

4 본질(ousia): '있다/이다'를 뜻하는 그리스어 동사 'einai'에서 유래한 'ousia'는 '존재', '본질', '실체' 등으로 옮길 수 있다. 동사에서 탐구 대상(예컨대 덕)의 능력이나 유용성을 알기 위해서는 먼저 그 대상이 무엇인지(즉 덕의 본질 내지는 실체)를 알아야 한다는 것은 플라톤의 고유한 입장이다. 알비노스는 이 입장을 플라톤 대화편의 독서에 그대로 적용

한다. 즉 먼저 대화편이 무엇인지 그 본질을 파악해야만, 대화편 각각의 성능과 유익함을 제대로 이해하고 활용할 수 있다는 것이다.

5 **그래서 그것을 알지 못하기에**(hōs oun ouk eidotes): 오늘날 우리에게 전해진 『파이드로스』의 사본에는 부정어 'ouk'이 없다. 사본대로 부정어 없이 읽으면, '그래서 그것을 안다고 여기기에(hōs oun eidotes)'가 된다. 부정어를 첨가함으로써 문장의 내용은 반대가 되지만, 전달하는 의미는 같으며, 오히려 한결 더 분명해진다. 당시(서기 2세기)에 알비노스가 읽은 『파이드로스』의 사본에는, 우리가 지닌 사본과 달리, 부정어 'ouk'가 들어 있었다고 추측할 수도 있지만, 텍스트의 의미를 분명히 하기 위해 알비노스가 일부러 첨가해서 인용했을 가능성도 크다.

6 **자기들 자신과도, 타인들과도**(oute gar heautois out' allois): 인용문과 달리, 우리가 보존하고 있는 『파이드로스』의 사본에는 '자기들 자신과도, 서로들 간에도(oute gar heautois oute allēlois)'라고 적혀 있다. 알비노스는 '서로들(allēlois)'을 '타인들(allois)'로 고쳐 읽음으로써 '자기들(heautois)'과의 대조를 한층 더 부각하려 한 듯하다.

7 **우리가 […], 내가 […]**: 1인칭 복수와 단수가 한 문장에 함께 쓰이고 있다. 여기서 '나'는 물론 알비노스를 가리키고, '우리'는 아마도 자기를 포함하여 강의를 듣는 학생들을 지칭할 것이다. 알비노스는 학생들을 '여러분'과 같이 2인칭 복수가 아니라 자기와 함께 1인칭 복수로 언급함으로써, 그들을 특별히 고려한다는, 즉 자신이 학생들에게 내려와 그들과 함께 탐구의 길을 가겠다는 뉘앙스를 풍긴다.

8 **담론**: 알비노스의 정의에 따르면 대화편은 일종의 담론(談論, logos)으로서 다음의 네 가지 특징을 갖는다. ① 대화의 형식은 질문과 답변이다. ② 대화의 주제로는 정치적이고 철학적인 문제를 다룬다. ③ 대화자의 성격은 대화편의 주제에 걸맞게 구현된다. ④ 대화편은 대화라는 장르에 적합한 말투와 문장으로 이루어진다. 이 특징들은 II장에서 차례대로 다뤄질 것이다.

9 **대화편을 담론이라고 말하는 것은 인간이 동물이라고 말하는 것과 같다**: 알

비노스가 대화편을 정의하는 모습은 플라톤의 후기 변증술의 절차인 나눔(diairesis)의 과정과 닮아 있다. 대화편을 정의하기 위해서는 먼저 대화편을 포함하는 유적인 것을 정해야 하는데, 동물이 인간을 포함하듯이, 대화편을 포함하는 것이 바로 담론이다.

10 **담론 가운데 어떤 것은 마음속에 있는 것이고, [···] 발화된 담론이다:** '담론'으로 옮긴 'logos'는 언어 행위, 즉 말을 의미한다. 그런데 알비노스에게서 말은 두 가지로 이해된다. 하나는 혀와 목소리의 울림을 통해 사람과 사람 사이에 이루어지는 것, 즉 대화를 뜻하고, 다른 하나는 혀나 목소리의 울림 없이 인간의 내면에서 혼이 스스로 묻고 답하는 내적 대화, 즉 사유를 뜻한다. 위에 인용된 『파이드로스』의 대목 가운데 '자기들 자신과도, 타인들과도 합의를 이루는 데'라는 대목에서 '자기들 자신과의 합의'는 후자를, '타인들과의 합의'는 전자를 암시한다고 볼 수 있다. 사실 플라톤은 내적인 담론으로서의 사유와 외적인 담론으로서의 말을 본질적으로 같은 것으로 간주한다. 예컨대 플라톤, 『테아이테토스』 189e~190a; 알키노오스, 『강의』 IV, 5, 155, 17~20 참조. 다만 '마음속에 있는'과 '발화된'과 같은 표현들은 알비노스 고유의 것이라기보다는 스토아 철학자들의 용어를 가져다 쓴 것으로 보인다. 예컨대, 섹스토스 엠페이리코스, 『논리학자들에 반대하여』 II, 275: "사상가들[= 스토아 철학자들]의 주장에 따르면, 인간은 발화된 말에 있어서는 이성 없는 동물들과 다르지 않고(왜냐하면 까마귀도 앵무새도 어치도 분절된 소리를 발화하기 때문이다), 마음속의 말에 있어서 다르다고 한다."

11 **연속적으로 말해짐, 질문과 답변을 통해 말해짐:** '연속'으로 옮긴 'diexodos'는 원래 '입·출구', '통로'를 의미하지만, 시인의 노래나 정치가의 연설처럼 연속적으로 길게 이어지는 장광설을 뜻하기도 한다(플라톤, 『프로타고라스』 334c~338e). 플라톤의 경우, 초기 대화편들은 주로 짤막한 질문과 답변의 교환으로 이루어지지만, 후기의 작품들로 갈수록 화자의 설명을 중심으로 하는 긴 논의가 자주 등장한다. 이후 스토아 철학자들은 짧은 대화와 긴 논의라는 구분법을 더욱 발전시켜 전

자를 변증술의 유형으로, 후자를 수사학의 유형으로 정착시킨다(『생애』 VII, 41 참조.).

12 **질문들과 답변들로 이루어진 담론:** 이상에서 대화편의 정의를 구하는 나눔의 도식은 아래와 같다.

- 담론(logos)
  - 마음속에 있는(endiathetos)
  - 발화된(prophorikos)
    - 연속적인 (kata diexodon)
    - 질문과 답변에 따른 (kata erōtēsin kai apokrisin)

13 **정치적이고 철학적인 사안들 가운데 일부에 관해:** 플라톤은 『국가』(V, 473d)에서 철학자가 왕이 되거나, 아니면 통치자가 철학을 공부해야 한다고 주장한다. 『티마이오스』(19e)에서는 소피스트들에 대해 철학자이자 정치가인 사람을 찾아낼 능력이 없는 자들이라고 비판하는 모습을 볼 수 있다. 이처럼 정치가와 철학자를 한 묶음으로 언급하는 모습은 알비노스보다 약 50년 정도 앞서 활동했던 중기 플라톤주의자인 플루타르코스의 글에서도 찾아볼 수 있다. 예컨대 『알렉산드로스의 생애』 14, 2: "아울러 많은 정치인들과 철학자들이 그[= 알렉산드로스]를 만나러 왔고 그를 기쁘게 했는데, 그는 코린토스 주변에서 소일하고 있었던 시노페의 디오게네스 역시 같은 일을 해 줄 것이라고 기대했다."

14 **철학과 관련된 사안들:** 알비노스에 따르면, 비극(문학적 대화)과 철학적 대화는 소재에 따라 구별된다. 그래서 전자는 신화를 소재로 삼는 반면, 후자는 철학적이고 정치적인 문제들에 바탕을 둔다. 또한 전자가 신화 속 인물의 행위와 사건 중심으로 이야기가 전개된다면(서사 중심), 후자는 철학적이고 정치적인 문제의 규명과 해결을 중심으로 논의가 전개된다고(논변 중심) 볼 수 있다.

15 **걸맞은 성격이 구현된 등장인물:** 아리스토텔레스의 『시학』(13, 1454a15~33: 비극성을 높이기 위해서는 등장 인물에게 주제와 걸맞은 성격을 구현할 필요가 있다)과 『수사학』(III, 7, 1408a9~36: 설득의 극대화를 위해서는 연설

의 문체를 청중의 성격과 수준에 맞게 구성해야 한다)의 내용을 연상시킨다.

16 일반인들: 사본에 누락된 것으로 보고, 뒤에 언급되는 '철학자, 소피스트(적인 사람), 일반인'과의 대구를 맞추기 위해 후대의 편집자(H. Sauppe 1874)가 추가했으며, 오늘날 대부분의 학자들이 이 독법을 받아들인다. 여기서 '일반인'이 누구를 의미하는지가 불분명한데, 플라톤의 용례들을 떠올려 보면, ① 왕이나 정치인과 같은 공인이 아닌 사인이나 평민을 의미할 수도 있고(『파이드로스』 258d; 『크리티아스』 117b), ② 전문가나 기술자가 아닌 보통 사람을 의미할 수도 있으며(『에우튀데모스』 282d; 『대 히피아스』 287a; 『이온』 532e), ③ 단순히 개인을 의미할 수도 있다.

17 고귀함과 단순함과 진리에 대한 사랑: 고귀함은 기본적으로 훌륭한 혈통에서 비롯된 (귀족적) 속성이지만, 철학자들의 훌륭함을 의미하기도 한다(『파이돈』 116c; 『국가』 VI, 496a~b). 단순함은 이것저것 섞이지 않은 순수함, 거짓 없는 솔직함 등의 뉘앙스를 담고 있다. 예컨대 『소 히피아스』(364d~365b)의 주인공인 히피아스는 호메로스가 아킬레우스는 가장 단순하고 솔직한 인물로, 오뒷세우스는 가장 복잡한 인물로 창조했다고 지적하며 단순함과 복잡함을 대비시키는 모습을 볼 수 있다. 진리에 대한 사랑은 그 의미가 분명하긴 하지만, 막상 플라톤에서 거론되는 것은 '진리에 대한 사랑'이 아니라, '지혜에 대한 사랑'이다. 오히려 이 말은 아리스토텔레스에 등장하는데, 『니코마코스 윤리학』(IV, 7, 1127b4)에서는 성격적인 덕과 관련하여 '진리를 사랑하는 사람(philalēthēs)'이라는 표현을 찾아볼 수 있다. 아리스토텔레스 이래로 이 용어는 바로 아래 언급되는 '의견에 대한 사랑(philodoxon)'과 대립적인 개념으로 사용된다.

18 다채로움과 불안정성과 의견에 대한 사랑: 소피스트의 '다채로움'은 철학자의 '단순성'에 대립하는 성격일 것이다(플라톤, 『소피스트』 223c2). '불안정성'은 '단순성'과 대비되는 성격으로서, 자신의 의견을 손바닥 뒤집듯이 바꿔 신뢰를 주지 못하는 사람을 의미한다(섹스토스 엠페이리코

스, 『수사가들에 반대하여』 II, 27). 마지막으로 '의견에 대한 사랑'은 'to philodoxon'을 옮긴 것으로서, 의견(doxa)은 진리와 지혜와 대비되는 표현이다. 다만 'doxa'에는 '의견' 이외에도 '평판', '명성' 등의 의미가 있기에, 'to philodoxon'은 '명예욕'을 의미할 수도 있다. 즉 철학자와 소피스트는 '진리를 사랑하는 사람'과 '명성을 좇는 사람'으로 구별된다는 것이다.

19 적절하게 배치된 말투: 대화편의 주제에 걸맞은 어휘의 선택과 사용 및 문장의 배치 방식을 일컫는다. 거칠게 말해 '언어적 표현 방식과 문체(style)'가 이에 해당한다고 할 수 있다(『소크라테스의 변명』 17d3~4: "지금 난 일흔이 되어 처음 법정에 올라왔소. 그래서 이곳의 말투[사용하는 용어와 표현 방식]에는 그야말로 생소한 외국인 처지요.").

20 그는 […] 말하는데: 원문에 명기되어 있지는 않지만, 3인칭 단수 동사 '말하는데(phēsi)'의 주어에 해당할 '그'는 누구일까? 사실 저자인 알비노스 자신이라면, 1인칭 동사를 써서 '나'라고 하는 것이 자연스러웠을 것이다. 이에 대해 한 가지 가능한 추측은 '그'가 알비노스의 스승인 가이오스라는 것이다. 알비노스의 이 논고는 사실 가이오스의 강의를 기록한 것일 가능성이 크다(J. Dillon, 1996, 266~306 참조). 두 번째로 가능한 추측은 '그'가 플라톤이라고 보는 것이다. 즉 플라톤이 어디선가(예컨대 『법률』 XII, 968e) 그렇게 주장한 내용을 알비노스가 여기서 언급했다는 것이다. 마지막으로는 '알비노스'일 것이라는 추측도 가능하다. 이 경우, 『서설』은 사실 알비노스 자신이 쓴 게 아니라 그의 학생 가운데 누군가가 선생의 강의를 기록한 것이라고 볼 수 있다.

21 운율: 아리스토텔레스, 『시학』 4, 1449a23: "그러나 대화가 도입되자 자연히 적합한 운율을 찾게 되었다. 대화에는 단장격 운율이 가장 적합한 운율이니 말이다."

22 역사에 적합한 문체: '역사'로 옮긴 'historia'는 넓은 의미로는 '이야기', '탐구' 등을 뜻하지만, 여기서는 좁은 의미의 '역사', 구체적으로는 '역사 서술'을 의미한다. 다음으로 '문체'로 옮긴 'plasma'는 말이나 글의

성격에 맞게 형식화된 문체(formed style in writing or speaking)를 뜻한다. 예를 들어, 희극과 비극이 운문에 가깝고 운문에 걸맞은 운율을 가져야 한다면, 역사는 산문에 가까우며 산문에 부합하는 문체를 가져야 한다고 주장하는 것이 이에 해당한다.

23 **대화편에 적합한 말투와 문장 구성**: 알비노스는 대화편을 운율이나 문체에 있어서, 비극 및 역사와는 구별되는 것으로 간주한다. 알비노스에는 분명하게 언급되지 않았지만, 예컨대 디오게네스 라에르티오스는 대화편을 운문과 산문 사이에 있는 것(metaxu)으로 보았다(『생애』 III, 37, 3~4). 그리고 시간이 흐르면서 대화편은 운문보다는 산문에 더 가까운 것으로 간주되었던 듯하다. 예컨대 작자 미상의 『플라톤 철학 입문』(14, 4~6)에 따르면, 플라톤의 대화편은 일련의 질문과 답변으로 이루어진 산문 형식의 담론으로 규정된다. 또한 비극이나 희극의 담론에는 운율이 가미되어 있는 반면, 철학적 대화편은 운율 없이 전개된다는 점에서 문학적 대화와 구별된다고 한다.

24 **차이(diaphora)**: 대화편들의 분류 기준이 되는 차이를 말한다. 그런데 정작 플라톤은 이 단어를 사물 간의 불일치라든가 불화, 혹은 사건의 특이성이라는 의미로 사용하지(예컨대 『국가』 X, 607b; 『티마이오스』 23a) 대상의 분류 기준으로 사용하지 않는다. 알비노스의 이런 용법은 아리스토텔레스의 종차 개념의 영향을 받은 것처럼 보인다(『형이상학』 X, 7, 1057b5~8 참조).

25 **개요와 함께 완전하게 논의할 것이다**: 여기서 '개요(huphographē)'와 '완전하게(teleōtata)'는 언뜻 상충하는 것처럼 보인다. 예컨대 스토아 철학자들의 정의를 참고하자면, '개요란 개괄적인 방식으로 주제에 입문시키는 설명, 혹은 정의에 담긴 의미를 한결 더 단순하게 소개해 주는 정의'이다(『생애』 VII, 60). 플라톤 역시 정의를 탐구함에 있어서 '밑그림'과 '완전한 설명'을 대비시킨 바 있다(『국가』 VI, 504d). 이에 대해서는 학자들마다 조금씩 설명이 다른데, 혹자는 'huphographē'에 '개요' 말고도 '서술', '기술'이라는 의미가 있다고 보아 위 대목을 '개요와 함께'

가 아니라 '기술을 통해서' 정도로 읽는다(B. Reis, 1999, 313). 하지만 '일반적인 서술' 혹은 '스케치'라는 뉘앙스가 사라지는 것은 아니어서, 'teleōtata'와 함께 있을 때의 위화감은 여전히 남는다. 반면에 다른 학자는 '개요'가 지금 다루는 『서설』을 가리키고, '완전한 논의'는 뒤에 이어질(그러나 소실되어 남아 있지 않은) 『플라톤 작품 입문』을 가리킨다고 본다(T. Göransson, 1995, 85~86). 그 경우 『서설』에서는 대화편의 유형에 대한 밑그림을 보여 주고, 『입문』에 가서 본격적인 논의를 했으리라고 추측할 수 있다. 그런가 하면, '개요'와 '완전하게'가 상충됨을 굳이 부정할 필요가 없으며, 이렇게 일견 모순어법(oxymoron)처럼 보이는 이 표현이 사실은 현재 『서설』 강의를 듣고 있는 학생들의 낮은 수준을 배려한 것(이를테면 '쉽고도 자세히 설명하겠다!')이라고 보는 학자도 있다(J. Whittaker, 1997, 303~304).

26 **설명적인 유형:** '설명적인'으로 옮긴 'huphēgētikos'는 '앞서 인도하다'라는 뜻의 동사 'huphēgeomai'에서 비롯된 말로서, 이런 유형은 플라톤 철학의 여러 주제들에 관한 설명을 통해 학생들을 가르쳐 이끄는 것을 목적으로 하는, 말하자면 이론적 성격의 대화편들을 가리킨다.

27 **탐구적인 유형:** '탐구적인'으로 옮긴 'zētētikos'는 '탐구하다', '살펴보다'를 뜻하는 동사 'zēteō'에서 비롯된 말이다. 이 말은 탐구자가 진리를 '찾아 나간다'라는 의미지만, 여기서는 특히, 이른바 소크라테스식 문답법으로 대표되는 변증술적 토론에서, 질문자가 대화를 통해 답변자의 지혜 혹은 무지의 여부를 '검토한다'라는 뜻으로 쓰인다.

28 **설명적인 유형은 사안을 다루고, 탐구적인 유형은 인물을 다룬다:** 설명적인 대화편들은 자연학, 생물학, 우주론과 같은 자연과학적 주제들이나, 윤리학과 정치학의 주제들과 관련하여 원인 설명을 그 목표로 한다는 점에서 사람이 아닌 사안을 다룬다. 반면에 탐구적인 대화편들은 대화자의 주장을 검토하고 논박을 통해 그의 잘못된 신념을 정화함으로써, 대화자를 올바른 탐구의 길로 이끄는 것을 목표로 한다는 점에서 사안보다는 사람을 다룬다. 참고로 사안 자체를 다루는 학문과, 인간의

신념과 그것에 따른 선택을 다루는 학문의 구분은 아리스토텔레스에게서도 찾아볼 수 있다(아리스토텔레스, 『수사학』 III, 1, 1404a1~12; R.C. Fowler, 2016, 42, n. 27 참조).

29 **논리학적인**(logikos): 변증술 훈련을 말한다. 특히 『파르메니데스』의 경우는 플라톤주의 전통에서 커다란 위상 변화를 겪었는데, 알비노스를 비롯한 서기 2세기의 중기 플라톤주의 철학자들은 이 작품을 변증술 훈련을 위한 일종의 논리학 교과서라고 생각했다. 반면에 비슷한 시기에 활동했던 신퓌타고라스주의자들은 이 작품을 만유의 원리인 '하나(일자)'의 비밀이 담긴 작품으로 보았는데, 이러한 해석은 서기 3세기에 이르러 신플라톤주의자들에게 받아들여졌고, 『파르메니데스』는 이후 플라톤의 대화편들 중에서도 정점에 위치한 가장 중요한 작품으로 간주되었다.

30 **시험적인**(peirastikos): 대화자의 지식이나 신념을 검토하고 제대로 알고 있는지를 테스트하는 것을 말한다.

31 **입증적인**(endeiktikos): 주장의 사실 여부를 확인하고 정당화하는 것을 말한다.

32 **논박적인**(anatreptikos): 상대방의 주장을 전복시킨다는 의미로서, 위에서 언급한 '거짓의 논박'(148, 28)과 거의 같은 의미로 사용되고 있다.

33 이상의 분류에 관해서는 「작품 안내」의 〈표 2〉(293쪽)를 참고하라.

34 **4부작**(tetralogia): 플라톤의 대화편들을 네 편씩 묶어서 분류하는 방식으로서, 이 방식은 고대 아테나이의 비극 경연을 본뜬 것이었다. 당시의 경연 참가자들은 비극 세 편과 사튀로스 극 한 편을 써서, 총 네 편을 한 묶음으로 출품했다고 한다. 이러한 편집 방식은, 바로 아래에서 알비노스도 언급하고 있듯이, 서기 전후 1세기 무렵의 문헌학자인 트라쉴로스와 데르퀼리데스에 의해 확립되었다고 한다.

35 **데르퀼리데스와 트라쉴로스**: 트라쉴로스는 서기 1세기 무렵의 문헌학자로서, 데모크리토스와 플라톤 작품의 편집자로 알려져 있다. 하지만 데모크리토스에 관한 기록은 모두 소실되었고, 플라톤의 것만 남아 있

다. 그는 비극 경연의 출품 방식을 따라, 플라톤의 대화편들을 네 편씩 한 묶음으로 구성하였고, 그런 식으로 36편의 작품을 총 9개의 4부작(tetralogia) 형식으로 편집했다고 한다. 데르퀼리데스는 트라쉴로스보다 반세기 정도 앞선 인물이라고 전해지나, 이름 이외에는 알려진 바가 거의 없다.

36 **우리가 지금 원하는 것과 관련해서는 유용하지 않다**: 알비노스는 트라쉴로스의 4부작 가운데 첫 번째 것(『에우튀프론』, 『소크라테스의 변명』, 『크리톤』, 『파이돈』)이 교육에는 그다지 유용하지 않다고 평가하는데, 그 이유는 대화편들이 플라톤의 철학에 접근하는 데 맞춰졌다기보다는, 소크라테스의 재판과 죽음이라는 역사적이고 극적인 사건에 맞게 구성되었기 때문이다.

37 **그것은 완전한 것으로서 원의 완전한 형태를 닮은 것처럼 보인다**: 이 대목은 두 가지로 해석이 가능한데, 하나는 플라톤의 대화편이 원형 구조로 되어 있다는 것이고, 다른 하나는 플라톤의 사상이 전체로서 원과 같은 구조를 취한다는 것이다(R.C. Fowler, 2016, 45, n. 41). 가장 완전한 도형은 시작과 끝이 같은 원(삼차원에서는 구)이라는 생각은 그리스인들의 일반적인 생각이었으며, 플라톤의 우주론에도 그대로 구현되고 있다(예컨대 『티마이오스』 33b).

38 **아무 점에서나 시작해서 원을 그리지는 않기 때문이다**: 알비노스는 대화편의 독서에 있어서 출발점을 한 가지로 고정하지는 않는다. 왜냐하면 플라톤의 담론은 원과 같은 구조라서 어떤 분명한 출발점이 없기 때문이다. 다만 철학의 초심자든 더욱 깊은 이해를 원하는 사람이든, 각자에게 맞게 대화편에서 시작할 필요는 있다. 예컨대 내가 원을 그릴 때 나는 어디든 한 점에서 출발하겠지만, 그 출발점은 나의 수준과 내가 처한 조건에 따라 규정되어야 한다는 것이다.

39 **철학을 위해서 대화편을 읽거나, 아니면 탐구를 위해**(phlosophias ē historias heneka): 철학과 탐구가 서로 다른 선택지인 양 대비되고 있다. '탐구'로 옮긴 'historia'는 좁은 의미로는 '역사'를 뜻하지만, 넓은 의미에서는

'지식을 얻기 위한 행위', 즉 '탐구'를 뜻한다. 그렇다면 이 둘은 어떻게 다를까? 철학은 윤리적 완성을 추구하며 '신과의 닮음(homoiōsis theōi)'를 목표로 하는 활동인 반면, 탐구는 그저 지식의 습득을 위한 활동에 국한된다는 점에서 양자가 구별된다고 할 수 있다(O. Nüsser, 1991, 61; B. Reis 1999, 315).

40 무지한 상태: 단적인 무식함이라기보다는, 아직 배움이 없어서 예비교육이 필요한 상태를 말한다.

41 본성, 나이, 선택, 상태, 물질적인 것: 알비노스가 철학에 임하는 사람의 조건으로서 열거한 이 요소들은 수사학의 논거배열술 가운데 진술부의 내용 일부를 가져왔을 것으로 추측할 수 있다. 예컨대 서기 1세기 무렵의 소피스트이자 수사가인 아일리오스 테온은 청소년을 위한 수사학 교재인 『예비적 훈련들(*Progumnasmata*)』(78)에서, 연설의 진술부에는 인물, 행위, 행위 장소, 행위 시간, 행위 방식, 그리고 행위 원인이라는 여섯 가지 요소가 들어 있어야 하며, 그 가운데 인물과 관련해서는 고향, 소질(본성), 교육, 성향, 나이, 처한 상황, 선택, 행위, 말, 죽음, 사후에 끼친 영향이 다뤄져야 한다고 지적한다. 이것을 알비노스의 경우와 비교해 보면, 본성, 나이, 선택은 아일리오스 테온의 서술과 일치하고, 상태(hexis)는 성격(diathesis)과, 물질적인 것(hulē)은 처한 상황(tuchē)과 유사함을 볼 수 있다.

42 철학하기에 제철인 나이: 사실 플라톤이 철학의 적기를 따로 정했다고 보기는 어렵다. 물론 『국가』 VII권에서 소크라테스는 장차 철인 통치자가 될 사람들이 어려서 시가와 체육을 접하고, 청년기에는 수론, 기하학, 천문학을 충분히 배우며, 성인이 되어서는 변증술을 익히고, 그 외에 다양한 실무 경험을 쌓은 뒤 나이 50세에 이르러서야 가지적인 것들에 대한 탐구, 즉 본격적인 철학을 할 수 있다고 말한다. 하지만 이는 철학하기에 적합한 나이를 정한 것이라기보다는, 한 명의 온전한 철인 통치자가 만들어지기까지의 교육의 중요성을 강조한 것이라고 봐야 한다. 오히려 철학은 평생에 걸쳐 하는 것이다. 반면에 『고르기아스』

(484c~486d)에서는 수사학의 입장을 대변하는 칼리클레스가 소크라테스를 겨냥하여 '철학을 하기에 적절한 때가 있으니, 젊은 시절 철학에 열중하는 것은 좋은 일이지만, 나이를 먹고서도 철학에 매달리는 것은 한심한 일이며, 그런 사람은 결코 자신과 가족을 지키지 못할 것'이라고 경고하는 모습을 볼 수 있다.

43 **정치적인 주변 환경:** 앞서 철학과 관련하여 우리가 처한 조건들 중 하나인 '물질적인 것'(149, 30)의 정체는 바로 정치에 관심을 갖거나 직접 참여할 수밖에 없는 환경을 말한다.

44 **그는 『알키비아데스』에서 시작할 것이니:** 여기서 언급된 대화편은 『알키비아데스 1』을 말한다. 오늘날 위작 논란이 있는 이 작품은 고대의 플라톤주의 학교들에서 플라톤 철학에 입문하는 첫 번째 대화편으로 학생들 사이에서 널리 읽혔다.

45 **방향을 바꾸고 자신을 돌아보며 무엇을 돌봐야 하는지를 깨닫기 위해서이다:** 이와 관련해서는 알키노오스, 『강의』 I, 1, 152, 2~4 참조.

46 **덕을 획득한 사람이 신적인 것들과 닮을 수 있으려면:** 『국가』에서 덕을 얻기 위해 훈련하는 것은 결국 철학자의 최종 목표인 신과 닮기 위한 수단을 획득하기 위한 것이다(알키노오스, 『강의』 XXVIII, 1~4). 하지만 신을 닮기 위해서는 그에 관해 알아야 하는데, 신에 관해 알려주는 대화편이 바로 『티마이오스』이다.

47 **『알키비아데스』 – 『파이돈』 – 『국가』 – 『티마이오스』:** 알비노스가 선호하는 이상적인 학생을 위한 플라톤 독서 커리큘럼이다. 가장 앞에 『알키비아데스』를 선택한 이유는 이 대화편이 '자기에 대한 앎'을 다루는데, 이것은 장래의 철학자에게 가장 먼저 요구되는 것이기 때문이다. 둘째로 『파이돈』을 고른 이유는, 이 대화편이 철학적 삶의 본성을 가르치거니와, 무엇보다도 혼의 본성을 그러한 삶의 전제로서 다루고 있기 때문이다. 세 번째로 『국가』를 거론하는 것은 가장 완결된 철학자 교육론을 제시하고 있기 때문이며, 마지막으로 『티마이오스』를 선정한 것은 이 작품이 우리에게 자연 세계의 모든 영역에 관한 설명을 제시할 뿐만 아

니라, 이를 통해서 신적인 것들에 대한 분명한 시각 및 신과의 닮음에 이르는 방법을 제공하기 때문이다.

48 이른바 '신학(hē legomenē theologia)': 신학 일반을 의미한다기보다는, 구체적으로 『티마이오스』 편에 전개된 신의 활동에 관한 논의들(27c~d, 53b)을 가리키는 것처럼 보인다. J. Whittaker, 1997, 302; D. Sedley, 2017, 319~338 참조.

49 의사들도 우리가 몸 안에 있는 장애물을 치워 버리지 않는다면: 이와 관련해서는 플라톤, 『소피스트』 230c~d 참조. 혼의 정화는 알비노스가 생각하는 플라톤 철학 입문의 첫 단계 목표에 해당하며, 이 임무를 수행하는 것이 '시험적 유형'의 대화편들이다. 이를 통해 학생들의 혼을 점유하고 있었던 잘못된 견해들이 제거되고, 참된 지혜를 받아들일 준비가 이루어지기 때문이다.

50 자연적 관념들(hai phusikai ennoiai): 이 말은 스토아 철학에서 가져온 개념으로 보인다. 스토아 철학자들은 자연적 관념을 '선취관념(prolēpsis)'과 같은 의미로 사용하는데, 선취관념이란 유사한 감각 경험이 반복된 결과, 인간에게 자연스럽게 발생하는 관념이다. 이런 관념은 우리가 배움이나 훈련을 통해 의식적으로 획득한 관념과 구별된다. 하지만 자연적 관념은 중기 플라톤주의자들 사이에서 일정한 의미 변화를 겪는다. 그도 그럴 것이, 관념은 혼과 분리될 수 없는 것인데, 스토아 철학에서는 혼도 물체인 반면, 플라톤(주의자들)에게서 혼은 몸(물체)과 다른 실체일뿐더러, 죽은 뒤나 태어나기 전에도 몸과 분리된 상태로 존재하는 것이기 때문이다. 그래서 중기 플라톤주의자들은 혼이 몸과 분리되어 있을 때 '사유'라고 불리던 것이, 혼이 몸 안에 갇히면 '자연적 관념'으로 전화한다고 생각한다. 왜냐하면 관념이란 혼 안에 저장된 사유이기 때문이다(알키노오스, 『강의』 IV, 6, 155, 26~27). 중기 플라톤주의자들이 스토아 철학에서 이 개념을 도입한 이유는 바로 플라톤의 상기론을 해명하기 위해서인 것처럼 보인다.

51 거짓된 의견을 정화한 뒤에는(ekkatharai) 자연적 관념들을 […] 정화하고

(ekkathairein): 여기서 '정화하다(ekkathaireō)'라는 동사가 두 가지의 다른 뉘앙스로 읽힌다는 점에 주의하자. 즉 앞의 '정화하다'는 혼에서 거짓된 견해를 '제거한다'라는 의미로, 뒤의 '정화하다'는 제거라기보다는, 자연적 관념들을 '닦아서 깨끗하게 만든다'라는 의미로 이해할 수 있다.

52 **원리들로서 분명하게 제시해야 한다**: 결국 자연적 관념들은 앎의 원리가 된다. 혼에서 거짓된 믿음과 의견을 제거하는 것이 플라톤 철학 입문의 첫 단계였다면, 자연적 관념들을 깨끗이 닦아 내고, 그것들을 앎의 원리들로 구분하는 일이야말로 입문의 두 번째 단계에 해당하며, 산파술적인 유형의 대화편들이 이에 속한다(플라톤, 『메논』 86a; 『테아이테토스』 151a~b; 157d).

53 **적합한 사상들을 만들어 넣어야 하니**: '적합한(oikeios)'이 의미하는 것이 무엇인지 불분명하다. 이와 관련하여, 포울러(R.C. Fowler, 2016, 53, n. 56)는 다음의 세 가지 관점을 소개한다. ① '그럼직하거나 합리적인 사상'이라는 의미. ② '혼의 본성에 잘 부합하는(적응된) 사상'이라는 의미. 이 개념은 스토아학파가 말하는 '자기화' 개념으로 이해할 수 있다. 예컨대 아프로디시아스의 알렉산드로스, 『아리스토텔레스의 「혼에 관하여」 보유(補遺)』 150, 28~30 [= SVF III, 183]: "그래서 스토아주의자들은, 그들 모두가 그런 것은 아니지만, 생명체가 자신에게 적응한[자기화한] 최초의 것이라고 주장한다. 왜냐하면 각각의 생명체는 태어나자마자 자신에게 적응하며[자기화한], 인간 역시 그렇기 때문이다." ③ '플라톤의 고유한 사상'이라는 의미. 예컨대 작자 미상, 『플라톤 철학 서설』 13, 4~5: "먼저 플라톤이 자신의 고유한 사상들(ta oikeia dogmata)을 기록하기로 마음먹음에 따라 제기되는 난점을 해결하도록 하자." 이 경우 위의 대목은 '혼 안에 플라톤의 고유한 사상을 형성해 내야 한다' 정도의 의미가 될 것이다.

54 **자연학과 신학, 그리고 윤리학과 정치학의 사상들**: 플라톤 철학 입문의 셋째 단계에 해당한다.

55 **원인에 대한 추론으로 그것들을 묶어 놓아야 하니**: 플라톤 철학 입문의 넷째 단계로서 논리학, 즉 원인에 대한 추론을 배우는 단계이다. 넷째 단계라고는 하지만, 이것은 커리큘럼상의 단계이지 철학의 단계를 의미하는 것은 아님에 주의하자. 왜냐하면 알비노스에게 있어서 논리학은 철학의 도구이지 도달점은 아니기 때문이다. 플라톤, 『메논』 98a 참고.

56 **속지 않는 능력을 확보할 필요가 있으니**: 알비노스는 소피스트들의 부정적 영향을 차단하는 것을 플라톤 철학 입문의 다섯 번째 단계로 설정한다. 학생들은 원인 설명의 도구로서의 논리학(혹은 발견의 기술인 변증술)을 배워야 할 뿐만 아니라, 소피스트들의 궤변에 대한 방어 기술로서의 논리학(혹은 싸움의 도구인 반론술과 쟁론술) 역시 배워야 한다. 참고로 알키노오스 역시 학생들이 배워야 할 추론들(필연적인 추론, 통념에 기반한 추론, 수사학적 생략추론)에 소피스트적 궤변술을 추가하면서, 이것이 '철학자에게 으뜸가는 것은 아니지만 필요한 것'이라고 언급한다(『강의』 III, 2, 153, 36~38).

57 **시험적인 유형의 작품들**: 입문의 첫 단계, 즉 혼의 정화에 걸맞은 대화편들.

58 **산파술적인 유형의 대화편들**: 입문의 둘째 단계, 즉 혼에 이미 들어 있지만 잊고 있었던 개념들을 획득하는 단계에 걸맞은 대화편들.

59 **설명적인 유형의 대화편들**: 입문의 셋째 단계, 즉 자연학, 신학, 윤리학, 정치학에서 우리에게 고유한 학설을 획득하고, 이를 통해 신을 닮아가는 단계에 적절한 작품들.

60 **자연학적인 사상들, 윤리학 및 정치학과 가정경영학**: 앞에서의 논의(VI, 150, 24~25)에서와 달리, 여기서는 신학(theologika)이 빠지고, 가정경영학(oikonomika)이 추가되었다. 우선 신학은 넓은 의미에서 자연학적인 학설들에 포함된 것처럼 보인다. 다음으로 가정경영학의 경우, 종종 정치학과 대조적인 기술로 간주되기도 하는데(예컨대 플라톤, 『파이드로스』 248d), 위 대목에서는 하나의 복수 정관사(ta)에 윤리학과 가정경영학을 함께 묶어 놓은 것을 보면, 양자를 대조적으로 보기보다는, 자

연스럽게 이어지는 기술들로(마치 수신제가치국평천하처럼) 취급한다고 볼 수 있다. 반면에 윤리학은 앞에 정관사를 붙여 뒤의 두 기술과 따로 언급하는데, 이것은 아리스토텔레스와 소요학파가 실천학을 윤리학과 정치학으로 구분했던 방식을 알비노스가 그대로 따르고 있는 것처럼 보인다(예컨대 『생애』 V, 28). 하지만 모두가 알비노스와 같지는 않은데, 예컨대 알키노오스는 윤리학과 (가정)경영학과 정치학을 각각 독립적으로 다룬다(『강의』 III, 3, 153, 38~42 참조).

61 **관조와 관조적인 삶, 실천 및 실천적인 삶**: 관조적인 삶과 실천적인 삶의 구분은 플라톤이 아니라 아리스토텔레스의 것이다(예컨대 『정치학』 VII, 2, 1324a15~27; 『에우데모스 윤리학』 I, 1215b1~5). 그렇다면 둘의 관계는 어떨까? 알비노스가 양자를 특별히 비교하지는 않지만, 앞서 철학을 배우기에 이상적인 학생의 조건으로 '정치적 주변 환경에서 벗어나 있음'(V, 149, 34~35)을 제시했던 점을 떠올려 보면, 정치적 삶보다는 관조적인 삶을 좀 더 우위에 놓은 것이 아닐까 짐작할 수 있다. 하지만 분명한 것은 두 삶 모두 신을 닮는 것에 관여한다는 사실이다. 이는 아마도 인간이 실제로는 양자가 혼합된 삶을 살 수밖에 없음을 암시한다고 볼 수 있다. 이와 관련해서는 알키노오스 역시 '더 고귀한 것은 관조적인 삶이지만, 실천적인 삶은 이차적이긴 하되 피할 수 없는 것'이라고 말한다(『강의』 II, 1, 152, 33~153, 2).

62 **논리학적인 유형의 대화편들**: 입문의 넷째 단계에 걸맞은 대화편들. 앞서 알비노스는 설명적인 유형이 가르침과 실천, 그리고 진리의 증명에 걸맞다고 말한 바 있다(III, 150, 25~27). 그런 점에서 설명적 유형의 대화편들이 원인의 논리적 체계화의 기능도 잘 수행한다고 보는 듯하다.

63 **분석과 추론(analutikas kai sullogistikas)**: 알비노스는 이 두 용어를 동의어로 간주하는 것처럼 보인다. 아리스토텔레스는 처음으로 논리학을 확립하고는 그것을 '분석론(to analutikon)'이라고 불렀다. '논리학(to logikon)'이라는 명칭을 사용한 사람들은 스토아 철학자들이(『생애』 VII, 39 참고).

64 **반증적이고 논박적인 유형의 대화편들**: 입문의 다섯 번째 단계인 소피스트들의 부정적 영향을 막기 위한 훈련에 걸맞은 작품들을 말한다.

65 **단편들**: 이곳에 수록된 15개의 단편들은 모두 알비노스에 관한 증언들(testimona)로서, 번역의 저본으로는 A. Gioè, 2002의 것을 따랐다.

66 **갈레노스**: 갈레노스(서기 129~216)는 페르가몬 출신의 의사이자 플라톤주의 철학자이다. 그는 부유하고 박식했던 아버지의 후원 아래 어려서부터 철학과 의학을 공부했으며, 이미 스무 살 무렵에 의학서를 썼다고 한다. 아버지의 사망 후, 갈레노스는 스물두 살 무렵에 의사인 펠롭스와 철학자 알비노스에게 배우기 위해 스뮈르나로 유학을 떠났다.

67 **코이슬리니아누스 사본(Codex Coislinianus)**: 프랑스의 앙리-샤를 드 쿠아슬렝(Henri-Charles de Coislin, 1665~1732) 공작의 기금을 통해 수집된 그리스어 사본들을 말한다. 그중 『사본』 n° 387에는 철학(포르퓌리오스)과 수사학(아프토니오스), 서사시(호메로스)와 의학(히포크라테스) 등에 관한 고대의 주석들이 담겨 있다.

68 **가이오스**: 서기 1~2세기의 중기 플라톤주의 철학자. 스뮈르나를 중심으로 활동했다고 하며, 알비노스의 스승으로 알려져 있다.

69 **프리스키아누스**: 「단편」 5의 해당 주를 보라.

70 **타우로스**: 서기 2세기 초반에 활동한 플라톤주의 철학자로 아테나이에서 학생들을 가르쳤다. 『앗티카의 밤』을 쓴 로마의 작가 아울루스 겔리우스(125~180)가 그의 제자이다.

71 **프로클로스**: 서기 5세기의 신플라톤주의 철학자. 고대 후기의 가장 저명한 플라톤주의자로서, 특히나 그의 『플라톤의 「티마이오스」 주석』은 중세 우주론에 막대한 영향을 끼쳤다.

72 **다마스키오스**: 서기 5~6세기에 아테나이에서 활동했던 신플라톤주의자. 529년, 기독교도의 탄압으로 철학 학교들이 문을 닫자, 다마스키오스는 다른 일군의 철학자들과 함께 아테나이를 떠나 페르시아로 향한다. 이로 인해 그는 '아테나이의 마지막 신플라톤주의자'라고 불리기도 한다.

73 **요안네스 필로포노스**: 서기 6세기의 기독교 철학자.

74 **누메니오스**: 서기 2세기 무렵의 퓌타고라스주의자로 신플라톤주의의 형성에 지대한 영향을 끼친 인물.

75 **니카이아의 막시모스**: 이 인물에 관해서는 위 대목의 증언이 유일하다. 위의 내용에 따르면, 이 인물은 플라톤 대화편의 주석가로서, 『국가』편의 에르 신화를 해석하는 일에 몰두했던 것으로 짐작된다.

76 **하르포크라티온**: 서기 2세기에 활동한 아르고스 출신의 중기 플라톤주의 철학자. 앗티코스의 제자로 알려져 있다.

77 **에우클레이데스**: 서기 3~4세기에 활동한 신플라톤주의자로 추정된다는 점 말고는 달리 알려진 바가 없다. 소크라테스의 제자이자 메가라학파의 설립자로 알려진 에우클레이데스(서기전 4세기)나, 기하학의 아버지로 알려진 헬레니즘 시대의 에우클레이데스와는 다른 인물이다.

78 **포르퓌리오스**: 서기 3세기의 신플라톤주의자. 플로티누스의 제자로서, 스승의 글들을 편집하여 『엔네아데스』라는 제목으로 출판했다.

79 **파리지누스 그라이쿠스 사본**: 9세기 말엽에 필사된 그리스어 사본들로, 프랑스 국립도서관에 소장되어 있다. 그 가운데 『사본』 1962에는 막시모스 튀리오스의 『철학적 연설들』과 알키노오스의 『강의』 등 플라톤주의자들의 저술이 필사되어 있다.

80 **프리스키아누스**: 서기 6세기 무렵에 활동한 신플라톤주의 철학자이다. 유럽에서 기독교가 공인되고, 이단으로 몰려 직업을 잃게 된 철학자들을 받아준 이들은 아라비아와 페르시아의 지도자들이었다. 특히 페르시아의 왕 코스로에스는 그리스 철학에 흥미를 느꼈고 여러 그리스의 지식인들을 환대했지만, 언어와 문화 등의 차이로 인해 그리스 철학을 이해하는 것은 쉬운 일이 아니었다. 이에 프리스키아누스는 『페르시아의 왕 코스로에스의 질문에 대한 답변』이라는 일종의 입문용 철학서를 쓰게 되는데, 위의 인용문은 그 「서문」으로서, 자기가 이 책에서 어떤 저자들의 작품을 사용했는지 알려주는 대목이다.

81 **에프렘**: 에프렘(서기 306~373)은 니시비스(오늘날 튀르키예 남동부의 누사

이빈) 출신으로 쉬리아에서 활동한 초기 기독교 신학자이다. 그는 같은 쉬리아 출신의 기독교 영지주의자인 바르다이산(154~222)을 다신교도라고 비판하며, 『바르다이산의 '주' 개념에 반대하여』라는 논고를 쉬리아어로 썼다. 위의 인용문 번역에는 쉬리아어 원본이 아닌, 영어본(C. W. Mitchell)과 이탈리아어본(E. Vimercati)을 사용하였다.

82 **테르툴리아누스**: 테르툴리아누스(서기 155~220)는 카르타고 출신의 기독교 교부이자 신학자이다.

83 **아이겁토스의 메르쿠리우스**: 서기 2~3세기에 활동했던 신비주의자들이 그리스의 헤르메스 신과 이집트의 토트 신을 하나로 간주하여 숭배했던 '헤르메스 트리스메기스토스'를 가리키는 것처럼 보인다.

84 **보이지 않음이 보임으로부터 발생한다는**: 눈이 보이는 사람이 사고로 장님이 되는 경우.

85 **그의 플라톤을 걱정했던**: 즉 퓌타고라스의 영향 아래서 삶과 죽음을 대립 관계로 보았던 플라톤이 위의 반례들을 통해 공격받지 않을까 걱정했던.

86 **자주적인**: 즉 자기 의지에 따른.

87 **그것들에 존립성을 부여하며**: 복수로 표현된 '그것들(autois)'은 의미상 앞에서 단수로 언급된 혼, 구체적으로는 이성적인 혼을 가리키는 것처럼 보인다. '존립성'으로 옮긴 그리스어 'hupostasis'는 '밑에 서 있다'를 뜻하는 동사 'huphistēmi'에서 비롯된 말로서 맥락에 따라서는 '실재(성)'로 옮기기도 한다. 이 말은 플라톤보다는 플라톤주의자들이 사용한 핵심 개념으로서, 특히 플로티누스는 두 편의 논고에서 이 주제를 다루고 있다. 예컨대 『엔네아데스』 V, 1 [10]: 「세 가지 원리적 존립[실재]들에 관하여」; V, 3 [49]: 「인식적 존립[실재]들과 저 너머에 있는 것에 관하여」.

88 **앗티코스들과 알비노스들**: 프로클로스는 사람 이름인 앗티코스와 알비노스를 복수로 표현하는데, 이 표현은 그들을 따랐던 학파의 사람들을 암시하는 것이기도 하지만, 이들이 살았던 당시(서기 2세기 중반)에는 그

런 입장이 워낙 일반적이어서 개개인을 일일이 열거할 것이 못 된다는 다소 경멸적인 뉘앙스도 담겨 있다. 하지만 우리에게 전승된 사료들만으로는 앗티코스와 알비노스가 정말로 혼을 '숨결이 깃든 탈것'이라고 불렀는지 알 수 없다. H. Tarrant, 2017, 117, n. 282 참조.

89 **거칠게(ἧ) 읽고:** 즉 기식음(h)을 넣어 거칠게 '헤(hē)'로 읽는다는 뜻. 이때 '헤'는 방식을 뜻하는 관계부사가 되어 '어떻게'라는 의미로 읽힌다.

90 **부드럽게(ἤ) 읽으면서:** 즉 기식음(h) 없이 부드럽게 '에(ē)'로 읽는다는 뜻. 이 경우 '에'는 선택을 뜻하는 접속사가 되어 '혹은'의 의미로 읽힌다.

91 **그것이 원인으로부터 생겨난 것인 한(kath' hoson gegonen ap' aitias), 설령 그것이 생겨나지 않은 것이라고 해도(ei kai agenes estin):** 우주는 영원한 것이기에 그런 의미에서 '생겨나지 않은 것(agenes)'이다. 하지만 동시에 우주는 더 근본적인 원인(신과 본)에게 자신의 존재를 빚지고 있다는 점에서 원인으로부터 생겨난 것(gegonen)이다. 그러므로 현실적으로 우주는 영원한(생겨나지 않은) 것이지만, 그것의 참된 본성을 보기 위해서는, 생겨난 것으로 가정하고 그 원인을 찾아야 한다는 의미이다(좀 더 자세한 설명으로는, A.J. Festugière, 1967, II, 42, n. 3 참조).

92 **단편 13(?):** 프로클로스의 번역자인 루니아(D.T. Runia, 2008, 54, n. 76)는 이 내용이 위의 단편 12와 유사한 점을 들어, '해석자들 가운데 옛사람들(hoi palaioteroi tōn exēgētōn)'이 아마도 알비노스와 그의 추종자들일 것이라고 추측한다. 문제는 이 대목에 '알비노스'라는 이름이 나오지 않는다는 점이다. 그래서 알비노스의 단편 편집자인 죠에(A. Gioè, 2002, 113~114)와 비메르카티(E. Vimercati, 2015, 395)는 이 대목이 알비노스에 관한 언급이라고 확정하는 대신 의문부호를 첨가하였다.

93 **플라톤은 '어떤[이런저런] 식으로'라는 말을 '생겨나지 않은 것'과 '생겨난 것'에 갖다 붙인 게 아니라, '설명한다'에 갖다 붙였다:** 플라톤, 『티마이오스』 27c: "그것[= 우주]이 어떻게 생겨났는지, 아니면 혹시 생겨나지 않은

것은 아닌지에 대해 '이런저런 식으로 설명하려고(logous poieisthai pēi)' 함에 있어서"

94 사물들과: 즉 탐구 대상들과.

95 포티오스: 서기 9세기의 콘스탄티노폴리스의 총대주교이자 신학자. '도서관'으로 옮긴 그의 'Bibliothēkē'는 책을 보존하는 도서관이나 장서 목록에 관한 책이 아니라, 사실은 280여 권의 고전에 대한 저자의 서평이 담긴 책이다.

96 요안네스: 요안네스 스토바이오스(서기 5세기)를 말한다. 그는 마케도니아의 스토보이 출신의 작가로, 그리스 작가들의 작품 중에서 유명하거나 가치 있는 문장들을 모아 두 권의 『에클로가이(*Eklogae*)』과 두 권의 『플로릴레기움(*Florilegium*)』으로 출판하였다. 두 단어는 각각 '발췌된 글모음'이라는 뜻의 그리스어(eklogē)와 라틴어(florilegium)로서, 오늘날에는 이것들을 모두 『선집(*Anthologia*)』이라고 부르기도 한다. 『선집』에 수록된 글들은 오늘날 그 출처가 대부분 소실되었기에, 해당 작품의 내용을 짐작하는 데 중요한 정보를 제공한다.

「플라톤 사상 강의」

97 알키노오스의 플라톤 사상 강의(Alkinou didaskalikos tōn Platōnos dogmatōn): 이 제목은 가장 오래되고 보존 상태가 좋은 파리 사본(P)에 붙어 있는 것이다. 참고로 같은 사본의 맨 끝에는 '알키노오스의 플라톤 사상 적요(摘要)(Alkinou epitomē tōn Platōnos dogmatōn)'라는 글귀가 적혀 있다. '강의(didaskalikos)'라든가 '적요(epitomē)'라는 제목은 모두 이 글이 알키노오스의 강의 노트(선생이 강의를 위해 기록한 것이거나, 학생이 선생의 강의를 받아 적은 것)라고 추측할 수 있게 해 준다.

98 지혜에 대한 욕망(orexis sophias): '욕망'은 그리스어 'orexsis'를 옮긴 것으로 번역자들에 따라서는 '욕구'로 옮기는 경우도 있다. 우리 번역에서는 'epithumia'를 '욕구(欲求)'로, 'orexis'는 '욕망(欲望)'으로 옮겼다. 사실 이 용어는 플라톤의 것이 아니다. 위작으로 간주되는 『정의들』

(414b: "철학: 영원히 존재하는 것들의 앎에 대한 욕망")의 경우를 제외하고, 플라톤은 'orexis' 대신 'epithumia'를 사용한다(예컨대 『국가』 V, 475b). 오히려 이 개념은 아리스토텔레스가 자주 사용하는 것이다(예컨대 『영혼에 관하여』 III, 9~10장 참조). 한편, orexis와 epithumia의 구분은 스토아 철학자들에게서 찾아볼 수 있다. 예컨대 알렉산드리아의 클레멘스, 『글모음』, IV, 18, 617 [= SVF III, 442, p. 108, 17~20]: "그것들에 관해 능숙한 사람들[= 스토아 철학자들]은 욕망(orexin)을 욕구(epithumias)와 구별한다. 그들은 뒤엣것[= 욕구]을 비이성적인 것으로서 쾌락들과 무절제의 영역에 배치하는 반면, 욕망은 본성상 필수적인 영역에 배치하니, 이것이 이성적인 운동에 속하기 때문이다." 헬레니즘 시대 이후의 철학자들과 학설사가들은 아리스토텔레스나 스토아 철학의 용어를 가지고 플라톤의 철학을 설명하는 데 익숙했는데, 이런 모습은 특히 알키노오스의 글에 도드라지게 나타난다.

99 **몸으로부터의 혼의 해방이자 전회**: 학자들은 철학의 이 두 번째 정의를 『파이돈』과 『국가』의 두 대목이 결합된 것으로 본다. '몸으로부터의 해방(lusis)'은 『파이돈』에 언급된 죽음의 정의, 즉 '몸으로부터 혼의 풀려남과 분리(67d)'를, '혼의 전회(periagōgē)'는 『국가』에서 소크라테스가 진정한 철학을 '밤과도 같은 낮에서 진짜 낮으로 향하는 혼의 전회(VII, 521c)'로 규정한 것을 가져온 것이다.

100 **지혜란 신적인 것들과 인간적인 것들에 대한 앎**: 이 정의는 알키노오스가 스토아 철학에서 가져온 것으로 보인다. 예컨대 아에티오스, 『견해들』 I, 「서문」 2 [= SVF II 35, p. 15, 3~5; LS 26 A]: "그러므로 스토아 철학자들의 주장에 따르면, 지혜는 신적인 것들과 인간적인 것들에 관한 앎이고, 지혜 사랑[= 철학]은 적절한 기술의 수련이며, [...]."; 키케로, 『투스쿨룸 대화』 IV, XXVI, 57: "[...] 지혜는 신들과 인간들에 대한 앎이며 각각의 원인에 대한 인식입니다." 지혜와 철학에 관한 이 정의는 이후 스토아주의에 국한되지 않고, 헬레니즘과 고대 후기에 걸쳐 철학의 일반적인 규정으로 자리 잡는다.

101 '철학자'란 '철학'에서 파생되어 이름을 얻은 것으로서, 이는 마치 '음악가'가 '음악'에서 파생된 이름인 것과 같다: 예컨대 아리스토텔레스, 『범주론』 1, 1a12~15: "어떤 것으로부터 격에 따라 달라지면서 그 이름에 걸맞은 명칭을 얻게 되는 것들을 파생어라고 말하는데, 이를테면 '문법'으로부터 '문법학자'가, '용기'로부터 '용감한 자'가 파생되는 것이 그렇다."

102 가지적인 실체: '지성을 통해 파악될 수 있는'이라는 뜻의 'noētos'와 '실체', '존재'로 옮길 수 있는 'ousia'는 각각 플라톤의 대화편에 등장하지만, 막상 두 단어가 하나의 용어로 함께 사용된 적은 없다. 위와 같은 표현은 아리스토텔레스와 구아카데메이아의 3대 교장인 크세노크라테스에게서 찾아볼 수 있다. 예컨대 아리스토텔레스, 『형이상학』 VIII, 3, 1043b28~30: "그러므로 한 가지 실체(ousia), 그러니까 [형상과 질료로] 결합된 실체에 대해서는 정의와 규정이 있을 수 있다. 그것이 감각적인(aisthētē) 것이든 가지적인(noētē) 것이든 간에 말이다."; 섹스토스 엠페이리코스, 『논리학자들에 반대하여』 I, 147~149 [= Fr. 2 IP-D]: "크세노크라테스의 주장에 따르면, 세 가지 존재(ousias)가 있는데, 하나는 감각적인(aisthētē) 것이고, 다른 하나는 가지적인(noētē) 것이며, 또 다른 하나는 결합되고 의견의 대상이 되는(suntheton kai doxastēn) 것이다." 하지만 서기 1~2세기에 들어서면, 이런 표현은 플라톤주의자들 사이에서 마치 플라톤의 고유한 용어인 양 빈번히 사용된다.

103 학과들에 대한 소질, 진리에 대한 사랑, 절제: 알키노오스가 철학자의 조건으로 꼽는 이 세 가지는 플라톤의 『국가』(VII, 535a~c)에서 찾아볼 수 있는데, 거기서 철인 통치자의 선발 조건은 다음과 같다. 가장 견실하고 용감하며 가급적 가장 잘생긴 자들이어야 할 것, 고귀한 인품과 교육에 적합한 성향을 지니고 강건할 것, 교육과 관련해서는 예리하고, 수월하게 배울 수 있어야 하며, 기억력이 좋고 꿋꿋하며, 모든 면에서 열심이고, 신체적인 노고 속에서도 많은 공부와 수련을 완수

할 수 있을 것.

104 **혼의 감정적인 부분:** 플라톤은 혼을 이성적인 부분과 비이성적인 부분으로 나누는데, 전자에는 지성이 속하고, 후자에는 기개와 욕구가 속한다. 다만 플라톤에는 '감정적(pathētikos)'이라는 표현이 등장하지 않는다. 이 용어는 아리스토텔레스가 처음 사용했으며(예컨대 『정치학』 I, 5, 1254b6~9), 특히 키티온의 제논(SVF I, 234, p. 56, 13~19)이나 포세이도니오스(Fr. 31; 33 EK)와 같은 스토아 철학자들이 빈번히 사용했는데, 알키노오스는 이들의 영향을 받은 것으로 보인다.

105 **자연스럽게 억제할 수 있어야 한다:** '억제하다'로 옮긴 'katastellō'는 스토아 철학의 용어다. 예컨대 에픽테토스, 『담화록』 IV, 4, 9~10: "만일 당신이 무정념을 유지한다면, 동요하지 않는다면, 자신을 억제한다면(katestalmenon), 일어나는 일의 구경거리가 되기보다는 구경꾼이 된다면, 높이 평가받는 사람들을 시기하지 않는다면, 물질적인 것들이 당신을 내몰지 못한다면, 당신에게 아쉬울 게 뭐가 있겠소?"

106 **옹색함:** '옹색함'으로 옮긴 'mikrologia'는 좀스럽고 도량이 넓지 못함을 의미하며, 자유인보다는 노예적인 성격에 가깝다. 이 개념은 아리스토텔레스의 '소심함(mikropsuchia)'과도 그 의미가 유사하지만(『니코마코스 윤리학』 II, 7, 1107b23; IV, 3, 1125a33; 『대 윤리학』 I, 25, 1192a21~22), 플라톤에게서도 유사한 근거를 찾아볼 수 있다. 예컨대 『국가』 VI, 486a: "자네도 모르게 철학적인 자질이 자유인답지 못함에 관여하는 일이 없도록 해야 할 걸세. 짐작건대 좀스러움(smikrologia)은 신적이고 인간적인 모든 것에 항상 전체적으로 접근하려는 마음과는 극단적으로 대립하기 때문일세."

107 **쉽게 배우고 기억하는 능력:** 예컨대 키케로, 『아카데미아학파 후서(바로)』 I, V, 20: "정신과 관련하여 좋은 것은 지성이 덕을 파악하게끔 해 주는 것인데, 그들[플라톤과 그 추종자들]은 이를 자연적인 좋음과 성품적인 좋음으로 나눴습니다. 자연적인 좋음에는 빠른 학습 능력과 암기력을 할당했는데, 그것들은 모두 마음과 지성에 고유한 것입

니다."

108 **좋은 소질들(hai euphuiai)**: 이 개념은 플라톤의 위작으로 알려진 『정의들』(412e4, 413d6, 8)에만 두 차례 등장할 뿐 다른 대화편들에는 나오지 않는다. 알키노오스는 이 개념을 아리스토텔레스나 스토아학파에게서 가져왔을 가능성이 높은데, 예컨대 스토아 철학자인 클레안테스의 저술 목록 중에는 『좋은 소질에 관하여(*Peri euphuias*)』라는 제목을 찾아볼 수 있다(『생애』 VII, 175 참조).

109 **거악의 원인**: 좋은 소질이 교육과 양육을 통해 제대로 자라지 못할 경우, 오히려 크게 나쁜 것들의 원인이 될 수 있다는 우려는 플라톤(『국가』 VI, 491d~e)뿐만 아니라, 크세노폰(『회상』 IV, 1, 4)에게서도 찾아볼 수 있다. 어쩌면 이들은 크리티아스와 카르미데스처럼 명문 귀족가의 젊은 엘리트들이 타락하여 쿠데타를 일으키고 30인 과두정을 주도했던 일을 떠올렸는지도 모른다.

110 **관조적인 삶, 실천적인 삶**: 플라톤은 관조적 삶(theōrētikos bios)과 실천적 삶(praktikos bios)의 대비를 정식화한 적이 없다. 다만, 『국가』(VII, 521b)에서 철학자의 정치 참여 의무에 관해 다루면서, 이와 유사한 언급을 했을 뿐이다. 오히려 두 종류의 삶의 대비는 아리스토텔레스적 전통에서 찾아볼 수 있다. 예컨대 아스파시오스, 『아리스토텔레스의 「니코마코스 윤리학」 주석』 1, 2~4: "윤리학과 관련된 주제와 특히 정치학은 [삶에] 필수적인 것에 있어서는 관조적인 철학에 앞서지만, 고귀함에 있어서는 그 뒤에 온다." 그렇지만 이렇듯 관조적인 삶(vita contemplativa)과 활동적인 삶(vita activa) 간의 대비는 알키노오스를 비롯하여 향후 플라톤주의자들 사이에서 널리 받아들여지게 된다(예컨대 플루타르코스, 『「티마이오스」에서 혼의 발생에 관하여』 XIII, 1025D~E; 막시모스 튀리오스, 『철학적 연설들』 15; 16).

111 **신적인 자의 사유들(hai noēseis tou theiou)**: 플라톤의 이데아들을 가리킨다. 중기 플라톤주의자들은 사유의 대상인 이데아들을, 지성 바깥에 있는 것이 아니라 신의 사유 내지는 관념이라고 본다. 예컨대 알

렉산드리아의 클레멘스, 『글모음』 V, 3, 16, 3: "이데아는 신의 관념(ennoēma tou theou)이다."

112 **혼은 […] 관조할 때 즐거워한다**: 예컨대 플라톤, 『파이드로스』 247d.

113 **슬기(phronēsis)**: 학자들은 이 말을 '지혜(sophia)'와 구별하여 '실천적 지혜'나 '현명'으로 옮기기도 하는데, 여기서는 '슬기'로 번역했다. 하지만 지혜와 슬기는 많은 부분에서 그 의미가 겹친다. 실제로 위의 대목은 플라톤의 『파이돈』을 연상시킨다. 예컨대 『파이돈』 79d: "혼이 그런 것들[= 가지적 형상들]과 접촉하는 이상, 혼은 방황을 멈추고 그것들 주변에서 항상 그 자체로 한결같이 있네. 그리고 혼의 그런 상태가 '슬기(phronēsis)'라고 불리는 것이겠지?"

114 **신적인 자를 닮는 것**: 예컨대 플라톤, 『테아이테토스』 176a~b: "[감각적인 것들에서 가지적인 것들로] 달아남이란 가능한 한 신과 닮는 것이며, 신과 닮는 것이란 슬기를 갖추고 정의로우며 경건하게 되는 것입니다." 알비노스(『서설』 V, 150, 8~10)와 마찬가지로 알키노오스 역시 철학함의 궁극 목표가 신을 닮는 것이라고 보는데, 그의 이런 생각은 『강의』 전체에 걸쳐 지속적으로 강조된다. 이 생각은 이후 신플라톤주의까지 이어진다. 예컨대 플로티누스, 『엔네아데스』 I, 2 [19], 3, 19~22: "혼의 그런 상태, 즉 혼이 사유를 행하며 무정념 상태로 있는 것을 두고서 만일 누군가가 신과의 닮음(homoiōsin […] pros theon)이라고 말한다면, 그는 틀리지 않았다고 할 수 있다."

115 **우리에게 달렸는가 하면**: 스토아 철학을 연상시키는 표현이다. 예컨대 에픽테토스, 『담화록』 I, 1, 7: "신들은 모든 것들 가운데 가장 강력하며 주인이 되는 것을 유일하게 우리에게 달린 것(eph' hēmin)으로 만들어 주셨으니, 그것은 인상들(phantisias)을 바르게 이용하는 능력이지요. 반면에 다른 것들은 우리에게 달린 것들이 아닙니다(ouk eph' hēmin)." 하지만 그보다 앞서, 이미 아리스토텔레스에게서도 숙고의 대상과 관련하여 비슷한 생각을 찾아볼 수 있다. 예컨대 『니코마코스 윤리학』 III, 3, 1112a30~34: "우리는 우리에게 달린(eph' hēmin), 그

리고 우리가 실천할 수 있는 것들에 관해 숙고한다. [⋯] 인간들은 저마다 자기들 스스로 실천할 수 있는 것들에 관해 숙고하는 것이다."

116 **훌륭한 사람**: '훌륭한'으로 옮긴 'spoudaios'는 그 외에도 '진지한', '성실한', '중요한' 등의 의미를 갖는데, 플라톤에게서는 사람보다 주로 추상적인 것들(예컨대 명예)의 가치를 표현하는 말로 주로 사용된다(예컨대 『국가』 VII, 519d; 『법률』 II, 668a~b). 이 개념이 덕이라든가 철학적 자질을 갖춘 훌륭한 사람(ho spoudaios)의 속성으로 언급되는 것은 오히려 아리스토텔레스에게서이다. 예컨대 『니코마코스 윤리학』 I, 8, 1099a14~15: "[덕에 따른] 행위들에 관해 훌륭한 사람(ho spoudaios)이 훌륭하게 판단한다면, 그것들은 좋기도 하고 고귀하기도 하며, 각각의 경우마다 최고로 그러할 것이다." 더 나아가 스토아 철학에서는 이 말이 '현자(sophos)'와 동의어로 사용될 정도로 그 중요성이 확장된다. 예컨대 스토바이오스, 『선집』, II, VII, 11g, pp. 99, 3~100, 6 [= SVF I, 216, pp. 52, 25~53, 12 = LS 59N]: "제논과 그에게서 비롯된 스토아 철학자들에 따르면, 두 부류의 사람들이 있는데, 한 부류는 훌륭한 사람들(tōn spudaiōn)이고 다른 한 부류는 보잘것없는 사람들(tōn phaulōn)이다. 훌륭한 부류는 평생에 걸쳐 덕을 사용하지만, 보잘것없은 부류는 악덕을 사용한다."

117 **이론학, 실천학, 변증술**: 알키노오스는 여기서 자연학, 윤리학, 논리학이라는 용어 대신 이론학, 실천학, 변증술이라는 용어를 사용하고 있다. 그가 II장 1절에서 관조적인 삶(vita contemplativa)과 실천적인 삶(vita activa)을 나누고, 후자보다는 전자를 더 고귀한 것으로 평가했던 것을 고려하면, 실천학보다는 이론학을 더 우선시하지 않았을까 짐작해 볼 수 있다. 또한 로고스(말, 사유)에 대한 관조를 '변증술(dialektikē)'이라고 부르는 것은 플라톤적 전통에 따른 명칭이라고 생각해 볼 수 있다. 같은 탐구 대상을 아리스토텔레스주의자들이라면 '분석론(analutikē)'으로, 스토아주의자들이라면 '논리학(logikē)'으로 불렀을 것이다. 그렇지만, 이어지는 2절에서 볼 수 있듯이, 알키

노오스는 'dialektikē'라는 말을 플라톤이 말하는 진리 발견의 방법(heuristikē)으로서의 '나눔(diairesis)과 모음(sunagōgē)'의 절차로 이해하기보다는, 오히려 아리스토텔레스의 연역적 삼단논법과 변증술적 문답법, 수사 추론 및 소피스트적 논박술을 모두 포괄하는 개념, 즉 논리학 일반의 개념으로 사용하는 것처럼 보인다.

118 **나눔, 정의, 〈분석〉, 귀납, 그리고 추론**: 대부분의 편집자들처럼, 19세기 문헌학자인 카를 프란틀(Carl Prantl)의 제안에 따라 '분석(analutikon)'을 첨가하여 옮겼다. 프란틀은 나눔, 정의, 분석, 귀납이 고대 후기 변증술의 표준적인 요소들이었다고 지적한다(J. Dillon 1993, 58~59 참조).

119 **통념에 기반한 추론에 관해 고찰하는 변증술적 추론**: '변증술적 추론'으로 옮긴 'epicheirēmatikon'은 '손을 대다', '착수하다'를 뜻하는 동사 'epicheireō'에서 온 말로, 특히 군사 용어로서 '작전', '공격'을 의미한다. 이런 용어를 사용한 까닭은 기본적으로 변증술적 추론이 대화자들 간의 질문과 답변이라는 형식을 통한 대결을 상정하고 벌어지기 때문이다. 질문자는 답변자에게 일련의 질문을 던지는데, 답변자가 그것에 동의하면 질문은 추론의 전제가 된다. 질문자는 여러 가지 질문을 던지면서 답변자에게 동의를 요구하고, 이를 통해 토론의 주도권을 쥐고서 원하는 방향으로 대화를 끌고 갈 수 있다. 그러나 답변자가 질문에 동의하지 않는다면, 해당 질문은 전제가 되지 못하고 파기되며, 질문자는 새로운 질문을 던져야 한다. 따라서 질문자는 답변자가 쉽게 거부하지 못하는 질문을 찾게 되는데, 그것이 바로 전문가들이 인정하고 다수에 의해 널리 받아들여진 의견, 즉 통념이다. 예컨대 아리스토텔레스, 『토피카』 I, 1, 100b21~23: "통념이란 모든 사람들, 혹은 다수의 사람들, 혹은 지혜로운 사람들이 그렇다고 생각하는 것을 말하며, 특히 지혜로운 사람들의 경우 그들 모두나 그들 다수, 혹은 그들 중 가장 저명하고 권위를 인정받는 사람들이 그렇다고 생각하는 것을 말한다."

120 **마음속에 있는 전제[엔튀메마]를 다루는 것이어서 불완전한 추론이라고 불**

리는 수사 추론: 추론을 구성하는 전제들 가운데 일부나 결론이 청중들의 마음속에(en thumōi) 이미 들어 있다고 보아, 그것들을 굳이 언급하지 않고 생략한 채 전개하는(따라서 형식적으로 불완전한) 추론으로, 주로 연설에서 사용되기에 '수사 추론'이라고도 불린다. 아리스토텔레스는『수사학』I, 2, 1356a35~1358a35와 II 22장 전체에 걸쳐 이 수사 추론을 다루고 있다. 다만 알키노오스의 설명과 달리, 아리스토텔레스는 수사 추론을 '불완전하다'라고 말한 적이 없다. 그도 그럴 것이 생략된 전제나 결론은 연설가의 입을 통해 발설되지 않았을 뿐, 연설을 듣는 청중의 마음속에서는 완전한 추론의 형태로 구성되기 때문이다.

121 **철학자에게 우선시되는 것은 아니지만 피할 수 없는 것**: II장 1절의 '실천적인 삶은 관조적인 삶보다 뒤에 오지만 피할 수 없는 것'이라는 언급과 유사한 맥락이라고 할 수 있다. 소피스트들의 궤변에 당하지 않기 위해서는 그들의 기술을 배워 알 필요가 있다.

122 **성격을 돌보는 일**(tēn tōn ēthōn epimeleian): 이 개념은 아리스토텔레스에게서 온 것으로 보인다. 예컨대『니코마코스 윤리학』II, 1, 1103a17~23;『에우데모스 윤리학』I, 2, 1220a38~b7.

123 **가정을 관리하는 일**: '관리' 혹은 '경영'으로 옮길 수 있는 'prostasia'는 플라톤의 대화편을 비롯하여 고전기(서기전 5세기)의 문헌들에는 등장하지 않는다. 알키노오스는 이 개념을 스토아 철학에서 가져온 것으로 짐작되는데, 디오게네스 라에르티오스는 크뤼시포스의 충동 개념을 설명할 때 이 개념을 사용한 바 있다. 예컨대『생애』VII, 86 [= SVF III, 178, p. 43, 13~20]: "그들[= 크뤼시포스와 스토아 철학자들]의 말에 따르면, 자연은 식물들에 대해서도, 동물들에 대해서도 전혀 차별을 두지 않았다고 한다. 그런데 동물들에게는 충동이 잉여로 덧붙어 생김으로써, 그것들의 경우에는 자연적인 것이 충동에 따라 운영되는 것이다. 반면에 이성은 더 완전한 관리의 차원에서(kata teleioteran prostasian) 이성적 존재에게 주어졌기 때문에 이성에 따라

옳게 사는 것이 이들에게는 자연에 따른 것이 된다고 한다."

124 **윤리학, 경영학, 정치학:** 실천적인 지식을 세 부류로 나누는 것은 아리스토텔레스에게서 비롯된 것이다. 예컨대 『니코마코스 윤리학』 VI, 8, 1141b31~33; 『에우데모스 윤리학』 I, 8, 1218b13~14.

125 **별들의 운동 및 그것들의 회전과 회귀:** '운동(phora)'이나 '회전(periodos)'과 달리, '회귀'로 옮긴 'apokatastasis'는 플라톤의 대화편에 등장하지 않는다. 이 말은 행성이 자신의 회전을 완수하고 처음에 출발했던 지점으로 돌아오는 것을 가리키는 헬레니즘 시대의 천문학 용어였다(J. Whittaker, 1990, 81, n. 36; J. Dillon, 1996, 60, n. 4 참조).

126 **신학, 자연학, 수학:** 이론적인 지식을 자연학, 수학, 신학으로 나누는 전통은 아리스토텔레스에게서 비롯된 것이다. 예컨대 『형이상학』 VI, 1, 1026a6~32.

127 **판단 기준(kritērion):** 이 말은 애초에 판정하는 자(kritēs)가 있는 '장소(법정)', '판정 능력' 혹은 '판정을 가늠하는 수단'으로부터 '진리를 판단하는 기준'으로 의미론적인 전화를 겪은 것처럼 보인다. 물론 플라톤도 이 개념을 '판단 기준'을 뜻하는 용어로 사용하지만(예컨대 『국가』 IX, 582a; 『테아이테토스』 178b~c), 종종 그의 용례들에서는 '진리 판단의 기준'이라는 뉘앙스보다 '법정에서의 훌륭한 판정 수단 혹은 기준'이라는 뉘앙스가 도드라진다. 심지어 『법률』(VI, 767b)에서는 크리테리온이 아예 '법정'을 뜻하는 '디카스테리온'과 동의어처럼 쓰이기도 한다. 이 개념이 진리의 판단 기준이라는 철학의 전문 용어로서 본격적으로 사용된 것은 헬레니즘 시대에 이르러서이다. '크리테리온' 개념의 철학적 전화 과정에 대해서는, 정준영, 2022, 354, n. 528 참조.

128 **판단하는 것(to krinon), 판단되는 것(to krinomenon), 판단(krisis), 판단 기준(kritērion):** 알키노오스는 철학의 부분들 가운데 먼저 변증술을 다루며, 판단 기준에 대한 검토에서부터 논의를 시작한다. 알키노오스가 말하는 변증술은 넓은 의미에서 논리학과 인식론을 포괄하는 것으로서, 스토아 철학자들에 의해 본격적으로 다뤄지기 시작했고, 다

시 스토아 철학자들과 회의주의자들 간의 논쟁을 통해 헬레니즘 철학 전체의 인식론과 논리학으로 퍼져 나가게 되었다. 이 주제와 관련하여 알키노오스의 관점이라든가, 그가 사용하는 용어들과 표현들은 주로 스토아 철학의 영향을 받은 것으로 보인다.

129 **판단의 원인인 지성**(nous), **판단의 도구인 자연적 기관**(organon phusikon): 판단은 기본적으로 우리가 지닌 지성의 사유 활동을 통해 이루어지며, 부차적으로는 우리가 갖고 태어난 기관들의 도움을 받는다. 여기서도 알키노오스는 스토아학파의 개념을 그대로 차용한 것처럼 보인다. 예컨대 섹스토스 엠페이리코스는 스토아 철학의 판단 기준에 대해 다음과 같이 보고하고 있다. 『논리학자들에 반대하여』 I, 35~37 [= SVF II, 107, p. 33, 19~26]: "(35) 논리적인 기준 역시 다음과 같이 말함으로써 하위로 나눌 수 있다. 하나는 '원인'이라는 기준이고, 다른 하나는 '수단'이라는 기준이며, 또 다른 하나는 '마주침과 상태'라는 기준이다. 원인은 이를테면 인간과 같은 것이고, 수단은 감각과 같은 것이며, 셋째 것은 인상과의 마주침과 같은 것이다. (36) 가벼운 것들과 무거운 것들을 비교하는 방식의 경우 기준은 셋이니, 하나는 재는 사람이고, 다른 하나는 저울이며, 또 다른 하나는 저울에 다는 것이다. 이것들 중에서 재는 사람은 '원인'이라는 기준에 해당되고, 저울은 '수단'이라는 기준에 해당되며, 저울에 다는 것은 '상태'라는 기준에 해당된다. 또 이번에는 곧은 것들과 굽은 것들을 구분하는 방식의 경우 기술자와 자, 그리고 자의 적용이 필요하다. 동일한 방식으로 철학에서도 참인 것들과 거짓인 것들을 구별하기 위해서는 우리가 앞서 언급한 세 가지 기준이 필요하거니와, (37) 한편으로 인간은 판단이 이루어지는 원인으로서 재는 사람 내지는 목수에 해당하고, 다른 한편으로 감각과 추론은 판단의 결과가 생겨나는 수단으로서 저울과 자에 해당하며, 또 다른 한편으로 인상과의 마주침은 인간이 판단을 수행하는 계기가 됨으로써 앞서 언급된 것들의 상태에 해당되는 것처럼 보인다."

130 **자연적 이성(logos phusikos):** 이것이 정확하게 무엇을 의미하며, 왜 자연적 기관과 다르지 않은지 알키노오스는 특별히 언급하지 않는다. 다만 우리는 7절(155, 34~156, 10)에서 알키노오스가 인식적 이성과 의견적 이성을 구별하는 모습을 볼 수 있는데, 거기서 그는 초월적이고 가지적인 형상들(이데아들)과, 사물에 내재하며 질료와 결합된 형상들을 구분하고, 전자에 대한 사유는 지성을 통해 이루어지고, 후자의 인식은 의견적 이성을 통해 이루어진다고 말한다. 자연적 이성은 바로 이 의견적 이성을 의미하는 것으로 짐작된다.

131 **이성도 이중적이다:** 알키노오스는 이성 혹은 추론 능력의 수준을 두 단계로 구분한다. 이 가운데 높은 단계는 신에게만 부여할 수 있는 것이다. 신적인 이성은 인간이 결코 파악할 수 없다. 그렇지만 신적인 것인 한에 있어서 정확하며 결코 틀릴 수 없다. 반면에 우리가 도달할 수 있는 것은 인간적인 이성이다. 그리고 비록 인간적인 이성이라고는 해도 이것을 통해 사물을 인식하는 한 우리 역시 속지 않는다. 이러한 구분은 신플라톤주의까지 이어지는데, 특히 플로티누스는 『엔네아데스』(V, 3 [49])에서 이 주제를 자세히 다룬다.

132 **인식과 인식적인 이성 vs. 의견과 의견적인 이성:** '의견적인(doxastikos)'이라는 말은 플라톤에 종종 등장하는 반면(『테아이테토스』 207c; 『소피스트』 233c; 268c), '인식적인(epistēmonikos)'은 플라톤에 나오지 않는다. 섹스토스 엠페이리코스의 보고에 따르면, 이 개념을 사용한 사람은 구아카데메이아의 스페우시포스였다고 한다. 예컨대 『논리학자들에 반대하여』 I, 145~146 [= Fr. 34 IP = Fr. 75 Tarán]: "스페우시포스는, 사물들 가운데 어떤 것들은 감각적인 것들이고 또 어떤 것들은 가지적인 것들인 이상, 가지적인 것들을 식별하는 기준은 인식적인 이성(epistēmonikon logon)이고, 감각적인 것들을 식별하는 기준은 인식적인 감각(epistēmonikēn aisthēsin)이라고 말했다. 그리고 인식적인 감각은 이성적인 진리에 참여함으로써 성립된다고 보았다. 예컨대 아울로스 연주자나 하프 연주자의 손가락은 기술적 행위를 담고

있지만, 그런 행위는 바로 그 손가락 안에 처음부터 완전한 상태로 들어 있는 것이 아니라 이성적인 헤아림과 함께 훈련을 통해 완성된다. 또한 음악가의 감각은 조율된 상태와 조율되지 않은 상태를 파악하는 활동을 담고 있지만, 그 활동은 저절로 자라지 않고 추론의 결과로서 생겨난다. 이와 마찬가지로 인식적인 감각 역시, 헤매지 않고 기저에 놓인 것들을 식별해 낼 수 있도록, 자연스럽게 이성으로부터 인식적인 훈련을 공유한다는 것이다." 스페우시포스에 따르면, 가지적인 대상은 이성의 인식적 활동을 통해서, 감각적인 대상은 감각의 인식적 활동을 통해서 우리에게 포착된다. 다만 스페우시포스는 그저 양자를 구별하는 데만 머물지 않는다. 이성적 인식과 감각적 인식은 각각 서로 다른 경로로 다른 대상들(즉 가지적인 것들과 감각적인 것들)을 포착하는 것처럼 보이지만, 사실 감각적 인식 역시 모종의 방식으로 이성에 참여함으로써 자신의 인식 능력을 확보한다고 생각한다. 스페우시포스가 상당 기간 아카데메이아에서 플라톤과 함께 활동했다는 점을 감안하다면, 비록 플라톤이 인식적 이성이라는 개념을 대화편에 쓰지는 않았지만, 해당 개념에 대해 어느 정도 숙지하고 있었을 가능성도 있다. 물론 중기 플라톤주의자들과 신플라톤주의자들은 플라톤을 설명함에 있어서, 이러한 인식적 이성 개념을 감각 지각의 상대항으로서 빈번히 사용했다.

133 **인식적인 이성은 확고하고 안정적인 원리들을 다루는 만큼 확고함과 안정성을 확보한다:** '인식적 이성(epistēmonikos logos)'이라는 용어가 플라톤의 대화편에는 나오지 않지만, 이성적 사유가 지닌 '확고함과 안정성'이라는 생각만큼은 플라톤에서 그대로 차용한 것처럼 보인다. 예컨대 플라톤, 『티마이오스』 29b: "즉 안정적이고 확고하며 지성에 의지함으로써 분명하게 나타나는 것에 대한 설명은 안정적이며 흔들림이 없다는 것이요 그것이 가능하며, 논박당하지도 꺾이지도 않는 설명에 어울리는 것인 한, 그 어떤 것도 결코 놓쳐서는 안 되겠지요."

134 **감각이란 일차적으로는 몸을 매개로 겪은 힘을 보고하는 혼의 상태이다:**

예컨대 위 플라톤, 『정의들』 416c: "감각: 혼의 운동, 즉 혼의 몸을 매개로 한 움직임이자 인간들의 행복한 상태에 대해 보고해 주는 것으로서, 이 보고로부터 비이성적이지만 몸을 통해 인지할 수 있는 혼의 능력이 생겨난다." 플라톤 자신은 감각을 따로 정의한 적이 없지만, 『티마이오스』(43b~c)에서 감각의 탄생에 관해 비교적 자세히 서술하고 있다.

135 **감각에 따른 자국이 혼 안에 생겨나고:** 혼에 새겨진 자국을 통해 감각을 묘사하는 방식은 스토아학파의 영향이라고 볼 수 있다. 예컨대 『생애』 VII, 50 [= SVF II, 55, p. 22, 21~26].

136 **그 자국이 시간의 경과 속에서도 희미해지지 않고 내부에 버티며 보존될 때, 그것의 보존을 '기억'이라고 부른다:** 알키노오스는 기억과 관련하여 플라톤의 여러 대화편들을 참고하고 있는 것처럼 보인다. 우선 '보존(sōtēria)'이라는 말은 『필레보스』(34a)에서 기억을 '지각의 보존'으로 정의한 대목을 연상시킨다. 또한 '내부에서 버티며(emmonos)'라는 표현은 『티마이오스』(26c)에서 솔론이 들려준 아틀란티스 이야기가 마치 밀랍화의 착색된 부분처럼 자신에게 각인되었다고 고백하는 크리티아스의 말을 떠올리게 한다. 그런가 하면, '시간의 길이를 통해(dia chronou plēthos)'라는 표현은 『정치가』의 관련 대목(269b: "오랜 세월에 걸쳐 어떤 이야기들은 소멸되었지만, 어떤 것들은 각자 분산되어 이야기되었네.")을 연상시키며, 마지막으로 '희미한(exitēlos)'은 아틀란티스인들에게서 신적인 부분이 사멸적인 것과 뒤섞임으로서 점차 '희미해졌다'라는 『크리티아스』(121a)의 대목을 떠올리게 한다.

137 **의견은 기억과 감각의 결합이다:** 플라톤, 『필레보스』 39a 참조.

138 **선행하는 기억을 새로 생겨난 감각과 함께 놓을 때 그것을 의견이라고 부르는 것이다:** 알키노오스가 말하는 의견의 생성 과정은 다음과 같이 정리해 볼 수 있다. ① 감각 대상과의 조우 ⇨ ② 대상으로부터 감각이 발생 ⇨ ③ 감각으로부터 기억이 발생 ⇨ ④ 다시 동일한 감각 대상과 조우 ⇨ ⑤ 두 번째 감각 발생 ⇨ ⑥ 두 번째 감각을 앞선 기억

과 비교 ⇨ ⑦ 의견의 발생. 논의 대상과 목적은 다르지만, 아리스토텔레스가 『형이상학』(I, 1, 980a27~981a3)에서 말하는 인식의 발전 단계와 일부 겹치는 부분이 있다. 즉 ① 모든 동물은 감각을 지닌다 ② 반면에 일부 동물들만이 기억을 지닌다 ③ 하지만 인간(과 극히 일부 동물)의 경우 기억으로부터 경험이 산출된다 ④ 개별적인 경험들로부터 보편적인 기술과 지식이 발생한다.

139 플라톤은 그와 같은 것을 '그림'이라고 부르는가 하면, 때로는 '상상(想像)'이라고 부르기도 한다: '그림(anazōgraphēsis)'의 비유와 관련해서는, 플라톤, 『필레보스』 39b 참조. 혹자는 알키노오스가 생각하는 상상(phantasia)의 정의나 성격이 다른 철학자들에 비해 다소 보수적이고 제한적이라고 지적하기도 한다(J. Dillon, 1993, 65 참조). 알키노오스에 따르면, 상상은 먼저 감각과 기억을 통해 의견이 형성되고 나서 그 의견을 혼이 추론적 사유를 통해 관조했을 때, 비로소 생기는 것이다. 이와 달리, 예컨대 소요 철학자들은 감각 대상과 혼이 접촉하여 감각이 발생한 직후, 상상이 기억과 함께 즉각 발생한다고 주장한다. 심지어 기억과 상상을 사실상 동일한 것이라고도 주장하는데, 소요 철학자들에 따르면, 기억은 감각의 결과를 저장한다는 의미에서, 그리고 상상은 감각의 결과로부터 지각 대상에 대한 표상을 얻는다는 의미에서만 구별된다는 것이다(예컨대 섹스토스 엠페이리코스, 『논리학자들에 반대하여』 I, 219~222). 물론 알키노오스의 태도는 플라톤의 관점을 충실히 따르는 것이라고 볼 수 있다.

140 사고란 혼이 자기 자신과 나누는 대화이며, 말이란 혼으로부터 입을 통해 목소리와 함께 흘러나오는 흐름을 말한다: 플라톤, 『소피스트』, 263e~264a 참조.

141 사유는 제일의 가지적인 것들을 관조하는 지성의 활동이다: 사실 사유의 정의는 앞에서 나온(II, 1, 153, 3~4) 관조의 정의와 다르지 않다. 그도 그럴 것이 관조란 사유 활동에 다름 아니기 때문이다.

142 혼이 몸 안에 들어오기 이전 vs. 혼이 몸 안에 들어온 이후: 플라톤에 따르

면, 혼은 불사이다. 따라서 혼이 몸에서 분리되어 있을 때(즉 태어나기 전이나 죽음 이후)는, 순수 지성으로 있으면서 오직 가지적인 것들의 사유에만 전념하는 반면, 혼이 몸에 심긴 후에는(즉 태어나 살아가는 동안) 가지적인 것들에 대한 사유에 더하여 신체를 돌보는 역할(기개와 욕구)이 추가된다. 몸과 혼의 차이와 분리에 관해서는, 『파이돈』 78b~90b; 몸과 혼의 결합에 관해서는, 『티마이오스』 42a~b 참조.

143 **몸 안에 혼이 생겨난 경우, 그때 '사유'라고 말하던 것은 이제 '자연적 관념'이라고 말하는데:** '자연적 관념'은 'phusikē ennoia'를 옮긴 것이다. 즉 우리가 갖고 태어나는 관념(생득관념) 혹은 본유관념이고 할 수 있다. 중기 플라톤주의자들은 이 개념을 가지고서 플라톤의 상기설(즉 뭔가를 배운다는 것은 사실 새로운 것을 아는 것이 아니라 혼이 태어나기 이전의 상태를 기억해 낸다는 것)을 설명하려고 했던 것으로 보인다. 알비노스, 『서설』 VI, 150, 21~22; 150, 33~35 참조.

144 **일종의 혼 안에 저장된 사유:** 이 표현은 스토아 철학자들의 '선취관념(prolēpsis)'에서 차용한 것으로 보인다. 예컨대 『생애』 X, 32: "그런데 그들이 말하는 선취관념이란 일종의 파악 내지는 참된 의견이나 개념, 혹은 마음에 축적된 보편적 관념이다."; 키케로, 『아카데미아학파 전서(루쿨루스)』 X, 30: "정신은 어떤 인상들은 즉시 사용하기 위해 취하고, 다른 인상들은 말하자면 저장하는데, 후자의 인상들로부터 기억이 형성됩니다. 그런데 정신은 그밖의 인상들을 유사성에 의해 조직하고, 그것들로부터 사물의 개념(이것들을 그리스인들은 어떨 때는 '엔노이아'라고, 또 어떨 때는 '프롤렙시스'라고 부릅니다)이 만들어집니다."

145 **단적인 앎:** 예컨대 플라톤, 『파이드로스』 247d 참조. 어쩌면 이 용어 자체는 아리스토텔레스에게서 가져온 것일 수도 있다. 예컨대 아리스토텔레스, 『분석론 후서』 I, 2, 71b15~16: "우리가 어떤 사물에 대해 그것이 그렇게 있도록 해 주는 원인을 안다고 생각할 때, 다시 말해 이것이 저것의 원인이며 다르게는 될 수 없다고 생각할 때, 그때 우리는 그것을 […] 단적으로 안다(epistasthai haplōs)고 생각한다. […]

단적인 앎에 해당하는(haplōs estin epistēmē) 것의 경우 그것은 다른 방식으로 있을 수 없다/다르게 될 수 없다."

146 혼의 날개: 플라톤은 『파이드로스』에서 혼의 형태를 날개 달린 두 필의 말(기개와 욕구)과 한 명의 마부(지성)로 이루어진 마차라고 묘사한다(246e). 날개 달린 혼이라는 비유는 중기 플라톤주의자들이 자주 사용하던 표현이었다. 예컨대 플루타르코스, 『플라톤 철학의 물음들』 VI, 1004C~D: "질문: 『파이드로스』에서 무거운 것을 위로 들어올리는 깃털의 본성이 몸과 관련된 것들 중에서 가장 신적인 것에 가깝다고 말해지는 것은 도대체 어째서인가? 답: 왜냐하면 그 논의 주제는 사랑에 관한 것이고, 사랑은 몸과 관련된 아름다움을 대상으로 삼으며, 아름다움은 신적인 것들과 닮음으로 해서 혼을 움직이고 상기시키기 때문이 아닐까? […] 즉 몸에 관한 혼의 능력들은 많지만, 이성과 추론의 능력이야말로 신적인 것들 및 천계에 관여한다고 말했다고 할진대, 가장 신과 닮은 것이 아니겠는가? 그것을 '깃털'이라고 부르는 것은 부적절한 방식이 아니니, 왜냐하면 그것은 저열하고 가사적인 것들로부터 혼을 들어올리기 때문이다."

147 인식적 이성이 있는가 하면 의견적인 이성도 있고, 사유가 있는가 하면 감각도 있는 이상, 그것들의 대상들 역시 존재하기 마련이니, 가지적인 것들과 감각적인 것들이 그렇다: 이 대목은 『티마이오스』(27d~28a)에 나온 인식론적인 이분법을 알키노오스가 자신의 용어로 설명한 것으로서 다음과 같이 표로 정리할 수 있다.

	인식 대상	인식 방법	결과
플라톤	언제나 있는 반면, 생겨나지 않는 것	이성적 설명을 동반한 사유를 통해 파악	[인식]
	언제나 생겨나되, 결코 있지 않은 것	감각을 동반한 판단을 통해 의견의 대상이 됨	의견
알키노오스	가지적인 것들	인식적 이성/사유	인식
	감각적인 것들	의견적 이성/감각	의견

148 가지적인 것들 가운데 어떤 것들은 이데아들처럼 제일가는 것들이고, 또 어떤 것들은 질료에 붙어 있으며 질료와 분리되지 않은 형상들처럼 둘째가는 것들: 알키노오스는 가지적인 것들 가운데 제일가는 것(아마도 초월적인 것)을 '이데아'라 부르고, 질료와 결합된 것을 둘째가는 것으로서 '형상'이라 부른다. 플라톤은 이데아와 가지적 형상을 따로 구별하지 않았으며, 특히 질료 안에 갇혀 있느냐, 질료에서 벗어나 있느냐에 따라 이름을 달리 부른 적은 더더욱 없다. 형상을 질료와의 관계 속에서 본격적으로 논의한 철학자는 아리스토텔레스지만, 플라톤의 이데아-형상 개념을 이렇게 둘로 구분해서 논의하는 모습은 세네카에게서 찾아볼 수 있다. 세네카, 『루킬리우스에게 보내는 편지』 58, 19~22: "(19) 이데아가 무엇인지에 대해서는 — 혹은 플라톤이 이데아를 뭐라고 생각했는지에 대해서는 — 다음을 들어 보게. '이데아는 자연적으로 생겨나는 것들의 영원한 모델이라네.' 자네가 이데아를 좀 더 분명히 이해할 수 있도록, 나는 이 정의에 약간의 해석을 덧붙이고자 하네. 내가 자네의 초상화를 그리려 한다고 가정해 보세. 나는 자네를 그림의 모델로 삼을 걸세. 그 모델로부터 나의 정신은 작품에 구현할 일정한 윤곽을 얻게 되네. 그렇게 나에게 지시하고 정보를 주는 것 — 즉 모방의 출처가 되는 자네의 외형 — 그것이 이데아라네. 세계의 본성은 이런 종류의 모델을 무수히 포함하고 있네. 이를테면 존재하는 인간들의 모델이라든가, 다양한 물고기들과 나무들의 모델이 그렇지. 자연의 활동에 의해 생겨나게 마련인 모든 것들은 이 모델들에 따라 형성되는 것이지. (20) 존재자의 네 번째 자리는 형상이 차지할 것이네. 이 형상이 무엇인지에 관해서는 자네가 정신을 바짝 차려야 하네. 또한 이 주제의 어려움과 관련해서는 내가 아니라 플라톤을 비난해야 하네. 하지만 어려움을 감당하지 않고서는 구별할 방법도 없겠지! 좀 전에 나는 화가의 이미지를 사용했네. 그 화가는 자기 안료를 가지고서 베르길리우스를 그리고자 했을 때, 바로 그 인물을 응시했지. 베르길리우스의 외형, 즉 구현될 작품의 모델, 그것이 이데아라네. 그리고

그것[모델]으로부터 예술가가 끌어내고 자신의 작품 속에 구현하는 것이 형상이지. (21) 자네는 둘의 차이를 묻겠지? 하나는 모델이고, 다른 하나는 그 모델로부터 비롯되어 작품에 구현된 형상이네. 예술가는 앞엣것을 모방하고, 뒤엣것을 만드는 거지. 조각상은 외형을 갖지. 그것이 형상이네. 모델 그 자체, 즉 장인이 조각상을 만들 때 응시하는 대상도 외형을 갖지. 그것이 이데아라네. 원한다면, 양자를 구별하는 또 다른 방법도 있는데, 그것은 형상이 작품 속에 있는 반면, 이데아는 작품 바깥에 있다는 것이네. 그리고 이데아는 그저 바깥에 있을 뿐만 아니라, 작품에 선행한다네." 딜런은 세네카가 아마도 서기전 1세기 무렵의 플라톤주의자인 에우도로스에게서 영향을 받았을 것이라 추측한다. 하지만 더 이상의 전거는 확인할 길이 없다. 다만 서기 4세기 무렵의 기독교 철학자인 칼키디우스의 『티마이오스』 주석에도 비슷한 논의가 담겨 있음을 확인할 수 있다. 칼키디우스, 『플라톤의 「티마이오스」 주석』 337: "마찬가지로 사물의 본에 있어서도 한 쌍의 형상을 고려해야 한다. 즉 하나는 질료에 질서를 부여하는 형상이고, 다른 하나는 (못지않게 중요한 것으로서) 자신의 모상을 질료에 부여된 형상으로 제공해 주는 형상이다. 사실 질료에 할당된 형상의 종류는 둘째가는 것인 반면, 둘째가는 것을 모상으로서 제공하는 형상이야말로 첫째가는 것이다. 만일 우리가 다음과 같은 유비나 비교를 통해 살펴본다면, 이것이 좀 더 분명해질 것이다. 예를 들어 카피톨리움의 유피테르 조각상 안에는 한 가지 형상이 있으니, 우리는 그것을 대리석 안에서 볼 수 있다. 마찬가지로 또 하나의 형상이 있으니, 그것은 장인인 아폴로니우스가 자신의 마음속에서 펴낸 것으로서, 그는 그것을 향해 자신의 정신을 집중하는 한편 그것을 대리석에 부여했거니와, 두 형상들 중에는 그것이 대리석 안의 것보다 더 오래된 것이라 하겠다. 마찬가지로 그가 질료에 부여한 형상은 둘째가는 형상인 반면, 다른 것, 즉 두 번째 형상을 곁에서 완성시켜 주는 것은 원리적인 형상이자 현재 우리가 다루고 있는 것이다."

149 감각적인 것들 중에서도 ① 어떤 것들은 색깔이나 하양과 같이 성질들로서 제일가는 것들이고, 또 ② 어떤 것들은 '하얀'이나 '색깔을 띤 것'처럼 부수하는 것들이며, 이것들에 이어서 ③ 불이나 꿀처럼 집적체도 오기에: 먼저 ①과 ②를 함께 살펴보자. ①은 사물에 들어 있으며 감각의 자료가 되는 성질들을 의미한다. 예컨대 눈에 들어 있는 '하양', 펄펄 끓는 국물의 '뜨거움' 같은 것이 이에 속한다. 다음으로 ②는 우리가 지각하는 개별 사물의 성질들을 말한다. 예를 들어 '이 하양', '저 뜨거움'이 이에 해당한다. 이때 주의해야 할 점은 ①이 형상이 아니라는 사실이다. 왜냐하면 형상은 가지적인 것인 반면, ①은 감각에 속하는 것이기 때문이다. 즉 '하양'은 하양의 형상이 아니라 하얀 사물에 내재하며, 감각 활동을 통해 포착할 수 있는 성질이다. 반면에 이것은 해당 사물에 대한 감각 활동을 통해 지각된 성질, 즉 ②와도 구별되는 것이다. 달리 말해서 ①은 사물에 내재한 성질(quality)을 의미한다면, ②는 감각질(qualia)에 가까운 개념이라고 할 수 있다. 알키노오스가 이런 식으로 감각에 있어서 제일가는 것들과 우연적인 것들을 구별하는 근거는 플라톤의 『테아이테토스』(182a)에서 찾아볼 수 있다. 거기서 플라톤은 '성질(poiotēs)' 개념을 처음으로 철학에 도입하면서, '하양(leukotēs)'과 '하얀(leukon)'을 구별한다. 이때 플라톤이 말하는 '하양'은 가지적 형상이 아니다. 오히려 그것은 아직 우리의 감각을 통해 접하기 이전에 대상에 들어 있는 성질(quality)을 의미하며, 우리가 감각 경험을 통해 느끼는 성질(qualia)과도 구별되는 것이다. 그렇다면 ①, ②와 구별되는 ③집적체란 무엇일까? 알키노오는 이것의 예로서 '불'이라든가 '꿀'과 같은 감각 사물들을 가리킨다. 그렇다면 왜 감각 사물을 '집적체(athroisma)'라고 부를까? '결집시키다', '뭉치다', '한 덩어리로 만들다' 등을 의미하는 동사 'hathroizō'는 플라톤의 『테아이테토스』에 한 차례 등장한다. 거기서 소크라테스는 끊임없이 변화하는 대상들을 언어로 고정시킬 때의 위험을 언급하면서, '개별적인 것에 대해서든(kata merous), 덩어리진 많은 것들에 대

해서든(peri pollōn hathroisthentōn)' 각각의 본성에 맞게 이름 불러야 한다고 경고할 때 이 개념을 사용한다. 여기서 '덩어리진'이라는 표현은 이런저런 다양한 성질들의 집적으로 이해할 수 있다. 아마도 알키노오스는 이 개념을 통해서 감각 대상들을 '예화된 성질들의 다발(a bundle of instantiated qualities)'로 간주했던 것처럼 보인다(J. Dillon, 1993, 70~71 참고). 실제로 알키노오스는 감각 세계 전체를 집적체라고 부른다(156, 10). 이때의 집적체란 감각의 다발을 가리킨다. 어쩌면 이 표현은 플라톤이 후기 철학에서 감각의 영역을 '가지적인 것들의 모상'이라고 부르는 것의 다른 표현일지도 모르겠다. 왜냐하면 세계는 우리의 감각을 통해서 다양한 모습들로서 나타나지만, 실제로는 결코 존재하지 않기 때문이다. 다만 플라톤의 대화편에 등장한 이 정도의 언급들만을 가지고서 더 이상의 논의를 전개하기는 어렵다. 다른 한편, 스토아 철학자인 크뤼시포스는 『감정들과 관련된 처방(*Peri pathōn therapeutikos*)』이라는 소실된 문헌에서 혼을 '몇몇 개념들과 선취 개념들의 덩어리'라고 말했다는 보고가 전해지기도 한다(SVF II, 841, p. 228, 23~24). 그렇지만 스토아학파의 생각이 이런 알키노오스에게 어떤 특별한 영향을 끼쳤는지는 알 수 없다.

150 **연속된 설명**(diexodos) vs. **직관적 파악**(perilēpsis): 알키노오스에 따르면, 초월적인 이데아를 파악하는 것은 일련의 논리적 절차에 기반한 체계적인 탐구와 구명을 통해 연속적인 방식으로 설명해 나가는 것이 아니라, 매개 없는 직관을 통해 단박에 포착하는 것에 가깝다(플라톤, 『티마이오스』 28a 참조).

151 **인식적 이성은 사유 없이는 둘째가는 가지적인 것들을 판단할 수 없다**: 즉 사유는 인식적 이성 없이는 판단할 수 없고, 인식적 이성은 사유 없이는 판단할 수 없다. 알키노오스는 사유 활동과 인식적 이성의 활동이 각각 초월적 이데아와 질료 속 형상이라는 고유의 대상들을 갖지만, 각자의 인식이 성공하기 위해서는 서로 도움이 필요하다고 지적한다. 예컨대 우리가 어떤 사물이나 행위 속에서 아름다움의 형상이

나 정의로움의 형상을 판단한다고 해 보자. 일차적으로 이 판단을 수행하는 것은 인식적 이성이지만, 판단이 이루어졌을 때 그것을 확인해 주는 것은 아마도 사유일 것이다. 반대로 만일 우리가 아름다움이나 정의로움의 본성에 관해 고찰할 경우, 일차적으로 이와 관련된 판단을 수행하는 것은 사유지만, 그것이 타당한지를 검토하기 위해서는 아름다움과 정의로움의 사례들에 맞춰 볼 텐데, 이를 위해서는 인식적 이성의 도움이 필요하다는 것이다(J. Dillon, 1993, 69 참조).

152 **감각은 의견적 이성 없이는 제일가는 감각적인 것들과 둘째가는 것들을 판단할 수 없으며, 의견적 이성은 감각 없이는 집적체를 판단할 수 없다:** 요컨대 감각적인 것들에서의 구별은 한편에 첫째가는 것(성질)들과 둘째 가는 것(감각질)들이 놓이고, 다른 한편에는 집적체가 놓임으로써 이루어진다. 우선 성질과 감각질은 모두 감각 작용에 포착된다. 하지만 그 내용을 파악하기 위해서는 의견의 도움이 필요하다. 다음으로 감각 대상의 인식은 사유가 아닌 의견의 영역에 머무는 것이 분명하다. 하지만 이때 의견은 감각을 통해 획득한 자료들을 판단하는 것이기에, 의견이 작동하기 위해서는 감각의 도움이 있어야 한다. 7절 전체의 논의를 정리해 보면 다음의 도식을 얻을 수 있다.

		인식 대상	인식 방법
가지적인 것들	첫째가는 것들	이데아들	사유가 인식적 이성의 도움을 받아 판단 / 직관적인 사유를 통해 포착됨
	둘째가는 것들	질료와 붙어서 분리되지 않는 형상들	인식적 이성이 사유의 도움을 받아 판단 / 일련의 논리적 구명을 통해 이루어짐
감각적인 것들	첫째가는 것들	색깔, 하양과 같은 성질들	감각이 의견적 이성의 도움을 받아 판단
	둘째가는 것들	색깔을 띤 것, 하얀 것처럼 우연적인 사물에 들어 있는 성질	
	집적체인 것들	불, 꿀	의견적 이성이 감각의 도움을 받아 판단

153 **가지(可知)적인 우주**: 플라톤은 '가지적인 우주(noētos kosmos)'라든가, 바로 아래 나오는 '감각적인(aisthētos) 우주'와 같은 용어를 사용한 적이 없다. 물론 유사한 표현이 없는 것은 아니다. 예컨대 '가지적인 영역'(『국가』 VI, 508c; VII, 51b7b); '가시(可視)적인 영역'(『파이돈』 108b); '눈에 보이는 영역'(『국가』 VII, 516b~c); '몸의 형태를 띠며 가시적인 영역'(『국가』 VII, 532c~d); '일종의 비물체적인 질서'(『필레보스』 64b) 등이 이에 해당한다. 다만 이런 개념들이 이른바 플라톤의 전문 용어로 간주되어 철학자들 사이에서 널리 사용된 것은 서기 전후 1세기에 활동했던 알렉산드리아의 필론부터라고 전해진다(J. Whittaker, 1990, 86~87, n. 67).

154 **관조와 실천이 다른 것으로 존재하는 이상, 바른 이성은 관조 하에 놓인 것들과 실천의 대상들을 같은 방식으로 판단하지 않는다**: 바른 이성은 탐구 대상의 위상과 조건에 따라서 탐구의 방식을 달리한다는 알키노오스의 생각은 아리스토텔레스가 중용과 관련하여 바른 이성의 기능을 기술한 것에서 영감을 받은 것처럼 보인다. 예컨대 아리스토텔레스, 『니코마코스 윤리학』 VI, 1, 1138b18~25: "앞서 우리는 지나침이나 모자람이 아니라 중간을 선택해야 한다고 말하면서, 그 중간이란 바른 이성이 이야기하는 바라고 했으므로, 이제 이것에 대해 고찰해 보자. 우리가 지금껏 다뤄 온 모든 성격들 안에는, 다른 경우들에도 그렇듯이, 어떤 과녁이 있어서 이성을 가진 사람은 이것을 바라보면서 죄거나 푼다. 즉 바른 이성을 따르고 있기에 우리가 지나침과 모자람의 중간이라고 주장하는 중용의 상태들에 일종의 기준이 있다는 것이다."

155 **무엇이 [행위자에게] 적절한(oikeios) 것이고, 무엇이 부적절한(allotrios) 것인지**: 원래 이 말들은 각각 자기(가족)에게 속하는(따라서 친숙하고, 고유하며, 적절한) 것과 타인에게 속하는(따라서 낯설며, 고유하지도 적절하지도 않은) 것을 의미한다. 이 단어들은 플라톤의 대화편들에도 빈번히 등장한다. 예컨대 플라톤, 『에우튀프론』 4b: "남인지 집안사람인지"; "자기 가족들도, 타인들도"; 『소피스트』 266c: "친숙한(즉 관찰

자의 눈에 속하는) 빛과 낯선(즉 다른 것에 속하는) 빛." 하지만 이 말들이 한결 더 정교하고 복잡한 의미를 갖게 된 것은 헬레니즘 철학, 특히 스토아학파에 이르러서이다. 예컨대 이 말에서 파생된 '오이케이오시스(oikeiōsis)'는 '적응', '자기화' 등으로 번역되며, 생명체가 자신에게 적합하고 어울리는 것을 얻으려는 원초적인 충동을 뜻한다. 스토아 철학자들에 따르면, 자연은 동물들을 저마다 생존에 적합하게 만들었다. 그도 그럴 것이 자연이 동물들을 만들어 놓고서 정작 그것들이 적응하지 못하게 방치한다는 것은 영 그럴듯하지 않기 때문이다. 그렇다면 인간의 적응은 어떨까? 인간의 경우, 자신에게 적절한 것(oikeion)을 획득하고 보존하려는 충동은 처음에 자신의 몸을 향하지만, 이것이 곧 확장되어 가정(oikia)을 유지, 보존하려는 충동으로 이어지며, 더 나아가 도시로, 그리고 인류 전체로 확장된다(예컨대 스토바이오스, 『선집』 IV, 27, pp. 671, 3~673, 18 [= LS 57G]; 구리나, 2016, 72~75; 214~215). 알키노오스 역시 이 개념들과 관련하여 스토아학파의 영향을 받은 것으로 보인다.

156 **변증술의 가장 기초적인 일은 첫 번째로 어떤 것에 대해서든 그것의 실체를 살펴보는 것이고, 다음으로는 그것에 부수하는 것들에 관해 살펴보는 것이라고 생각한다**: 우선 언급되고 있지는 않지만, 동사 '생각한다(hēgeitai)'의 주어가 플라톤이라는 데는 의심의 여지가 없다. 다음으로 변증술의 탐구 대상으로 언급되는 '실체(ousia)'와 '부수하는 것들(sumbebēkotōn)'이라는 표현은 플라톤보다는 아리스토텔레스적인 용어법에 가까운데, 이런 모습은 2세기 플라톤주의자들에게서 종종 찾아볼 수 있다. 예컨대 위(僞) 갈레노스, 『철학사』 6 [= Dox. graec. 603, 8~11]: "철학의 부분과 관련하여 대다수의 가장 자세하다고 여겨지는 사람들에 따르면, 우리는 그것이 셋이라고 들어 알고 있다. 우선 논리학적인 부분(to logikon)을 통해서 우리는 존재자들 각각이 실체에 있어서는 무엇이고 부수하는 것에 있어서는 무엇인지(ti tōn ontōn hekaston kat' ousian kai kata sumbebēkos)를 배우며, 그것들 서로의 차이들 및

그와 관련된 것들을 알게 된다." 알키노오스의 규정 역시 플라톤이 말하는 변증술에서 벗어나 있다. 오히려 그는 '디알렉티케(dialektikē)'라는 말을 아리스토텔레스의 '아날뤼티카(analutika)'나 스토아학파의 '로기케(logikē)'처럼 논리학 일반의 의미로 사용하는 것처럼 보인다.

157 **위로부터 나눔과 정의를 통해 탐구하거나 아래로부터 분석을 통해 탐구하는**: 예컨대 플라톤, 『파이드로스』 266b 참고. 이 대목을 통해 알키노오스는 엄밀한 의미에서의 플라톤의 후기 변증술을 언급하고 있는 셈이다. 다만 플라톤은 변증술의 과정을 '나눔(diairesis)'과 '모음(sunagōgē)'이라고 부르는 것과 달리, 알키노오스는 이 과정을 '나눔'과 '분석(analusis)'이라고 부른다.

158 **실체들에 부수하고 속하는 것들에 대해서는 개별자들로부터 귀납을 통해 탐구하거나 보편자들로부터 연역을 통해 탐구한다**: '개별자들'과 '보편자들'은 각각 'periechomenōn(둘러싸인/포함된 것들)'과 'periechontōn(둘러싸는/포함하는 것들)'을 옮긴 것이다. 이 용어는 플라톤의 것이 아니다. 알키노오스는 아리스토텔레스로부터 이 개념을 차용한 것처럼 보인다. Cf. 아리스토텔레스, 『형이상학』 V, 26, 1023b26~32: "전체(holon)는 본성적으로 그것을 이루는 부분들 중에서 어느 것도 빠져 있지 않은 것을 뜻하는가 하면, 둘러싸인 것들이 하나가 되도록 둘러싸는 것을 뜻하기도 한다. […] '보편자', 즉 일반적으로 '일종의 전체적인 것'이라고 말해지는 것은 많은 것들을 둘러싼다는 점에서 그렇다."

159 **나눔, 정의, 분석, 귀납과 연역추론**: 다음과 같이 도식으로 그려 볼 수 있겠다.

	변증술(dialektikē)			
대상	존재들/그 자체인 것들		우연적이며 존재에 부속하는 것들	
수단	나눔(diairesis) /정의(horistikos)	분석(analutikos) /cf. 모음(sunagōgē)	귀납 (epagōgikos)	추론 (sullogistikos)
절차	감각적인 것들	의견적 이성/감각	개별자들로부터 (ektōn periechomenōn)	보편자들로부터 (ektōn periechontōn)

160 **유를 종으로 나누는 것:** 유를 종으로 나누는 전통은 플라톤에서 비롯되었다(예컨대 『소피스트』 267d). 이런 나눔의 훈련은 플라톤의 아카데메이아에서 매우 활발하게 이루어졌다고 하는데, 이와 관련하여 아테나이오스는 희극 시인 에피크라테스의 일화를 전해주고 있다. 아테나이오스, 『향연석의 현인들』 II, 59D~F [= Fr. 33 IP = T. 33 Tarán]: "희극시인인 에피크라테스는 다음과 같이 쓰고 있습니다. – A: 플라톤과 스페우시포스와 메네데모스는 어때요? 그들은 요새 어떤 주제로 시간을 보내고 있나요? 그들 사이에서는 어떤 생각과 어떤 논의가 탐구 대상으로서 다뤄지고 있나요? 그것들에 대해 혹시 뭔가 아는 게 있다면, 부디 잘 헤아려 이야기해 주시죠. – B: 그것들에 대해서는 확실하게 이야기할 수 있습니다. 왜냐하면 나는 범 아테나이 제전 때 아카데메이아의 체육관에서 한 무리의 젊은이들을 보았는데, 그들에게서 말로 표현하기 어려운 이상한 이야기를 들었거든요. 그들은 자연에 관한 정의를 시도하면서, 동물의 삶과 나무의 본성과 채소의 유들[genē]을 구분하고 있었지요. 그러는 와중에 그들은 박이 어떤 유에 속하는지를 검토하고 있었어요. – A: 그렇다면 그들은 그 식물이 도대체 무엇이며, 또 어떤 유에 속하는 것으로 규정했나요? 뭔가 아는 게 있다면, 내게도 알려주세요! – B: 우선 그때는 모두가 말없이 서서 고개를 숙이고는 오랜 시간 동안 생각에 잠겨 있었지요. 그러다 갑자기 고개를 숙인 채 채소를 살펴보던 젊은이들 중에 누군가가 그것이 둥근 채소라고 말했어요. 반면에 어떤 이는 풀이라고 말했고, 또 어떤 이는 나무라고 말했지요. 그러자 그 말을 듣고 있었던 한 시켈리아인 의사가 엉덩이를 들어 그들을 향해 방귀를 뀌어 대며 멍청이 취급을 하였지요. – A: 아마 그들은 무시무시하게 화를 냈을 것이고, 조롱당했다며 아우성쳐 댔겠군요? 그런 종류의 토론에서 그와 같은 짓을 하는 것이 적절하지는 않을 테니까요. – B: 그 젊은이들은 아무런 관심도 보이지 않았어요! 게다가 그곳에는 플라톤도 있었는데, 그는 아주 부드럽게 조금도 흥분하지 않고서

그들에게 다시 〈…〉 그것이 어떤 종류에 속하는지 정의해 보라고 지시했지요. 그리고 그들은 [대상을] 나눠 나갔습니다."

161 **혼을 이성적인 것과 감정적인 것으로 나누고, 다시 이번에는 감정적인 것을 기개적인 것과 욕구적인 것으로 나누는 경우:** 이 가운데 '감정적인 것(pathētikon)'은 혼의 비이성적인 부분을 의미한다. 또한 '기개적인 것'을 뜻하는 'thumikon'은 플라톤의 용어라기보다는(플라톤은 thumoeidēs를 사용한다), 아리스토텔레스의 것에 가깝다(예컨대 『영혼에 관하여』 III, 9, 432a24~26). 재미있는 점은 스토아학파 안에서도 플라톤적인 경향을 보였던 포세이도니오스가 기개적인 부분을 설명할 때, 아리스토텔레스보다는 플라톤의 용어(thumoeides)를 선호했다는 사실이다. 예컨대 포세이도니오스, in 갈레노스, 『히포크라테스와 플라톤의 견해들』 IX, 1 [= SVF I, 571, p. 130, 7~10 = Fr. 32 EK]: "포세이도니오스는 […] 그의 『감정들에 관하여』라는 저술에서 우리가 세 가지 능력들, 즉 욕구적인 능력과 기개적인 능력, 그리고 이성적인 능력(epithumētikēs te kai thumoeidous kai logistikēs)에 의해 다스려짐을 보여 준다." 그런데 막상 스토아학파도 아닌 알키노오스가 플라톤을 설명하면서 아리스토텔레스적인 표현을 빈번히 사용한다는 것은(이 외에도 173, 13; 176, 19; 182, 21~26; 188, 17 등), 그가 철학의 용어법과 표현 방식에 있어서 아리스토텔레스의 영향을 받았음을 보여 준다.

162 **같은 이름이 다수의 사물에 걸쳐 있는 경우:** 동명이의(同名異義)인 것들(homōnuma)을 말한다. 아리스토텔레스, 『범주론』 1, 1a1~4: "동명이의란 그 이름만 공통적일 뿐, 그 이름에 따른 정의는 다른 것을 말하니, 이를테면 인간도 그림도 '조온(zōon)'인 것이 그렇다. 왜냐하면 이것들의 이름만이 공통될 뿐, 이름에 따른 정의는 다르기 때문이다." 동명이의에 속하는 것들에 관한 나눔은 플라톤에는 나오지 않지만, 스페우시포스의 단편들에는 종종 언급되는데, 이를 통해 구아카데메이아에서는 동명이의어들 역시 나눔의 대상이었으리라고 짐

작할 수 있다. 예컨대 심플리키오스, 『아리스토텔레스의 『범주론』 주석』 38, 19~39, 2 [= Fr. 45 IP = Fr. 68a Tarán]: "스페우시포스는 온갖 이름을 포함하는 그와 같은 분석을 받아들였다고 한다. 그는 이름들 가운데 어떤 것들은 이름이 같은 것들이고, 또 어떤 것들은 이름이 다른 것들이라고 말한다. 그리고 이름이 같은 것들 가운데 어떤 것들은 이름이 같되 뜻은 다른[동명이의] 것들(homōnuma)이고, 또 어떤 것들은 이름도 뜻도 같은[동명동의] 것들(sunōnuma)이니, 우리는 옛사람들의 관습에 따라 이름과 뜻이 같은 것들을 이해하고 있는 것이다." 철학자들이 동명이의어의 분석에 몰두한 까닭은 이것이 소피스트적 궤변술의 도구로 활용될 수 있다고 보았기 때문이다. 예컨대 아리스토텔레스, 『수사학』 III, 2, 1404b38.

163 부수하는 것들을 기체에 따라 나누는 것이 있으니, 이를테면 우리가 좋은 것들 가운데 어떤 것들은 혼과 관련된 것들이고, 또 어떤 것들은 몸과 관련된 것들이며, 또 다른 것들은 외적인 것들이라고 말하는 경우: 예컨대 플라톤, 『법률』 III, 697b 참고. 다만 좋음을 혼의 좋음과 몸의 좋음, 그리고 외적인 좋음과 같이 셋으로 나누는 전통은 아리스토텔레스가 그의 『니코마코스 윤리학』(I, 8, 1098b12~15)에서 자세히 다루고 있다. 여기서 알키노오스가 말하려는 것은 다음과 같다. 좋음은 그 자체로 존재하는 기체가 아니라, 기체에 부수하는 것(sumbebēkos)이며, 혼과 몸과 외적인 것(예컨대 부나 명예 등)이 부수하는 것을 받아들이는 기체라는 것이다.

164 기체들을 부수하는 것들에 따라 나누는 경우도 있으니, 이를테면 사람들 가운데 어떤 이들은 선하고, 어떤 이들은 악하며, 또 어떤 이들은 중간이라고 말하는 경우: 여기서는 사람이라는 기체들이 선하거나, 악하거나, 중간이라는 부수하는 속성들에 따라 나뉘는 것을 말한다. 기체를 부수하는 것으로 나누는 사례 역시 플라톤의 대화편에는 등장하지 않는다. 반면에 스토아 변증술에서는 '반대자로 나눔'과 '하위로 나눔'을 설명하면서 좋은 것과 좋지 않은 것, 나쁜 것과 무관한 것의 나눔을 예로 드는

데, 어쩌면 이것이 기체를 서로 반대인 부수적인 것에 따라 나누는 사례에 해당한다고 볼 수 있다(『생애』 VII, 61 및 아래 도식 참조).

있는 것들(ta onta)

[반대자로 나눔]

좋은 것들(agatha) 좋지 않은 것들(ouk agatha)

[하위로 나눔]

나쁜 것들(kaka) 무관한 것들(adiaphora)

- 기체들(ta hupokeimena): 있는 것들
- 부수적인/우연적인 것들(ta sumbēbekota): 좋은, 좋지 않은, 나쁜, 무관한

165 아무튼 실체로서 있는 것들 각각을 그 자체로 식별하기 위해서는 먼저 유를 종들로 나누는 법을 사용할 필요가 있다. 하지만 그것은 정의 없이는 이루어지지 않을 것이다: 사물의 본질을 파악하기 위해서는 유를 종으로 나누는 방법을 사용해야 한다. 그런데 본질을 파악한다는 것은 결국 해당 사물을 정의하는 것에 다름 아니다. 이런 생각은 이미 플라톤에게서 찾아볼 수 있다. 예컨대 『정치가』 262a~b: "작은 한 부분을 크고 많은 것들과 견주어 제거하는 일이 없도록 하고, 형상(종)과 분리하여 제거하는 일도 없도록 하세. 오히려 그 부분을 동시에 형상(종)으로 간주하게. […] 하지만 친구여, 잘게 자르는 것이 안전하지는 않네. 오히려 한가운데로 나눠 나가는 것이 더 안전하거니와, 그렇게 하는 자는 이데아들(특성들)과 더 잘 마주칠 수 있을 걸세." 유를 종들로 나누되, 무턱대고 잘게 자르는 것이 아니라 종의 한가운데로 나눠 나갈 때, 대상의 본성(이데아)에 도달할 가능성이 높다는 이 대목은 이른바 플라톤식 이분법(dichotomy)에 관한 표준적인 설명이라 하겠다. 다만 알키노오스가 제시하는 정의는 이런 이분법이라기보다는, 이른바 '최근류와 종차'라는, 아리스토텔레스가 확립한 정의 방식에 좀 더 가깝다.

166 먼저 정의 하에 놓일 것의 유를 파악해야 한다. […] 인접한 종차들이 유와 함께 놓이면, 그것들로 이루어진 것이 인간의 정의가 되는 것이다: 최근유와 종차를 통한 정의 방식에 관해서는 아리스토텔레스, 『형이상학』

VII, 12, 1037b27~33 참조. 차이가 있다면, 알키노오스는 위에서 다른 동물과 구별되는 인간의 종차를 이성적임(logistikon)에서 찾고, 다시 (마찬가지로 이성적인 동물인) 신과 구별되는 인간의 종차를 가사적임(thnēton)에서 찾는 반면, 아리스토텔레스는 다른 동물과 구별되는 인간의 종차를 두 발 달림(dipoun)에서 찾고, 다음으로 (역시 두 발 달린) 새와 구별되는 인간의 종차를 날개 없음(apteron)에서 찾는다는 점 정도이다. 사실 인간의 종차가 무엇이냐에 관해서는 철학자들 사이에서 적잖은 논란이 있었으며, 플라톤도 『정치가』(266e~267c)에서 인간을 두 발 동물로 분류한 바 있다. 그런가 하면, 플라톤 역시 인간을 날개 없는 두 발 동물로 정의한 적이 있으며, 견유 디오게네스가 그것을 조롱했다는 일화도 전해지고 있다. 예컨대 『생애』 VI, 40: "플라톤이 인간은 날개 없는 두 발 동물이라고 정의하여 호평을 얻자, 디오게네스는 털을 뽑은 암탉을 들고 그의 학교에 들어가서 '이것이 플라톤의 인간이다!'라고 말했다. 그[즉 인간의] 정의에 '납작한 손톱을 가진'이 덧붙게 된 것은 거기서 연유한 것이다." 아닌 게 아니라 구아카데메이아의 교재로 사용되었을 것으로 추측되는 위 플라톤의 『정의들』(415a)에 따르면, 인간은 '날개가 없고, 두 발이며, 납작한 손톱을 지닌 동물로서, 존재자들 가운데 유일하게 이성적 설명에 따른 앎을 받아들일 수 있는 동물'이라고 정의되어 있다.

167 **분석의 종류는 셋이다**: 플라톤 철학에서 '모음(sunagōge)'이 들어갈 자리에, 알키노오스는 '분석(analusis)'이라는 용어를 쓰고 있다. 그가 'sunagōge' 대신 굳이 'analusis'를 사용하는 것은 이 단어에 '위(상승)'를 함축하는 접두어 'ana-'가 있기 때문이라고 짐작할 수 있다. 바로 뒤에서 세 종류의 분석을 각각 감각적인 것들에서 가지적인 것들로의 상승(anodos), 증명되는 것에서 증명될 수 없는 것으로의 상승, 그리고 가정에서 원리들로 올라감(aniousa)이라고 말하는 것도 이러한 짐작에 힘을 실어 준다.

168 **상승**: 플라톤, 『국가』 VII, 517a~b 참고.

169 **중간이 없는 명제들**: 즉 매 개념과 같은 추론의 단계들을 통해 증명되지 않는 명제들(아리스토텔레스, 『분석론 후서』 I, 2, 71b26~72a5; I, 2, 72a7~72a24; 72b18~25 참고).

170 **가정에서 출발하여 무가정적인 원리들까지 올라는 것이다**: 'anupothetos'는 맥락에 따라 '무가정적인' 또는 '무전제인 것'으로 옮긴다. 이는 근원적이고 절대적인 것들을 말한다. 플라톤은 이데아들을 가리킬 때 이 말을 사용한다(『국가』 VI, 510b; 511b). 가정에서 무가정적인 원리들로의 상승은 다음과 같다. 변증가는 가정에서 출발하여 이데아를 향한 탐구의 여정을 시작한다. 예컨대 정의(dikaion)의 본성을 탐구하려는 자는 정의롭다는 것이 무엇인지를 가정하고서 탐구를 시작할 것이다. 이때 그는 자신의 정의가 바르다고, 달리 말해 정의의 이데아에 정확하게 부합한다고 가정할 것이다. 그런데 변증가의 가정은 수학자가 자신의 가정을 참으로 간주하고서, 도형과 같은 감각적인 이미지를 사용하여, 연역적으로 결론을 향해 나아가는 것과는 다르다. 변증가는 자신의 가정을 순전히 잠정적인 것으로 간주하여 그것을 시험하고, 수정하며, 틀린 부분은 버리고, 맞는 부분은 재구성하는 가운데, 어떠한 감각적인 도구에도 의존하는 일 없이, 차근차근 만물의 제일원리를 향해 올라간다. 수학자가 자신의 가정에 대해 아무런 설명도 하지 않는 것과 달리 변증가는 자신의 가정을 모두 설명해야 한다. 그의 가정은 다른 것들과 관계하며, 그것들은 점차 더 높은 단계의 가정들, 즉 더 낫고 더 참된 가정들에 포함된다. 그리고 이 과정은 가지적인 것들의 영역에 이를 때까지 진행된다. 탐구의 매 단계에서 살아남은 가정들은 더 나은 것이 되며, 마지막으로 좋음의 이데아에 도달할 때까지 살아남은 것들은 더 이상 가정이 아니라 이데아들의 완벽한 상대항, 즉 이데아들에 대한 앎이 된다(J. Adam, 2009, II, 63 참조).

171 **몸과 관련된 아름다움으로부터 [···] 마침내 아름다움 자체를 발견하게 될 것이다**: 감각적인 것에서 제일가는 가지적인 것으로서의 상승에 해당

하는 사례로, 플라톤의 『향연』(210a~e)에 나오는 미적 체험을 매개로 한 에로스의 사다리 내용을 요약하고 있다.

172 분석의 두 번째 종류: 검토 대상을 가정 ⇨ 그것에 선행하는 것을 고찰 ⇨ 선행하는 것들을 향해 올라가면서 그것들을 증명 ⇨ 제일가며 모두가 동의하는 원리에 도달; 다시 이것에서 출발 ⇨ 탐구 대상을 향해 종합의 방식으로 내려감. 이 분석은 플라톤의 『국가』(VI, 510b~511d)에 기술된 선분의 비유에 기반해 있는 것처럼 보인다(J. Dillon, 1993, 75). 거기서 혼은 가정에서 출발하여 가정되지 않는 제일 원리를 향해 나아가며, 그것에 도달한 뒤에는 해당 원리에 의존하는 것들을 고수하는 가운데 탐구의 끝을 맺는다고 이야기된다.

173 혼이 불사인지를 검토하기 위해서 나는 바로 그것을 가정하고는 그것이 항상 움직이는지를 검토할 것이다. [⋯] 혼은 스스로 움직이는 것이다. 그렇다면 혼은 소멸하지도 않고 생겨나지도 않으며 불사이다: 알키노오스는 두 번째 분석의 사례로, 플라톤의 『파이드로스』(245c~e)에 전개된 혼의 불사 논증을 요약하고 있다.

174 가정으로부터의 분석은 [⋯] 어떤 무가정적인 원리에 다다를 때까지 행하는 것이다: 이 세 번째 분석은 앞의 두 번째 분석과 큰 차이가 없는 것처럼 보인다. 다만 두 번째 분석이 증명할 수 없는 것으로의 상승을 강조하는 데 반해, 세 번째 분석은 가정되지 않는 원리를 향해 상승하는 것을 강조하고 있다. 가정으로부터 무가정적 원리로의 상승에 관해서는 주 170 참조.

175 귀납은 닮은 것에서 닮은 것으로 이행하거나 개별적인 것들에서 보편적인 것들로 이행하는 논리적인 방법 일체를 말한다. 그리고 귀납은 자연적으로 타고난 개념들을 일깨우는 데 가장 유용하기도 하다: 알키노오스는 아리스토텔레스의 귀납 개념을 거의 그대로 가져다 쓰고 있다. 우선 '닮은 것에서 닮은 것으로의 이행'은 수사학의 예를 통한 논증 가운데 유비 논증을 연상시킨다. 이 논증은 닮은 사례를 들어 자신의 주장을 정당화하는 것으로서, 개별적인 것(사례)에서 개별적인 것(주장)

으로의 이행이라는 성격을 띠며, 논리적인 힘은 가장 떨어지지만, 그 구체성으로 인해 연설에서의 설득력은 매우 강하다(예컨대 『수사학』 II, 20, 1393a21~30). 다만 플라톤의 대화편들에도 다양한 유비 논증이 등장한다는 점을 감안하면, 이 부분에 대한 영감을 오직 아리스토텔레스에게 국한시킬 필요는 없을 것 같다. 반면에 '개별적인 것에서 보편적인 것으로의 이행'은 확실히 아리스토텔레스에게서 그 기원을 찾을 수 있다(예컨대 『토피카』 I, 12, 105a13~19)

176 **'명제'라고 부르는 담론에는 두 가지 종류가 있으니, 하나는 긍정이고 다른 하나는 부정이다:** '명제'는 'protasis'를 옮긴 것인데(157H14~15의 해당 주 참조), 플루타르코스의 증언에 따르면, '프로타시스'는 '명제'의 옛날 표현이고, 이후에는 '악시오마(axiōma)'로 부르게 되었다고 한다(『플라톤 철학의 물음들』 1009C 참조). 사실 악시오마는 스토아학파에 의해 확립된 개념으로, 크뤼시포스는 이것에 관해 여러 편의 논고를 썼다고 전해진다(예컨대 『생애』 VII, 189~190 [= SVF 13, p. 5, 6~13]). 플루타르코스보다 약 50~70년 정도 후대 사람인 알키노오스가 '악시오마'가 아니라 굳이 옛 표현인 '프로타시스'를 썼다는 사실은, 그가 플라톤과 구아카데메이아 시대의 개념들에 천착했으리라는 추측의 여지를 제공한다. 반면에 '긍정(kataphasis)'과 '부정(apophasis)'은 아리스토텔레스에게서 온 개념들이다(『명제론』 1, 16a1~2; 4, 16b33~17a3; 5, 17a8~9 참조).

177 **소크라테스가 산책한다:** 이 예화는 실체와 실체의 속성(활동), 명사와 동사의 결합 등을 설명하기 위해 고대 후기의 주석들에 단골로 등장하는 사례이다. 예컨대 암모니오스, 『아리스토텔레스의 「범주론」 주석』 11, 12~14: "'소크라테스'라는 말은 이 어떤(개별적) 실체를 의미하고, '산책하다'는 이 어떤(개별적) 활동을 의미하는 것이다."; 심플리키오스, 『아리스토텔레스의 「범주론」 주석』 42, 27~43, 2: "일반적으로 말해 담론을 구성하는 요소들의 모든 결합은, 그것이 어떤 종류든 간에 다음 경우에 해당된다. 이름을 결합하는 경우, 예컨대 '이성

적이고 가사적인 동물'; 동사를 결합하는 경우, 예컨대 '산책하고 대화한다'; […] 동사를 명사에 일차적으로 결속시키는 경우, 예컨대 '소크라테스가 산책한다.'"

178 **부정과 긍정 가운데 어떤 것은 보편적인 것[전칭]이고, 또 어떤 것은 부분적인 것[특칭]이다**: 전칭과 특칭 개념은 아리스토텔레스에게서 온 것이다(『명제론』 7, 17a38~b3).

179 **특칭 긍정(I), 특칭 부정(O), 전칭 긍정(A), 전칭 부정(E)**: 알키노오스는 이 개념들 자체는 아리스토텔레스에게서 가져왔지만, 막상 해당 명제들의 사례로 든 쾌락과 좋음, 추함과 나쁨은 플라톤의 대화편에서 가져온 것으로 보인다(예컨대 『고르기아스』 499c; 『알키비아데스 I』 116a).

180 **명제들 가운데 어떤 것들은 정언(定言)적이고, 어떤 것들은 가언(假言)적이다**: 정언 판단과 가언 판단으로 이루어진 추론을 흔히 '정언 삼단논법'과 '가언 삼단논법'으로 부르곤 한다. 그런데 양자를 구분한 사람은 플라톤도 아리스토텔레스도 아니다. 처음으로 가언 명제를 다룬 철학자는 뤼케이온의 테오프라스토스와 그의 동료들이었던 것으로 알려져 있다. 아프로디시아스의 알렉산드로스, 『아리스토텔레스의 「분석론 전서」 주석』 389, 32~390, 6 [= Fr. 111E Fortenbaugh]: "[아리스토텔레스는] 동의에 기반한 논증들과 불가능으로의 환원을 통한 논증들에 관해 논의한 뒤에, 다른 많은 논증들이 가정으로부터 도출된다고 말하되 그것들에 관해서는 뒤로 미루는데, 이는 더욱 신중하게 말하려고 했기 때문이다. 그렇지만 그는 그것들에 관해 자신의 저술을 전하지 않았다. 반면에 테오프라스토스는 그의 고유한 저술인 『분석론』에서 그것들에 관해 언급했으며, 에우데모스를 비롯하여 그[아리스토텔레스?]의 몇몇 동료들 역시 그것들에 관해 언급했다. 그런데 아마도 그가 말했던 것은 '조건 명제'라고도 말해지는 연쇄를 통한 논증들과 보조적인 것의 가정을 통한 논증들, 그리고 나눔과 선언(選言)을 통한 논증들, 혹은 부정적인 결합을 통한 논증들이었을

것이다. 실로 이것들이 앞서 언급된 논증들과 다른 것들이라면 말이다."

181 **가언적인 것들은 귀결이나 모순을 드러내는 것이다:** '귀결'이나 '모순'처럼 가언 명제의 주요 개념들을 본격적으로 발전시킨 사람들은 스토아 철학자들이다. 예컨대 에픽테토스, 『요결(*Encheiridion*)』 53, 1: "철학에서 첫째가며 가장 필수적인 주제는 이론들의 적용을 다룬다. 예컨대 '거짓말하지 말 것'이 그렇다. 두 번째 주제는 [첫 번째 주제의] 증명을 다룬다. 예컨대 '어째서 거짓말해서는 안 되는가'가 그렇다. 세 번째 주제는 앞엣것들 자체[즉 첫 번째와 두 번째 주제]를 확증하고 설명하는 것을 다룬다. 예컨대 '어째서 그것이 증명인가', '사실 증명이란 무엇인가', '귀결이란 무엇인가', '모순이란 무엇인가', '참이란 무엇인가', '거짓이란 무엇인가'가 이에 해당한다."; 섹스토스 엠페이리코스, 『논리학자들에 반대하여』 I, 392: "또한 동일한 논변이 몇몇 사태들 안에서 귀결뿐만 아니라 모순에도 관여한다. 왜냐하면 '낮이다'로부터 '빛이 있다'가, 또 '네가 산책한다'로부터 '네가 움직인다'가 분명히 귀결되는 반면, '낮이다'와 '밤이다', 그리고 '네가 산책한다'와 '네가 움직이지 않는다'는 명백히 상충하기(모순이기) 때문이다. 또한 하나의 정립은 나머지의 부정이며, 만일 무엇인가가 어떤 것[정립]에서 도출된다면, 그 무엇은 다른 것[정립의 부정]과 전적으로 상충한다(모순이다)." 사실 조건문이나 양상 논리에 관한 토론은 스토아학파 이전에도, 이미 아리스토텔레스의 『명제론』(9장)에 그 맹아가 나타나며, 디오도로스의 '대가 논변'이라든가, '가능과 필연'에 관한 디오도로스와 필론의 논쟁 등을 통해 활발하게 진행되고 있었다(김유석, 2022, 194~202 참조). 다만 알키노오스가 이것들 가운데 어떤 논의를 참조했는지는 확인할 길이 없다.

182 **한편으로는 검토를 통해 거짓을 논박함으로써, 다른 한편으로는 일종의 가르침을 통해 참을 증명함으로써:** 플라톤이 '거짓의 논박'과 '참의 증명'을 위해 추론을 사용했다는 이 주장은 알비노스(『서설』 III,

148H24~28)가 대화편들의 유형을 탐문적인 것과 설명적인 것으로 나눈 것과 닮았다.

183 **추론이란 어떤 것들이 놓였을 때, 그 놓여 있는 것들과는 다른 무엇이 바로 그 놓여 있는 것들을 통해 필연적으로 도출되는 담론이다**: 추론과 관련해서는 아리스토텔레스의 정의를 거의 그대로 사용하고 있다(『분석론 전서』 I, 1, 24b18~20; 『토피카』 I, 1, 100a25~27).

184 **정언적 추론, 가언적 추론, 혼합 추론들**: 추론을 정언적인 것, 가언적인 것, 혼합된 것으로 구분하는 방식은 아리스토텔레스 이후의 경향으로 보인다. 아리스토텔레스의 논리학은 주로 정언 추론을 다루며, 가정을 통한 추론인 가언 추론에 관해서는 그 이름만 언급할 뿐 직접 다루지는 않았다. 이것은 뤼케이온의 테오프라스토스와 에우데모스가 처음으로 다뤘다고 전해진다(주 180 참조). 혼합 추론은 가언적 전제들과 정언적 결론으로 구성되며, 스토아학파의 증명 불가능한 유형의 추론(indemonstrable syllogism)이 이에 해당한다. 혼합 추론 역시 뤼케이온의 테오프라스토스와 에우데모스에 의해 시작되었다고 전해지지만, 아직 그들은 아리스토텔레스적인 전통 논리학(term logic)에 머물고 있었던 반면, 이것이 본격적으로 다루어진 것은 명제 논리학(propositional logic)을 발전시킨 스토아학파에 이르러서였다. 알키노오스가 설명을 위해 사용하는 사례들 역시 대부분 스토아학파에 의해 정리되고 확립된 것들이다(J. Dillon, 1993, 79~80 참조).

185 **설명적인 대화(huphēgētikois dialogois)**: 알비노스, 『서설』 III, 148, 22~29 참조.

186 **정언적 추론[삼단논법]의 형태[격]에는 세 가지가 있다. 첫째 것[1격]은 공통된 항이 한 명제의 술어가 되고, 다른 명제의 주어가 되는 것이다. 둘째 것[2격]은 공통된 항이 양 항의 술어가 되는 것이다. 셋째 것[3격]은 공통된 항이 양 항의 주어가 되는 것이다**: 알키노오스는 아리스토텔레스가 『분석론 전서』 I, 4~7장에서 다룬 1~3격 추론 형식들을 가져와 사용하고 있다. 이것을 도식으로 표현하면 아래와 같다.

① AAA 1격	② AAA 2격	③ AAA 3격
모든 B는 A이다 (주어)	모든 A는 B이다 (술어)	모든 B는 A이다 (주어)
모든 C는 B이다 (술어)	모든 ~C는 ~B이다 (술어)	모든 B는 C이다 (주어)
모든 C는 A이다	모든 A는 C이다	모든 C는 A이다

187 정의로운 것들은 아름답다. 아름다운 것들은 좋다. 그러므로 정의로운 것들은 좋다: 여기서는 공통된 항인 '아름다운(것들)'이 두 전제에서 각각 주어와 술어로 기능하고 있다. 플라톤, 『알키비아데스』 115a~116d 참조. 한편 섹스토스 엠페이리코스는 소요 철학자들이 정언 삼단논법을 연구했다고 소개하면서 알키노오스가 사용한 것과 동일한 사례를 인용하고 있다(『퓌론주의 개요』 I, 163).

188 부분을 갖지 않은 것은 곧지도 않고 둥글지도 않다. 형태를 나눠 가진 것은 곧거나 둥글다. 그렇다면 부분을 갖지 않은 것은 형태를 나눠 갖지 않는다: 플라톤, 『파르메니데스』 137e~138a 참조.

189 형태를 나눠 가진 것은 성질을 갖는다. 형태를 나눠 가진 것은 한계를 갖는다. 그렇다면 성질을 갖는 것은 한계를 갖는다: 플라톤, 『파르메니데스』 137d~e 참조.

190 가언적 추론[가언 삼단논법]: 알키노오스가 제시하는 가언적 추론의 형식은 소요학파의 테오프라스토스에게서 비롯된 것으로 보이는데(J. Dillon, 1993, 81~82), 그 형식은 다음과 같다.

①	A이면 B이다. B이면 C이다. 따라서 A이면 C이다.
②	A이면 B이다. A가 아니면 C이다. 따라서 B가 아니면 C이다.
③	A이면 C이다. B이면 C가 아니다. 따라서 A이면 B가 아니다.

191 만약 일자가 부분을 갖지 않는다면, 그것은 시작도 중간도 끝도 갖지 않는다. […] 그것은 형태도 나눠 갖지 않는다: 플라톤, 『파르메니데스』 137d4~9 참조. 테오프라스토스가 정립한 가언 삼단논법의 형식 ①에 해당하는 추론이다(If A then B; If B then C; If C then D; If A then D). 다만 알키노오스는 셋이 아니라 네 개의 항(Ⓐ 일자는 부분을 갖지 않는

다; Ⓑ 일자는 시작과 중간과 끝을 갖지 않는다; Ⓒ 일자는 한계를 갖지 않는다; Ⓓ 일자는 형태에 참여하지 않는다)을 사용하여 '일자는 형태가 없음'을 논증하고 있다.

192 **대다수의 사람들이 세 번째 것이라고 주장하는 것이기도 한데:** 테오프라스토스가 정립한 가언 삼단논법의 형식 ③을 두 번째 것으로 사용하고 있다. 여기서 '대다수의 사람들(hoi pleistoi)'은 소요학파의 철학자들을 가리키는 것으로 보인다.

193 **만약 일자가 부분을 갖지 않는다면, 그것은 곧지도 둥글지도 않다. […] 그것은 형태를 나눠 갖지 않는다:** 플라톤, 『파르메니데스』 137e1~138a1 참조. 알키노오스는 테오프라스토스가 정립한 가언 판단 형식 ③을 자신의 두 번째 추론 형식으로 사용하고 있다(If A then C; if B then ~C; if A then ~B). 이때 항들은 셋이며(Ⓐ 일자는 부분을 갖지 않는다; Ⓑ 일자는 형태에 참여한다; Ⓒ 일자는 곧지도 둥글지도 않다), 공통된 항(Ⓒ)은 조건문 Ⓐ와 조건문 Ⓑ로부터 각각 긍정과 부정으로 도출된다.

194 **만약 우리가 같음에 대한 앎을 얻고는 잊지 않았다면, 우리는 알고 있다. 그런데 만약 우리가 그것을 잊었다면, 우리는 그것을 상기하는 것이다:** 플라톤, 『파이돈』 74a9~75e7 참조. 알키노오스는 테오프라스토스의 가언 판단 형식 ②를 자신의 세 번째 추론 형식으로 사용하고 있다(If A then B; if ~A then C; if ~B then C). 여기서 항들은 셋이며(Ⓐ 우리는 같음에 대한 앎을 잊지 않았다; Ⓑ 우리는 같음에 대해 안다; Ⓒ 우리는 같음에 대한 앎을 상기한다), 이때 공통된 항 Ⓐ는 긍정과 부정의 조건문 형식으로 Ⓑ와 Ⓒ에 선행한다. 주목할 것은 위의 추론이 결론을 언급하지 않은 채 끝나는 생략 추론의 형태를 띤다는 점이다.

195 **혼합된 추론들 […] 만약 일자가 전체이고 한정되어 있다면, 그것은 처음과 중간과 끝을 가지며 형태를 나눠 갖는다. 그런데 전자이다. 따라서 후자이다:** 플라톤, 『파르메니데스』 145a5~b5 참조. 알키노오스가 '혼합된 추론'이라고 부르는 것은 스토아학파의 가언 판단, 혹은 크뤼시포스의 이른바 '증명 불가능한 것들(indemonstrable modes of argument)'을

의미하는 것처럼 보인다. 그 가운데 '귀결을 통해 입증하는 것들'은 구성적 가언 판단/전건 긍정(modus ponens)에 해당함을 보여 준다. 즉 'P이면 Q이다. P이다. 그러므로 Q이다(If P then Q; P; Q)'.

196 **논리적 귀결로부터 반증(反證)이 이루어지는 추론들에 대해서는 앞의 방식에 따라 대체로 다음과 같이 그 차이들을 고찰해야 할 것이다:** '다음과 같이'에 해당하는 예문이 뒤에 나오지 않기 때문에, 문장이 손상되었을 것으로 추측된다(J. Whittaker, 1990, 99; J. Dillon, 1993, 12). 다만 '귀결을 통해 반증이 이루어지는 것들'은 아마 가언적 부정 판단/후건 부정(modus tollens)을 의미하는 것처럼 보인다. 즉 'P이면 Q이다. ~Q이다. 그러므로 ~P이다(If P then Q; ~Q; then ~P).'

197 **수사술이야말로 잘 말하는 것에 대한 앎:** 인간 혼의 다양한 종류와 능력을 고려하여 연설의 주제와 방식을 고려해야 한다는 알키노오스의 지적은 플라톤의 『파이드로스』(272d~272b)를 충실하게 요약한 것처럼 보인다. 다만 수사술을 '잘 말하는 것에 대한 앎'으로 정의하는 것은 플라톤의 것이 아니다. 그에 따르면, 수사술이란 말을 통해 혼을 이끄는 기술이다(『파이드로스』 362a), 반면에 알키노오스의 정의는 구아카데메이아의 크세노크라테스나 스토아 철학자들의 것에 가깝다. 섹스토스 엠페이리코스, 『수사가들에 반대하여』 6 [= SVF II, 294, p. 95, 27~31 = Fr. 9 IP-D]: "플라톤의 제자인 크세노크라테스와 스토아 철학자들은 수사술을 잘 말하는 것에 대한 앎이라고 말했다. 그런데 크세노크라테스가 앎을 이해하는 것이 다르고 스토아주의자들이 앎을 이해하는 것이 달랐으니, [스토아주의자들에게 그 앎은] 확고한 파악인 상들을 갖는 것과 마찬가지로, 오직 현자 안에서만 생겨나는 것이다."

198 **말에 기반한 궤변들, 사물에 기반한 궤변들:** 소피스트의 궤변 기술이 적용되는 영역을 말(발화된 소리, phōnē)과 사물(pragma)로 구분했던 이들은 스토아 철학자들이다(『생애』 VII, 43~44 참조).

199 **플라톤은 『파르메니데스』 및 다른 작품들에서 열 개의 범주들을 제시했으며:** 알키노오스는 아리스토텔레스의 10범주가 플라톤의 작품들에

서 비롯되었다고 본다. 하지만 그것이 『파르메니데스』의 어느 대목에서인지, 또 다른 대화편들로는 어떤 것들이 있는지는 말하지 않는다. 이에 대해 존 딜런(J. Dillon, 1993, 84~85)은 『파르메니데스』의 첫째 가정(137c~142a)과 둘째 가정(142a~155e)에서 실체(일자)와 함께 나머지 아홉 범주들, 즉 양(150b), 질(137b, 144b), 관계(146b), 장소(138a, 145e), 시간(141a), 위치(149a), 소유(139b), 능동과 수동(139b)을 유추할 수 있다고 본다. 그런데 플라톤주의자라고 해서 모두가 알키노오스처럼 생각하지는 않았던 듯하다. 예컨대 프로클로스는 10범주를 『파르메니데스』에서 찾을 수 있다고 주장하는 사람들에 반대한다(『플라톤의 「파르메니데스」 주석』 1083, 36~1084, 4). 그런가 하면, 플루타르코스는 10범주를 『파르메니데스』가 아니라, 『티마이오스』에서 볼 수 있다고 주장한다(『「티마이오스」에서 혼의 생성에 관하여』 1023E). 한편, 에두아르 데 플라스(É. des Places, 1977, 18)에 따르면, 애초에 아리스토텔레스의 범주론에 대해 플라톤주의자들은 긍정적이거나 부정적인 입장을 취했다고 한다. 그중 전자에 속하는 철학자들은 중기 플라톤주의의 가이오스와 알키노오스, 신플라톤주의자인 사카스의 암모니오스, 포르퓌리오스 및 그의 후계자들로 이어지고, 후자에 속하는 철학자들로는 신아카데메이아의 에우도로스, 중기 플라톤주의자인 루키오스, 니코스트라토스, 앗티코스 등을 거쳐 신플라톤주의의 플로티누스에 이른다는 것이다.

200 **『크라튈로스』에서는 어원과 관련된 모든 주제를 남김없이 검토했다**: '어원(etumologia)'이라는 용어는 스토아학파의 것으로 크뤼시포스는 어원에 관해 두 편의 논고를 남겼다고 한다(『생애』 VII, 200). 그러나 최초로 어원의 문제를 다룬 작품이 플라톤의 『크라튈로스』라는 것은 알키노오스뿐만 아니라 모든 철학자들과 학설사가들이 동의하는 사실이다.

201 **변증술의 힘을 가장 잘 보여 주는 그 모든 체계들에 경탄하는 자**: 플라톤, 『파이드로스』 266b 참조.

202 **이름이 자연적인 것인지, 아니면 규정에 따른 것인지를**: 이 물음은 『크

라튈로스』의 유명한 주제이지만, 후자와 관련하여 플라톤은 '규정(thesis)' 대신, '합의(sunthēkē)'나 '동의(homologia)'라는 표현을 사용한다(『크라튈로스』 383a; 384d). 반면에 '규정'은 헬레니즘 철학자들이 사용한 표현이다. 예컨대 섹스토스 엠페이리코스, 『문법학자들에 반대하여』 I, 144: "문법학자의 아둔함을 고려한다면, 이름이 자연적인 것인지 규정에 의한 것인지, 혹은 어떤 것들은 이렇고 다른 것들은 저런지를 구별하는 게 어찌 가능하겠는가?" 또한 크뤼시포스는 윤리적인 주제와 관련해서도 자연적인 것과 규정에 따른 것의 대립을 사용했다고 한다. 예컨대 『생애』 VII, 128 [= SVF III, 308, p. 76, 4~6]: "또한 크뤼시포스는 그의 『아름다움 관하여』에 따르면, 법이라든가 바른 이성과 마찬가지로, 정의로운 것 역시 자연적인 것이지 규정에 따른 것은 아니라고 한다."

203 **이름의 바름**: 플라톤의 보고에 따르면(『에우튀데모스』 277e; 『크라튈로스』 384b~c), 이 주제는 케오스 출신의 소피스트인 프로디코스의 관심사였다.

204 **이를테면 우리가 사람에게 '말(馬)'이라는 이름을 정하는 경우처럼**: 플라톤, 『크라튈로스』 385a 참조. 알키노오스는 이름의 바른 사용을 위해서는 이른바 자연주의 언어관(크라튈로스)과 규약주의 언어관(헤르모게네스)이 모두 필요하다는 절충주의적인 입장을 취하지만, 어느 정도는 자연주의 언어관을 지지하는 것처럼 보인다. 이와 반대로 규약주의를 표방한 철학자로는 메가라학파의 변증가인 디오도로스 크로노스를 들 수 있다(김유석, 2022, 176~181 참조).

205 **왜냐하면, 목수가 북을 제작하면, 직조 장인이 그 적절한 기능을 알고서 북을 사용하듯이, […] 키를 만드는 것은 목수의 일이지만, 잘 사용하는 것은 키잡이의 일이다**: 무엇인가를 만드는 사람/기술과 그것을 사용하는 사람/기술의 구별에 관해서는 플라톤, 『에우튀데모스』 288d~290d 참조.

206 **움직임과 운동**: 움직임은 'kinēsis'를, 운동은 'phora'를 옮긴 것이다. 플라톤은 종종 이 두 단어를 함께 사용한다(『크라튈로스』 434c; 『테아이

테토스』 152d; 『티마이오스』 58a; 김유석, 2019, 269, n. 348; 정준영, 2022, 266~267, n. 166~167 참조). 키네시스는 공간 이동, 생성 소멸, 질적인 변화, 요소들의 결합과 분리 등을 포괄하는 넓은 의미의 운동으로서 언급되고, 포라는 그중에서도 장소 이동, 특히 별들의 운행을 언급할 때 주로 사용된다. 아리스토텔레스에 이르러, 포라는 장소 이동을 뜻하며 성질 변화, 증가/감소, 생성/소멸과 함께 키네시스의 하위 개념에 속하게 된다. 예컨대 『자연학』 VIII, 7, 260a26~29; 『생성 소멸론』 I, 1장 참조.

207 **혼을 날카롭게 벼리며:** 수학이 정신을 예리하게 만들어 준다는 생각은 『국가』(VII, 525d~527c)의 생각에 기반한 것이다. 거기서 플라톤은 수학이 혼의 상승을 이끌며 순수한 수에 관해 논의하도록 강제한다고 말한다. 다만 '날카롭게 벼리다'로 옮긴 동사 'thēgō'는 플라톤에 등장하지 않는다. 반면에 이 단어는 갈레노스의 논고에서 혼의 상태와 관련하여 유사한 의미로 언급되고 있다. 갈레노스, 「혼이 겪는 상태들과 잘못들에 관하여」, in 『소론집』 49, 24~27: "증명의 방법들을 훈련받지 않았을 뿐만 아니라 혼을 날카롭게 벼리는 여타 학과들, 즉 기하학, 수학, 산술, 건축술, 천문학도 훈련받지 않은 사람들 […]." 아무튼 수학이 철학의 예비학이라는 생각에는 거의 모든 플라톤주의자들이 동의하고 있다. 예컨대 플루타르코스, 『향연석에서 제기된 질문들』 718D~E; 누메니오스, 『단편』 2, 19~24; 플로티누스, 『엔네아데스』 I, 3 [20], 3, 5~9 참조.

208 **수를 다루는 부분은 전술적인 것들에 관한 고찰과 관계하기 때문에, 전쟁과 관련해서도 쉽게 사용할 수 있다:** 예컨대 플라톤, 『국가』 VII, 526d 참조. 한편 프로클로스는 병력을 세는 데는 계산술(logistikē)이, 주둔지에서 부대의 편재와 야영에는 측지술(geōdesia)이 유용하게 사용된다고 지적한다. 『에우클레이데스의 「기하학 원론」 1권 주석』 39, 1~6: "마찬가지로 전술가 역시 부대의 규모를 최대한 작게 보일 의도로 주둔지를 원형으로 배치할 경우라든가, 혹은 최대한 크게 보일 의도로 주둔

지를 사각형이나 오각형, 혹은 다른 다각형으로 배치할 경우에는, 비록 그가 수학자는 아니더라도 수학의 정리들을 사용할 것이다."

209 **입체기하학**: 위 플라톤, 『에피노미스』 990d 참조.

210 **밤과 낮, 달(月)과 해(年)의 제작자**: 여기서 '제작자'로 옮긴 '데미우르고스(dēmiourgos)'가 무엇을 지칭하는지 애매하다. 주의해야 할 것은 이것이 신적인 우주 제작자는 아니라는 점이다. 우선 '밤과 낮의 제작자'는 지구를 가리킨다(플라톤, 『티마이오스』 40c). 하지만 지구만으로는 밤과 낮이 생겨날 수 없다. 왜냐하면 낮과 밤(즉 하루)은 태양과 달이 지구를 중심으로 자전하는 천구(동일자)의 궤도를 한 바퀴씩 돌 때 생겨나기 때문이다. 다음으로 달(month)과 해(year)의 제작자는 각각 달과 태양이다. 왜냐하면 달과 태양이 각각 자기들의 궤도(타자의 궤도) 운행을 완수할 때마다 한 달과 일 년이 생겨나기 때문이다(『티마이오스』 39c). 요컨대 이 대목에서 '제작자'는 시간을 산출하는 자들로서, 지구와 달과 태양을 가리킨다고 볼 수 있다. 다만 이 경우, 그렇다면 왜 '제작자'를 복수(dēmiourgoi)가 아닌 단수(dēmiourgos)로 표기했냐는 문제를 제기할 수 있다. 이런 해석과 달리, 제작자는 행성들이 아니라 뒤에 나오는 '하늘 전체의 지성(164, 22~23)'을 가리킨다고 보자는 학자도 있다(J. Dillon, 1993, 88). 즉 시간의 제작자는 하늘 전체의 지성을 의미하며, 이것을 만물의 제작자(161, 31)가 관장한다는 것이다.

211 **만물의 제작자**: 시간의 제작자인 천구에 속한 지성을 관장하는 첫째가는 신으로서, 『티마이오스』의 우주 제작자인 데미우르고스에 해당한다. 하지만 이 신은 자신의 정신 속에 가지적 형상들까지 담고 있다는 점에서 이미 플라톤의 신과는 차이를 보인다.

212 **눈에 보이는 것들로부터 보이지 않고 가지적인 존재를 향해 인도되듯이**: 플라톤, 『법률』 X, 899a; 『일곱 번째 편지』 340c 참조.

213 **오직 혼의 추론을 통해서만 볼 수 있는 저것들**: 플라톤, 『파이돈』 79a; 『파이드로스』 247c 참조.

214 이 학과들의 탐구는 존재자들의 관조와 관련하여 일종의 서곡(序曲) 같은 것이다: 플라톤 『국가』 VII, 532d 참조.

215 앎(epistēmēn) vs. 추론적 사유(dianoian): 플라톤, 『국가』 VII, 533d 참조.

216 갓돌(thrinkos): 플라톤, 『국가』 VII, 534e 참조.

217 우리는 위로부터, 그러니까 제일 원리들에서 출발하고 [···] 인간의 생성과 본성에 이르러 끝낼 것이다: 플라톤, 『티마이오스』 27a 참조.

218 질료: '질료'로 옮긴 그리스어 'hulē'는 원래 '목재(木材)'라는 뜻으로서, 플라톤의 대화편에는 원래의 의미로 단 한 번 등장한다(『티마이오스』 69a). 이것을 철학 용어, 즉 형상에 대비되는 질료의 의미로 사용한 사람은 아리스토텔레스이다. 하지만 중기 플라톤주의자들은 플라톤 철학을 설명할 때, 종종 저마다의 방식으로 아리스토텔레스의 이 개념을 사용하곤 했다. 예컨대 플루타르코스는 질료를 기체와 거의 동일시했다. 『「티마이오스」에서 혼의 생성에 관하여』 1013B~C: "사실 바로 이 우주와 그것의 부분들 각각은 물체적 실체와 가지적 실체로 구성되었으니, 그중 전자는 질료와 기체를, 후자는 형태와 형상을 생성된 것에 제공했다. 그리고 질료 중에서 가지적인 것의 분유와 반영을 통해 형태를 얻은 것은 직접 만질 수 있고 볼 수 있는 반면, 혼은 모든 감각에서 벗어나 있다." 그런가 하면, 아풀레이우스는 질료를 자연의 요소들과 구별했다. 『플라톤에 관하여』 I, 5, 190~192: "플라톤의 말에 따르면, 질료는 실로 생성도 소멸도 하지 않으며, 불이라든가 물, 혹은 원리들이나 절대적인 요소들 가운데 어떠한 것도 아니다." 그러다 보니 막상 중기 플라톤주의자들이 사용한 '질료'가 정확히 플라톤의 어떤 개념에 대응하는지가 모호해진다. 그래서 사람들에 따라 질료는 생성의 수용자로 간주되기도 하고, 수용자를 채우고 있지만 아직 형상을 접하지 못한 어떤 무규정적인 성질들로 여겨지기도 한다.

219 새김바탕: 플라톤, 『티마이오스』 50c 참조.

220 모든 것을 받아들이는 자: 플라톤, 『티마이오스』 51a 참조.

221 유모: 플라톤, 『티마이오스』 49a, 52d, 88d 참조.

222 어머니: 플라톤, 『티마이오스』 50d 참조.

223 공간: 플라톤, 『티마이오스』 52a~d 참조.

224 비감각적인 방식으로 접촉되고 서출적인 추론에 의해 파악될 수 있는 기체: 플라톤, 『티마이오스』 52b 참조. 다만 이 대목에서 '기체'는 플라톤에 등장하지 않는다. 알키노오스는 질료를 기체와 거의 동의어처럼 사용한 듯하다. 특히 여기서 '비감각적이고 서출적 추론에 의해 파악되는 것'은 플라톤이 '생성의 수용자'를 기술할 때 쓰는 표현인데, 어쩌면 알키노오스가 수용자를 기체와 헷갈렸거나, 아니면 별다른 문제의식 없이 자연스레 동일시했을 가능성도 추측해 볼 수 있다.

225 그것들을 품고: 복수로 옮긴 '그것들(autas)'은 바로 앞에서 단수로 표현된 '모든 생성(pasan genesin)'을 가리킨다고 보았다. 문법적으로는 단수지만 내용상으로는 '생겨나는 모든 것들', 즉 복수의 의미를 담고 있다.

226 모양도, 성질도, 형상도 없이(amorphon […] kai apoion kai aneideon): 같은 표현을 칼키디우스에서도 찾아볼 수 있다. 『플라톤의 「티마이오스」 주석』 CCCX: "질료는 성질도, 형태도, 형상도 결여하고 있다." 우선 '성질 없음'을 뜻하는 'apoion'은 플라톤에 나오지 않는다. 이 용어를 질료와 관련하여 처음으로 사용한 사람들은 스토아 철학자들이라고 한다. 예컨대 『생애』 VII, 134 [= Fr. 5 EK]: "그들은 우주의 원리가 둘, 작용하는 것과 작용받는 것이라고 여긴다. 그런 점에서 작용을 받는 것은 성질 없는 실체, 즉 질료이고, 작용하는 것은 질료에 들어 있는 이성, 즉 신이라는 것이다."; 아레이오스 디뒤모스, 『단편』 20, in 스토바이오스, 『선집』 I, 11, 5c [= Fr. 92 EK = Dox. graec. 458]: "포세이도니오스의 주장에 따르면, 만물의 실체와 질료는 성질도 형태도 없는데, 이는 고유하게 구별되는 어떠한 형태도 갖지 않고, 자기 스스로 어떠한 성질도 갖지 않는다는 점에서 그렇다는 것이다." 다음으로 '형태 없음'을 뜻하는 'amorphon'은 플라톤에서도 찾아볼 수 있으며(『티마이오스』 50d~e), 플라톤주의자들 역시 질료와 관

련하여 이 개념을 빈번히 사용한다. 마지막으로 '형상 없음'을 뜻하는 'aneoideon'의 경우, 고대인들은 이 말을 질료(hulē)와 동의어로 여겼으며, 플라톤주의자들 역시 질료와 관련하여 이 단어를 자주 사용했다(J. Whittaker, 1990, 96, n. 139). 하지만 플라톤 자신은 이런 용어 대신 오히려 일상적인 표현을 사용했다. 예컨대 『티마이오스』 50e: "그러므로 자기 안에 온갖 종류의 것들을 받아들이고자 하는 것은 그 모든 형태들로부터 벗어나(pantōn ektos eidōn) 있어야 합니다."

227 **기름으로 향유를 만드는 이들이 가장 냄새가 나지 않는 기름을 사용하며:** 플라톤, 『티마이오스』 50e 참조. 그 외에도 향유 제작 과정에 관해서는 플루타르코스, 『「티마이오스」에서 혼의 생성에 관하여』 1014F: "질료는 언제나 모양도 형태도 없고, 모든 성질과 자신의 고유한 성능이 결여되어 있다고 플라톤에 의해 말해지거니와, 향유업자들이 혼합을 위해 취하는 냄새 없는 기름과 닮았다는 [···]"; 루크레티우스, 『사물의 본성에 관하여』 II, 847~859: "마치 그대가 마요라나와 몰약의 매혹하는 액체를 [···] / 만들기로 결정했을 때, 우선 당신에게 허용되는 한, 또 발견할 수 있는 한 / 향 나지 않는 올리브의 성질을, 코들에 어떤 숨결도 / 보내지 않는 것을 찾는 것이 합당하듯이, [···] / 같은 이유로 해서 사물의 기원들은 사물을 낳는 데 있어서 / 자신의 냄새도, 소리도 덧붙여서는 / 안 된다. 자신으로부터 아무것도 보낼 수 없으므로." 참고로 '냄새나지 않는'을 뜻하는 단어로 플라톤이 'aōdē'를 사용했던 것과 달리, 알키노오스는 'aosmos'라고 쓰는데, 이 단어는 아리스토텔레스에게서 찾아볼 수 있다. 예컨대 「감각과 감각 대상들에 관하여」 443a10: "불, 공기, 물, 흙과 같은 요소들은 냄새가 없는 것들이니(aosma) [···] 맛을 갖지 않기 때문이다."

228 **밀랍이나 진흙으로:** 혹자는 알키노오스가 플라톤의 금의 비유(『티마이오스』 50a~b)를 설명하는 대신, 한결 더 구체적인 방식으로 밀랍과 진흙의 비유를 들었다고 본다(J. Whittaker, 1990, 97, n. 144). 하지만 여기서 밀랍과 진흙의 사례는 여전히 향유의 비유의 연장선에 있

는 것처럼 보인다. 플라톤이 금의 비유를 통해 주장하려는 것은, 금을 녹여 어떤 제품(예컨대 반지, 목걸이 등)을 만들든 그것들은 다시 녹아 금이 될 수 있기에, 금으로 된 제품들을 말할 때 그것들을 '반지'나 '목걸이'라고 부르기보다는 '금'이라고 부르는 게 가장 안전하듯이, 수용자의 경우도 마찬가지로, 그것을 점유하는 것들을 각각의 이름으로 부르기보다는 '수용자'라고 부르는 게 가장 안전하다는 것이다. 반면에 밀랍과 진흙의 비유를 통해 알키노오스가 말하려는 것은 두 개의 재료를 가지고서 무엇인가를 만들 때, 각각의 재료는 마치 향료의 밑바탕이 되는 기름처럼, 최대한 자기 본연의 상태 - 즉 제작되는 것의 성질을 왜곡할 만한 요소는 아무것도 없는 상태 - 를 유지해야 한다는 것이다.

229 **그것은 물체도 아니고 비물체인 것도 아니다**: 이와 비슷한 생각으로는, 아풀레이우스, 『플라톤에 관하여』 I, 5, 192: "그는 질료를 물체라고 생각지 않았으니, 왜냐하면 어떠한 물체도 뭐가 됐든 형상을 결여하지는 않기 때문이다. 하지만 물체가 없이는 질료에 대해 말할 수도 없으니, 왜냐하면 비물체적인 어떠한 것도 물체를 보여 주지 않기 때문이다. 하지만 그가 보기에 질료는 가능적으로 그리고 이성적으로 물체적이며, 따라서 오직 접촉만으로는 파악될 수 없고, 오직 사유의 판단만으로도 파악될 수 없다."

230 **가능적으로 물체이다**: 아리스토텔레스의 가능태 개념을 받아들여 질료를 가능태 상의 물체로 보는 이런 입장은 다른 플라톤주의자들과 주석가들에게서도 찾아볼 수 있다. 예컨대 아풀레이우스, 『플라톤에 관하여』 I, 5, 192: "하지만 그가 보기에 질료는 가능적으로 그리고 이성적으로 물체이며, 그러하기에 오직 접촉만으로는 파악될 수 없고, 오직 사유의 판단만으로도 파악될 수 없다."; 칼키디우스, 『플라톤의 「티마이오스」 주석』 CCCXIX: "나는 그것이 단적으로는 물체라고도, 비물체라고도 말해질 수 없지만, 가능적으로는 물체이자 비물체라고 말해질 수 있다고 생각한다."

231 **마치 우리가 청동 역시 가능적으로 조각상이라고 이해하듯이 말이다. 왜냐하면 그것은 형상을 받아들임으로써 조각상이 될 수 있기 때문이다**: 예컨대 아리스토텔레스, 『자연학』 I, 7, 190a25~191a12; 『형이상학』 V, 2, 1013b6~8; 1014a11~12; 『동물 발생론』 I, 18, 724a23; 플로티누스, 『엔네아데스』 II, 5 [25], 1, 12~13; IV, 7, 85, 6 참조.

232 **본(本)이 되는**: '본'을 뜻하는 'paradeigma'는 플라톤의 대화편에 빈번히 등장하지만, 막상 형용사인 'paradeigmatikos'는 나타나지 않는다. 반면에 이 개념은 아리스토텔레스의 『형이상학』(II, 3, 995a6~8)에 '예(例)'를 뜻하는 부사(paradeigmatikōs)로 사용된다.

233 **질료(hulē) – 이데아(idea) – 신(theos)**: 아리스토텔레스의 질료인, 형상인, 작용인을 연상시키는 이 셋은 중기 플라톤주의자들에게는 사물의 원리에 해당한다. 예컨대 아풀레이우스, 『플라톤에 관하여』 I, 5, 190: "플라톤은 사물의 원리들이 셋이라고 생각한다. 하나는 신이고, 다른 하나는 불완전하고 형태가 없으며 종이나 질적인 특징에 의해 구별되지 않는 질료이며, 또 다른 하나는 사물들의 형상들로서 그는 이것들을 '이데아들'이라고 부르기도 한다." 또한 이런 생각은 4세기 무렵의 플라톤 주석가인 칼키디우스에게서도 찾아볼 수 있다. 예컨대 『플라톤의 「티마이오스」 주석』 307: "그러므로 우리가 '행하는 자'라고 말했던 것은 신이고, '겪는 자'라고 말했던 것은 물체적 질료이다. 하지만 행하는 것이 뭔가를 산출하는 것은 어떤 본을 응시함으로써이기에, 세 번째 기원이 필요하다는 것 또한 이해할 수 있다. 그러므로 신과 질료와 본이라는 원리들이 있다. 그리고 신은 기원이고 제일의 운동자이자 현실태로 놓여 있는 것인 반면, 질료는 생겨나는 것이 처음으로 나오는 출처이다."

234 **이데아는 […] 평가된다**: 플라톤은 '이데아(좋음의 이데아)', '형상(좋음의 형상)', '~인 것 자체(좋음 자체)', '정관사+실사(좋음, to agathon)', '가지적인 것'을 같은 의미로서 번갈아 가며 사용한다. 그 가운데 '이데아'는 상대적으로 드물게 쓰이며, 특히 가지적 형상들을 통칭하

는 대표 단수(hē idea)로 사용되는 경우는 찾아보기 힘들다. 그래서 딜런 같은 학자는 오늘날 우리가 사용하는 '이데아'라는 용어법이 아마도 스토아 철학자들에 의해 플라톤의 학설이 재정립되는(re-Platonization) 와중에 자연스럽게 형성되었을 것이라고 추측하기도 한다(J. Dillon, 1993, 93). 이데아의 위상에 관한 알키노오스의 묘사는 칼키디우스의 주석에도 거의 그대로 나타난다. 칼키디우스, 『플라톤의 「티마이오스」 주석』 339: "그러므로 거칠게 윤곽을 통해서 말하자면, 원리적인 형상이란 ① 지성을 갖추고 있는 우리에게는 제일가는 가지적인 것이고, ② 신에게는 신의 완전한 사유[지성 활동의 결과]이며, ③ 질료와 관련해서는 물체적이고 질료적인 사물의 척도이자 기준이고, 또한 ④ 형상 자신과 관련해서는 비물체적인 실체이자 만물이 닮음을 빚지게 되는 원인인가 하면, 아울러 ⑤ 세계와 관련해서는 자연이 내놓은 만물의 영원한 본이다." 학자들은 알키노오스와 칼키디우스가 사용한 개념들과 표현 방식이 워낙 비슷해서, 두 사람이 같은 자료를 참고했을 가능성이 높다고 보기도 한다(B. Bakhouche, 2011, 875~876, n. 1302 참조).

235 **일반적으로 계획에 따라 생겨나는 모든 것:** '계획에 따라(kat' epinoian)'라는 말은 저절로 생겨난 게 아니라 일정한 의도와 숙고를 통해 제작된 것을 말한다. 플라톤, 『티마이오스』 37c~d 참조.

236 **사람들은 이데아를 자연적 본성에 따른 것들의 영원한 본으로 규정한다:** 이데아를 이렇게 규정한 사람들은 누구일까? 제일 앞에 놓인 인물로는 아카데메이아의 3대 교장인 크세노크라테스일 것이다. 프로클로스, 『플라톤의 「파르메니데스」 주석』 888, 15~19 [= Fr. 14 IP-D]: "그로부터 플라톤은 그 원리들까지 올라가서는 모든 생성이 그것들에 기반하도록 했으니, 크세노크라테스가 말하듯이, 그는 이데아를 언제나 자연적으로(본성적으로) 구성되는 것들의 본(本)이 되는 원인으로 놓음으로써 그랬던 것이다." 다음으로 세네카와 디오게네스 라에르티오스 역시 비슷한 정의를 취한다. 세네카, 『루킬리우스에게 보

내는 편지』 58, 19: "이데아는 자연적으로 생겨나는 것들의 본이라네."; 『생애』 III, 77: "이미 말했듯이, 플라톤은 이데아들을 일종의 원인들이자 원리들이라고 가정하는데, 이것들에 의해 자연스적으로 구성된 것들이 바로 그것들로서 그러그러하게 있게 되는 것이다."

237 **부분적인 것들**: 개별자를 말한다. 즉 이데아는 보편자에 대해 존재하지(예컨대 인간의 이데아), 개별자의 이데아(소크라테스의 이데아, 플라톤의 이데아)는 존재하지 않는다는 뜻이다.

238 **인공적인 것들 – 자연적 본성에 반하는 것들 – 부분적인 것들 – 하찮은 것들 – 관계적인 것들**: '무엇의 이데아가 있고, 무엇의 이데아가 있지 않은가?'라는 물음은 플라톤 자신도 고민했던 문제였으며(『파르메니데스』 130a~131a), 그가 교장으로 있었던 시절, 구아카데메이아 내부에서도 격렬한 토론을 불러일으킨 주제로 알려져 있다. 또한 이 문제는 후대의 플라톤주의자들은 물론 그 반대자들 사이에서도 빈번하게 제기되었다고 하는데, 프로클로스는 이와 관련된 물음들을 다음과 같이 길게 열거한다. 『플라톤의 「파르메니데스」 주석』 815, 15~37: "어떤 것들의 형상들이 있고, 어떤 것들의 형상들이 있지 않은지를 먼저 살펴봐야 하니, 이는 그것들에 관한 일반적인 이론에서 출발하여 그렇게 이 대목[=『파르메니데스』 130a~131a]에 전개된 플라톤의 사유를 따라가기 위함이다. 사실 누군가의 말처럼 이 '진부한[= 대중적인]' 주제들에 관한 논의는 그저 사소한 문제가 아니거니와, 특히 누군가가 그것들에 관해 다음과 같이 검토해 볼 경우에 그렇다. 즉 ① 지성적인 존재의 제작을 담당하는 본이 있는지, ② 혼적인 존재의 형상은 있는지, 또 [있다면] 그것이 하나인지, 여럿인지, 혹시 비이성적인 생명에도 본들은 있는지, 또 [있다면] 그것들은 어떻게 있는지? ③ 자연적인 것들의 형상은 있는지, 또 [있다면] 얼마나 많은 방식으로 있는지? ④ 물체들의 형상이 물체들로서 있는지, 또 [있다면] 그것은 하나인지, 아니면 하나와 함께 여럿의 형상들로서 있는지? ⑤ 질료의 형상은 있는지, 또 [있다면] 생성 소멸하는 것들의 질료의 형상

만이 아니라, 하늘을 구성하는 것들의 질료의 형상도 있는지? ⑥ 생물들의 형상이 있는지, [있다면] 유적으로서만이 아니라, 쪼갤 수 없는 종들에 이르기까지 있는지, 그리고 식물들의 형상도 마찬가지로 있는지? ⑦ 그리고 그것들과 함께 개별자들의 형상들도 있는지? 아울러 ⑧ 눈과 손가락 및 그와 같은 부분들의 형상도 있는지? 그런가 하면 ⑨ 부수하는 것들의 형상도 있는지, 어떻게 해서 어떤 것들은 있고, 또 어떤 것들은 없게 되는지, 또한 ⑩ 인공적인 것들의 형상은 있는지, 아울러 기술들 그 자체의 형상은 있는지? ⑪ 그리고 마지막으로 나쁜 것들의 형상은 있는지? 사실 우리가 이것들을 다뤄 나간다면, 우리는 바로 그것들에 관한 완전한 가르침을 얻게 될 것이요, 그로부터 플라톤의 사유를 발견하게 될 것이다." 알키노오스가 제기한 물음 가운데 '인공적인 것들'은 프로클로스의 ⑩에, '자연적 본성을 거스르는 것들'은 ⑪에 해당하는 것처럼 보인다. 또한 '부분적인 것들'은 ⑦에, '하찮은 것들'은 ④에, 그리고 '상대적인 것들'은 ⑨에 해당한다고 볼 수 있다.

239 **자기 완결적인**(autotelēs): 이 개념은 플라톤의 것이라기보다는 아리스토텔레스에게서 비롯된 것처럼 보인다. 그는 『정치학』(VII, 3, 1325b20~21)에서 실천적인 삶이 꼭 타인과 관계를 맺는 것이어야 할 필요는 없으며, 오히려 자기 완결적이고 자신만을 위한 관조와 사유가 훨씬 더 실천적이라고 말한다. 한편, 알키노오스는 뒤에서(164, 32) 이런 자기 완결성을 제일의 신이 지닌 속성이라고 말한다.

240 **그들은 이데아들이 있다는 생각을 다음과 같이 정당화한다**: 알키노오스는 3~4절에서 형상이 존재해야 할 필요에 관하여 네 가지 논변을 펼친다. 이 논변들은 모두 구아카데메이아에 그 뿌리를 두었을 가능성이 높다(J. Dillon, 1993, 98). 하지만 구아카데메이아의 문헌들이 소실된 이상, 알키노오스의 것이 가장 오래 된 것이라 할 수 있다. 알키노오스는 이데아에 관한 논변들을 3인칭 복수 동사를 써서 '그들이 정당화한다(paramuthountai)'라고 표현하는데, 여기서 '그들'은 플라톤

주의자들을 지칭할 것이요, 그런 점에서 해당 논변들이 과연 플라톤 자신까지 거슬러 올라가는지는 의문으로 남는다.

241 사유물들(noēmata): 사유된 것들, 즉 관념을 말한다. 알키노오스를 비롯한 중기 플라톤주의자들은 이데아를 신의 사유 내지는 관념으로 간주한다.

242 신이 지성이든 지성적인 것이든 간에 그에게는 사유물들이 존재하며, 그것들은 영원하고 변하지 않는 것들이다. 사정이 그렇다면, 이데아들은 존재한다: 이 논변은 원인-결과에 기반한 것처럼 보인다. 신은 영원하고 변치 않는 사유물들(즉 관념들)을 갖고 있다. 그렇다면 영원하고 변치 않는 사유 대상들(즉 이데아들)이 원인으로서 존재할 수밖에 없다. 한편, 알키노오스의 묘사에 따르면, 신은 지성(nous) 그 자체일 수도 있고 지성적인 것(noeron)일 수도 있다. 그런데 후자에 대해서는 지성적인 것이 과연 어떤 실재인가라는 물음이 제기될 수 있다. '지성'이나 '지성적인 것'이 서로 구별되는 것들이라면, 어쩌면 이것들은 서로 다른 위계의 신들을 구분하는 기준이 될 수도 있다(신들의 위계에 관해서는 X장 참조).

243 만약 질료가 그 자신의 정의상 척도가 없는 것으로서 존재한다면, 그것은 더 우월하고 비질료적인 다른 무엇인가로부터 척도를 얻어야 한다. 그런데 전자가 그렇다. 그렇다면, 후자도 그렇다. 만일 사정이 그렇다면, 이데아들은 일종의 비질료적인 척도들로서 존재한다: 두 번째 논증은 전건 긍정(modus ponens)의 형식을 따르고 있다(If P then Q; P; then Q). 이 논변의 바탕에는 우주가 일정한 척도와 규칙에 따라 구성되어 질서 잡혀 있고 조화롭다는 일종의 현실 인식이 전제로서 깔려 있다. 그런데 우주를 구성하는 질료는 본성상 척도를 갖고 있지 않기에, 질료가 아닌 다른 것(즉 형상)이 외부로부터 강제로 질료에 척도를 도입해야 한다는 것이다.

244 만약 이 우주가 저절로 그러한 것이 아니라면, 그것은 그저 무엇인가로부터 생겨난 것일 뿐만 아니라 누군가에 의해 생겨난 것이기도 하며, 이것만

이 아니라 다른 무엇인가와의 관계 속에서 생겨난 것이기도 하다. 하지만 생겨난 것이 관계하는 게 이데아 말고 다른 무엇일 수 있겠는가? 따라서 이데아는 존재할 것이다: 이 논증은 아리스토텔레스가 구분한 생성의 종류에서 출발한 것처럼 보인다(J. Dillon, 1993, 99). 아리스토텔레스, 『형이상학』 VII, 7, 1032a12 이하: "생겨나는 것들 중 어떤 것들은 자연적으로, 어떤 것들은 기술적으로, 또 어떤 것들은 저절로[우연히] 생겨난다. 그리고 생겨나는 것들은 모두 ② 무엇인가에 의해(hupo tinos), ① 무엇인가로부터 나와(ek tinos), ③ 무엇인가가(ti) 된다." 아리스토텔레스가 보기에, 우주는 우연히 생기거나 기술적으로 생기지 않고 자연적으로 생긴 것이다. 그런데 인공물이 아니라 자연적으로 생겨나는 것의 경우, ①은 생성의 출처로서 질료(인)를, ②는 생겨나게 하는 것, 즉 생성의 원인으로서 형상(인)을, ③은 생성된 것, 즉 실체를 말한다. 즉 ①과 ②의 결합을 통해 ③이 생겨나는 셈이다. 그런데 아리스토텔레스는 자연적 생성의 경우 제작자(데미우르고스)의 존재를 인정하지 않는다. 왜냐하면 형상(인)이 마치 아버지처럼 씨뿌리는 자로서 제작자의 역할을 대신한다고 보기 때문이다(J. Dillon, 1993, 100). 이와 달리 알키노오스는 ②, 즉 생성의 원인(ek tinos)을 형상이 아닌 신으로 본다. 그리고 형상에 대해서는 생성과 '관련된 것(pros ti)'이라고 따로 규정한다. 이것은 우주를 자연 발생적으로 보기보다는 제작의 관점에서 다루기 때문이다. 즉 우주가 우연히 생겨났을 가능성을 배제하면 생성의 출처(질료)와 생성의 원인(신)이 제기될 수밖에 없으며, 특히 우주가 만들어진 것이라면 제작과 관련된 것(pros ti), 즉 제작의 모델(本)인 이데아가 있어야 한다는 것이다. 요컨대 알키노오스는 아리스토텔레스의 용어와 도식을 가지고 와서, 플라톤의 우주 제작론에 적용했다고 볼 수 있다.

245 만약 지성이 참된 의견과 구별된다면, 가지적인 대상 또한 의견의 대상과 구별된다. 사정이 그렇다면, 가지적인 대상들은 의견의 대상들과 다른 것들로서 있다. 따라서 제일의 가지적인 것들도 있을 것이다. 제일의 감각 대상

들도 있는 것처럼 말이다. 만일 사정이 그렇다면, 이데아들은 존재한다. 그런데 지성은 참된 의견들과 구별된다. 따라서 이데아들은 존재할 것이다: 네 번째 논변은 한편으로 지식과 의견에, 다른 한편으로는 인식과 그 대상(존재)의 구별에 기반한 것처럼 보인다. 즉 지성(을 통한 앎)과 참인 의견이 구별된다고 하자. 그런데 지성은 가지적인 대상에 대응하고, 참인 의견은 감각적인 대상에 대응한다. 또한 가지적인 대상과 감각 대상 역시 다른 것이다. 그리고 가지적인 대상은 이데아들에 다름 아니라는 것이다. 한편, 제일의 가지적인 것들은 이데아들을, 제일의 감각적인 것들은 감각 성질들을 의미한다(IV, 7, 155, 38~156, 1 참조).

246 플라톤은 이 원리가 거의 언표될 수 없는 것이라고 생각한다: '말할 수 없는'으로 옮긴 'arrhētos'를 가지고서 고대의 몇몇 주석가들은 플라톤의 신은 알 수도 말할 수도 없는 것이라는, 회의주의적이거나 신비주의적인 해석을 시도하기도 했다. 사실 이 용어는 플라톤의 몇몇 대화편들에서도 찾아볼 수 있다. 우선 『소피스트』(238c)에서 엘레아의 이방인은 "있지 않은 것이 사유될 수 없고, 말할 수 없으며, 언표가 불가능하고, 말이 안 되는 것"이라고 주장한다. 물론 이 용어가 전적으로 '말할 수 없음'만을 의미하지는 않는다. 오히려 일상에서는 '말하지 않은'의 뜻으로도 쓰인다. 예컨대 『향연』에서 아리스토파네스는 자신이 발언하는 중에 우스갯소리를 하지는 않을지 지켜보겠다는 에뤽시마코스에게 "자기가 말한 것들에 대해서는 말하지 않은 셈 치자"라고 대꾸한다. 따라서 위의 대목만을 가지고서 신에 관한 회의주의나 신비주의적인 관점을 단정짓기에는 다소 신중한 접근이 필요하다. 다만 위 대목에서 '말할 수 없는' 앞에 있는 '거의(mikrou)'를 함께 놓고 보면, 신에 관해 말하는 것이 극히 어렵긴 하지만 불가능한 것은 아니다 정도로 이해할 수 있다(J. Dillon, 1993, 101 참조). 사실 위 대목은 『티마이오스』(28c)에서 "이 우주의 제작자이자 아버지를 찾아내는 것은 큰일일뿐더러, 설령 찾아냈다 하더라도 모두에게 설명하기란 불가능한 일이다"라는 대목을 떠올리게 한다. 왜냐하면 우주 제

작자를 '모든 사람'에게 이해시킬 수는 없지만, '소수의 지혜로운 이들'에게는 가능할 수도 있다는 여지를 제공하기 때문이다. 위의 대목도 마찬가지여서, 신에 관한 논의가 지극히 어려운 주제이긴 하지만, 그렇다고 해서 말하는 게 불가능하지는 않다는 것이다. 그렇긴 하지만 '말할 수 없음(arrhēton)'이라는 표현이 이 대목 말고도 신의 위상을 설명하는 곳에서 반복적으로 등장한다는 사실(164, 31, 165, 5)을 간과해서는 안 된다. 그런 점에서 이 개념이 향후 중기 플라톤주의와 신플라톤주의의 신비주의 신학으로 발전했을 가능성도 있었음을 굳이 배제할 필요는 없어 보인다.

247 제일의 가지적인 것들, 제일의 감각적인 것들: 우리 책 IV, 7, 155, 34~156, 10 참조.

248 가능태 상의 지성 vs. 항상 사유하는 활성태 상의 지성: '가능태'는 'dunamis'를, '활성태'는 'energeia'를 옮긴 것이다. 맥락에 따라서는 전자를 '잠재태'로, 후자를 '현실태'로 옮기기도 한다. 지성이 사유 활동을 하지 않을 때는 가능태로서 — 이를테면 어떠한 그림도 활성태로 존재하지 않는 빈 서판과 같은 것으로서 — 존재한다는 생각은 아리스토텔레스에게서 비롯된 것이다. 예컨대 『영혼에 관하여』 III, 4, 429b29~430a30. 달리 말해 지성은 사유 활동을 할 때 완전해지는 것이다. 예컨대 막시모스 튀리오스, 「플라톤에 따르면 신은 무엇인가?」, in 『철학적 연설들』 XI, 8, 190~191: "그러므로 언제나 모든 것들을 동시에 사유하는 자야말로 가장 완전하다 할 것이다."

249 **혼보다는 지성이 더 낫고, 가능태 상의 지성보다는 모든 것들을 동시에 항상 사유하는 활성태 상의 지성이 더 나으며, 또 이것보다는 이것의 원인, 즉 이것들보다 더 상위에 존재하는 것이 더 아름다운 이상 그것은 제일의 신일 것이니, 그 신은 하늘 전체의 지성이 끊임없이 활동하는 것의 원인으로서 존재할 것이다:** 알키노오스는 신적인 원리들의 가치론적 위계에 관해 말하고 있다. 그런데 이 대목은 설명이 필요해 보인다. 왜냐하면 가능태 상의(즉 활동하지 않는) 지성은 인간에게나 해당하지, 제일

의 신이나 우주적 지성에는 어울리지 않기 때문이다(왜냐하면 이것들은 언제나 활동 중이기 때문이다). 또한 신적인 원리를 다루는 대목에서 혼과 지성을 비교하는 것도 적잖이 애매하다. 왜냐하면 알키노오스는 앞에서(IV, 6, 155, 20~28) 혼이 몸 안에 생겨나기 전에 지성은 자신의 고유한 활동인 사유에 전념하고, 혼이 몸 안에 생겨난 뒤에 사유는 자연적 관념이 된다고 말한 바 있는데, 이것 또한 인간의 혼을 염두에 둔 주장이기 때문이다. 아마도 알키노오스는 '혼'이라든가 '가능태 상의 지성'을 가장 낮은 단계의 신(이를테면 인간에 내재한 신적인 부분)으로 설정하고, 이것에서 출발하여 '(혼을 벗어난) 지성'이라든가 '활성태 상의 지성', '지성의 원인이 되는 것' 그리고 '더 상위에 있는 것'까지 점차 더 높은 단계로 신들의 종류와 위계를 열거해 나가는 것처럼 보인다. 한편 '혼보다는 지성이 더 낫다'라는 대목을 두고서, 이것이 알키노오스(혹은 중기 플라톤주의)와 스토아학파의 혼 이론이 달라지는 지점이라고 주장하는 학자도 있다(예컨대 J. Whittaker, 1990, 101, n. 178). 왜냐하면 스토아 철학자들이 보기에 지성은 혼의 능력에 불과한 것이기 때문이다. 예컨대 포르퓌리오스, 「혼의 능력에 관하여」 in 스토바이오스, 『선집』 I, 347, 21~348, 9 [= SVF I, 377, pp. 86, 30~87, 2] 참조.

250 **실로 이와 꼭 마찬가지로 이 지성도 하늘 전체의 지성을 움직일 것이다:** 예컨대 플라톤, 『국가』 VI, 505d~e 참조. 제일의 신이 자신은 움직이지 않으면서 다른 것을 움직인다는 생각에 대해서는, 아리스토텔레스, 『형이상학』 XII, 7, 1077a23~b4; 플라톤주의자들 중에서는 누메니오스, 『단편』 12, 12~14: "제일의 신은 모든 작품들의 제작에 참여하지 않거니와 그는 왕이다, 반면에 데미우르고스적인 신은 하늘을 가로질러 이동하면서 다스린다."

251 **이 지성은 항상 자기 자신과 자신의 사유물을 사유할 것이다. 그리고 이 지성의 활동이 곧 이데아인 것이다:** 이데아가 신(지성, nous)의 사유(noēsis)이자 사유물(관념, noēma)이라는 생각에 관해서는, II, 153, 5~6; IX,

163, 14~15 참조. 이런 생각은 아리스토텔레스의 영향을 받은 것처럼 보인다. 예컨대 『형이상학』 XII, 9, 1074b33~34: "[신적인 지성이] 가장 훌륭한 것이라면, 그것은 자기 자신을 사유하거니와, 사유란 사유활동을 사유하는 것이다." 혹자는 알키노오스의 이 대목이 '가지적인 것들은 지성의 바깥에 있지 않다'라는 플로티누스 신학 사상의 토대가 되었다고 보기도 한다(A.H. Armstrong, 1960, 403~405 참조).

252 **자기 완결적이고**(즉 추가적인 것이 필요치 않다): 자기 완결성(autotelēs)과 자족성(autarkeia)은 결핍(endeia)과 부족(prosdeēsis)의 대립 개념으로 플라톤 및 플라톤주의자들의 작품 속에 쌍을 이루어 자주 등장한다(예컨대 『티마이오스』 33d). 사실 완결성과 자족성은 신의 대표적인 속성들로서(왜냐하면 신은 가장 완전하고 가장 자족적인 존재자이기에), 금욕주의를 표방한 몇몇 철학자들이 가능한 한 외적인 필요에서 벗어나 덜 먹고 덜 입는 등 검박한 생활을 유지했던 것은 신에 가까워지고자 하는 의도에서 비롯된 것이었다. 예컨대 크세노폰, 『회상』 I, 6, 10: "나[소크라테스]는 아무것도 필요하지 않은 것이 신적이고, 가능한 한 가장 적게 필요한 것이 신적인 것에 가장 가까운 것이라 믿고 있으며, 신적인 것이야말로 가장 훌륭하고, 신적인 것에 가장 가까운 것이 가장 훌륭한 것에 가장 가깝다고 믿고 있지요." 그 외에도 아풀레이우스, 『플라톤에 관하여』 I, 5, 190: "그[플라톤]의 주장에 따르면, 신은 […] 아무것도 필요치 않고, 그 자체로 모든 것들을 가져다주는 자이다."; 플로티누스, 『엔네아데스』 V, 9 [5], 4, 7~8: "그러므로 제일가는 것들은 현실태 상으로 있으며, 더 필요한 것이 없고 완전한 것들이라고 가정해야 한다."

253 **항상 완결적이며**(즉 항상 완전하다): '항상 완결적임'을 뜻하는 'aeitelēs'는 이곳에만 등장하는 이른바 '단발어(hapax legomenon)'이다. 다만 바로 뒤의 '항상 완전한(aei teleios)'은 플로티누스에서 그 용례를 찾아볼 수 있다. 예컨대 『엔네아데스』 V, 1 [10], 6, 38: "항상 완전한 것은 끊임없이, 그리고 영원한 것을 산출한다."

254 **전적으로 완결적이다(즉 모든 면에서 완전하다)**: 플라톤, 『티마이오스』 31b; 『소피스트』 248e~249a 참조.

255 **그는 신성이고 실체성이며 진리이고 균형성이자 좋음이다**: 여기서 알키노오스는 신의 속성들을 형용사가 아닌 추상명사로 표현하고 있다. 우선 '신성(theiotēs)'은 두 가지 의미로 이해할 수 있는데, 하나는 말 그대로 신적인 본질을 의미한다. 다른 하나는 '신적인 활동'을 의미하는데, 신이 지성(nous)이라면 신적인 활동은 사유(noēsis)가 될 것이다. 따라서 '신은 신성이다'라는 말은 '신은 신적인 본질의 담지자이다'라는 뜻이거나, '신은 사유 활동의 담지자이다'라는 의미로 이해할 수 있다(A. J. Festugière, 1954, 98, n. 1 참조). 다음으로 '실체성(ousiotēs)'이라는 말의 경우, 학자들(J. Whittaker, 1990, n. 103, 187; J. Dillon, 1993, 105)은 이 개념이 신비주의 종교인 헤르메스 트리스메기스토스교(알비노스 『단편』 8과 해당 역주 참조)의 경전에 '신의 실체성'이라는 표현으로 처음 등장한다고 지적한다(*Corpus Hermeticum* XII, 1: "tēs ousiotētos tou theou"). 다음으로 '균형성(summetria)'은 아래 언급될 '신은 아름다움이다'(164, 37~38)와 관련되며, 마지막으로 '좋음(agathon)'은 신이 좋음을 산출하는 원인이라는 의미로 이해할 수 있다.

256 **신은 좋음이니, 왜냐하면 그는 모든 좋음의 원인이어서 만물을 가능한 한 좋게 만들기 때문이다**: 플라톤의 『티마이오스』(29e~30a)에 묘사된 데미우르고스의 우주 제작 원인을 떠올리게 하는 대목이다. 우주(우주는 감각의 영역에서 가장 아름답고 훌륭한 것이다)의 제작을 비롯하여, 모든 것들이 좋게 되는 것의 원인은 다른 데서가 아니라 바로 신의 좋음에서 찾아져야 한다는 의미로 이해할 수 있다. 위 대목에서 또 한 가지 주목할 점은 '가능한 한(eis dunamin)'이라는 표현인데, 이 말은 알키노오스의 신이 『티마이오스』의 데미우르고스와 마찬가지로 전능하지는 않음을 암시한다. 그는 자기 능력의 한계 안에서 만물을 좋게 만든다는 것이다. 다만 플라톤의 데미우르고스에게서는 '강제'(35a)라든가 '설득'(48a)처럼 자신의 능력 범위 안에서의 활동이 구체적으로 묘

사되는 반면, 알키노오스의 신은 만물을 가능한 한 좋게 만들어 준다고 말해질 뿐, 그 활동 모습이 구체적으로 다뤄지지는 않는다.

257 **아버지:** 플라톤, 『티마이오스』 28c; 41a 참조. '아버지'에 대한 중기 플라톤주의자의 해석으로는 플루타르코스, 『플라톤 철학의 물음들』 II, 1000E~1001C(물음 II) 참조.

258 **그런데:** 알키노오스는 4절 전체에 걸쳐 일종의 소거법을 통해서(kat' aphairesin) 신의 특성을 기술한다. 이것은 신에 관한 일련의 성질들을 부정하는 과정(예컨대 '신은 ~것이 아니다')을 거쳐 신의 본성을 이해하는 데 도달하는 방식으로서, 이후 스콜라 철학에서 '부정의 길(via negativa)'이라고 부르는 방법이기도 하다. 이 방법을 통해 신과 관련하여 기술될 수 있는 성질들이 모두 부정됨으로써 결과적으로 신은 이것들보다 더 상위에 존재하는 것으로 말해지게 된다.

259 **신은 언표될 수 없고 오직 지성에 의해서만 파악될 수 있다:** 예컨대 막시모스 튀리오스, 『철학적 연설들』 11, 9: "신적인 지성은 시각과 같은 반면, 인간의 지성은 말과 같습니다. […] 그 지성은 아카데메이아에서 우리에게 온 전령이 아버지이자 만물을 낳은 자라고 말해 준 것이오. 그는 그것의 이름을 말하지 않소, 왜냐하면 알지 못하기 때문이오. 그 색깔도 말하지 않소, 왜냐하면 본 적이 없기 때문이오. 크기도 말하지 않소. 왜냐하면 만져 보지 않았기 때문이오. 이것들은 자연적인 것들로서 살과 눈을 통해 연결되오. 하지만 신적인 것 자체는 눈으로 볼 수 없고 혀를 통해 말할 수 없으며, 살을 매개로 접촉할 수 없고 들음으로써 알 수도 없소. 반면에 오직 혼의 가장 아름답고 가장 순수하며 가장 지적이고 가장 민첩하면서도 가장 중요한 측면으로 해서, 유사성을 통해 볼 수 있고 친족성을 통해 들을 수 있으니, 이는 모두를 한꺼번에 파악함으로써 이루어지는 것이오."

260 **신은 유도 아니고 종도 아니며 종차도 아니기 때문이다:** 즉 신은 정의되지 않는다. 바로 앞에서 신이 오직 지성을 통해서만 파악된다고 말하면서 정작 신은 정의될 수 없다고 주장하는 것은, 알키노오스가 신을

추론적 지성이나 반성적 사유의 대상이 아닌 일종의 직관지(直觀知)의 대상으로 보고 있음을 암시한다.

261 **신은 나쁜 것도 아니다. […] 좋은 것도 아니다. […] [좋고 나쁨과] 무관한 것도 아니다:** 확실히 나쁨(악, 결핍, 열등함, 추함 등)은 신에게 속하는 개념이 아니다. 반면에 플라톤이 『티마이오스』에서 '데미우르고스가 좋았다'라고 말했던 것과 달리 알키노오스는 신이 좋은 것이 아니라고 말한다. 왜냐하면 그렇게 말할 경우 신은 좋음을 분유하게 되는 셈인데, 이것은 바로 앞에서 부정했던 부수하는 성질을 신이 갖게 되는 것이기 때문이다. 알키노오스는 신이 선악을 초월한 것이어야 한다고 생각하는 것처럼 보인다. 마지막으로 '무관함'은 좋은 것, 나쁜 것과 함께 좋지도 나쁘지도 않은 무관한 것(adiaphoron)이라는 범주를 설정했던 스토아학파를 겨냥한 것이라 할 수 있다.

262 **신은 성질을 가진 것도 아니다. […] 그렇다고 성질이 없는 것도 아니다:** 신이 질적으로 규정되어서는 곤란하다. 그럴 경우 신은 성질에 의해 한정된다는 뜻인데, 이는 신이 유한하다고 이해될 수 있기 때문이다. 그렇다고 신이 성질이 없는 것이어서도 곤란하다. 왜냐하면 그 말은 마땅히 지녀야 할 것의 결핍(예컨대 시각이 결핍된 장님, 앎이 결핍된 무지)을 의미할 수 있기 때문이다.

263 **그는 무엇인가의 부분도 아니고, 전체로서 어떤 부분들을 지닌 것도 아니며, 따라서 무엇인가와 같거나 다르거나 하지도 않다. 왜냐하면 그를 다른 것들과 분리해 주는 어떠한 것도 그에게 부수하지 않기 때문이다. 또한 그는 움직이지도 움직여지지도 않는다:** 전체/부분, 같음/다름, 능동/수동을 모두 부정하고 있다. 알키노오스는 이 세 가지 대립쌍의 부정을 플라톤의 『파르메니데스』의 첫 번째 가정에서 가져온 것처럼 보인다. 즉 전체/부분의 부정은 137c~d의 논변을, 같음/다름의 부정은 139b~e의 논변을, 그리고 능동/수동의 부정은 138b~139b에서 다뤄지는 정지/운동의 부정 논변을 일부 변형한 것으로 짐작된다. 혹시 알키노오스는 『파르메니데스』의 논변을 자신의 부정신학의 원천으로 사용한

것이 아닐까? 서기 1세기 무렵의 신퓌타고라스주의자들과 3세기의 신플라톤주의자들이 플라톤의 『파르메니데스』를 신학-형이상학적으로 해석했다는 것은 잘 알려진 사실이지만, 이것이 중기 플라톤주의자인 알키노오스에게도 해당되는지는 확실치 않다. 특히 같은 시기의 중기 플라톤주의자인 알비노스가 『파르메니데스』를 신학적인 대화가 아니라 논리학적인 훈련을 담당하는 대화로 분류했던 사실을 생각해 보면(『서설』 III, 148, 31~32), 이 물음은 쉽게 결론짓기가 어려워 보인다.

264 **실로**(dē): 5절과 6절에서 알키노오스는 신을 파악하는 세 가지 방법을 체계적으로 소개한다. 그중 5절에서는 '제거를 통한 방법'과 '유비를 통한 방법'을, 6절에서는 이른바 '탁월함을 통한 방법'을 다룬다. 이 세 가지 방법은 이후 스콜라 철학에서 각각 '부정의 길(via negationis)', '유비의 길(via analogiae)', '탁월함의 길(via eminentiae)'이라는 이름으로 불리게 되는데, 알키노오스가 처음으로 이러한 체계를 확립했는지는 확실치 않다. 알키노오스와 거의 비슷한 시기에 활동했던 플라톤주의인자 켈소스도 이와 비슷한 주장을 펼쳤다고 하는데, 그에 따르면, '현자들[철학자들]은 이름이 없으며 제일가는 자를 파악했으니, 인간은 ① 다른 것들과의 종합을 통해서, 혹은 ② 그것들의 분석을 통해서, 혹은 ③ 유비를 통해서 신을 드러내 주는 개념을 파악할 수 있다고 주장한다(오리게네스, 『켈소스에 반대하여』 VII, 42). 여기서는 아마도 ②가 알키노오스의 '제거를 통한 방법'에 해당한다고 볼 수 있다.

265 **제거에 의한 것**: '제거'는 'aphairesis'의 번역으로 '사상(捨象)'이라고도 한다. 이것은 사고 실험을 통해, 탐구 대상으로부터 감각적인 요소들을 하나하나 제거해 나가면서 가지적인 것들에 이르는 과정을 말한다. 알키노오스는 이 사례로 감각 대상(예컨대 피라미드)으로부터 면과 선과 점을 파악하는 방식을 언급하는데, 이런 모습은 중기 플라톤주의자들에게서 종종 찾아볼 수 있다. 예컨대 플루타르코스, 『플라톤 철학의 물음들』 1001E~1002A: "[…] 그러므로 움직이는 것들로부터

소리를 제거하고, 고체인 것들로부터는 운동을, 면들에서는 깊이를, 그리고 양들로부터는 크기를 제거함으로써, 우리는 가지적인 이데아들 그 자체에 도달할 것이다." 이런 추상화 과정의 핵심은 물체적인(경험적인) 것들로부터 비물체적인(경험 초월적인) 것으로의 이행에 있다고 볼 수 있다.

266 **그것은 태양이 […] 시각에 대해서는 볼 수 있게 해 주고, 시각 대상에 대해서는 보일 수 있게 해 준다는 것이다**: 플라톤, 『국가』 VI, 508a~509b 참조.

267 **누군가가 몸에 나타난 아름다움을 보고 […] 아름다움의 대양(大洋)을 향해 나아가니**: 플라톤, 『향연』 210a~e 참조. 알키노오스는 변증술을 다룰 때도(V, 5, 157H16~21) 같은 대목을 요약한 바 있다.

268 **빛이 나타나서 그렇게 상승하고 있는 혼을 밝혀 주는 것처럼 말이다**: 플라톤, 『일곱 번째 편지』에서 묘사한 철학적 지혜와의 조우 과정을 연상시키는 대목이다. 플라톤, 『일곱 번째 편지』 341c~d 참조. 알키노오스가 보기에는 우리가 『향연』에서 말하는 '에로스의 사다리'와 같은 방식으로 감각적인 것들로부터 신에 대한 사유를 향해 상승하는 것은 맞지만, 그 과정이 순차적이거나 연속적으로 진행되는 것은 아니다. 오히려 마지막 단계에서는 오랜 고생 끝에, 일종의 비약 내지는 어떤 급작스러운 조우를 통해, 우리가 신을 관조하는 데 도달한다고 보는 듯하다.

269 **귀중함 속에 있는 탁월함**: '탁월함'은 'huperochē'를 옮긴 것이다. 알키노오스는 신을 사유하는 이 세 번째 방법의 이름을 명명하지 않았지만, 학자들은 '무리를 넘어섬', '우월', '발군', '출중'을 뜻하는 그리스어 'huperochē'에 주목해 왔다. 즉 고귀한 것들의 무리에서도 신의 고귀함은 머리 하나 정도 솟아 있는 것(huperochē)이기에, 우리가 신을 알아볼 수 있다는 것이다. 스콜라 철학자들이 이 세 번째 방법을 '탁월함의 길(via eminentiae)'로 명명한 것 역시 이런 이유에서라 하겠다.

270 **신은 부분이 없는 것이니, 자기보다 앞선 무엇인가가 없기 때문이다. 왜냐하면 부분이자 전체를 이루는 요소는 그 부분으로 이루어진 전체보다 앞서**

존재하기 때문이다: 이 논증은 다음과 같이 이해할 수 있다.

반대 가정	만약 신이 부분을 갖는다면, 신을 구성하는 부분들이 신보다 앞설 것이다.
가정을 뒷받침 해 주는 사례	예컨대 면은 그것으로 이루어진 입체보다 앞서며, 선은 그것으로 이루어진 면보다 앞선다.
전제	하지만 (만물의 창조자인) 신보다 앞서는 것은 아무것도 없다.
결론	그러므로 신은 부분을 갖지 않는다.

271 더욱이 부분을 갖지 않기에, 그는 장소적으로나 성질 변화에 있어서나 부동일 것이다: 이 논증은 부분이 없다면 이동하거나 변화할 것도 없다는 생각에 기반한 것이다.

272 만약 신이 변화한다면, 그것은 자신에 의해서이거나 다른 것에 의해서일 것이다. […] 하지만 양자 모두 불합리하다: 이 논증은 반대되는 가정으로부터 모순된 결론을 유도하는 일종의 귀류법적인 형식을 띠고 있는데, 다음과 같이 재구성할 수 있다.

반대 가정	만약 신이 변화한다면, 신은 ① 다른 것에 의해 변하거나 ② 자신에 의해 변할 것이다.
가정 ①	만약 신이 다른 것에 의해 변한다면, 그 다른 것이 신보다 더 강할 것이다.
(숨은 전제)	(하지만 신보다 더 강한 무엇인가가 있다는 것은 불합리하다.)
결론 ①	따라서 신은 다른 것에 의해 변하지 않는다.
가정 ②	② 만약 신이 자신에 의해 변한다면, 신은 ㉮ 더 나쁘게 되거나 ㉯ 더 좋게 될 것이다.
(숨은 전제)	(하지만 신이 ㉮ 나쁘게 된다는 것은 불합리하다.)
	(또한 신이 ㉯ 좋지 않았거나 덜 좋았다가 좋게 된다는 것도 불합리하다.)
결론 ②	따라서 신은 자신에 의해서도 변하지 않는다.
전체 결론	신은 다른 것에 의해서도, 자신에 의해서도 변화하지 않는다.

273 이 모든 것들로부터 신은 비물체라는 것 역시 명백해진다: '이 모든 것들', 즉 신이 부분을 갖지 않고 부동이라는 사실로부터 알키노오스는 신

이 비물체라고 주장한다. 물질적인 수준에서 부분을 갖지 않고, 자신에 의해서든 타자에 의해서든 운동과 변화를 겪지 않는다는 사실은 확실히 신의 비물체성을 잘 드러내 준다. 하지만 알키노오스는 이것에 대해서도 바로 아래에서(166, 1~7) 추가적인 논증을 펼친다.

274 만약 신이 물체라면, 그는 질료와 형상으로 이루어질 것이다. […] 하지만 신이 질료와 형상으로 이루어진다는 것은 불합리하다. […] 그러므로 신은 비물체일 것이다: 이 논증 역시 반대 가정을 통해 불합리한 결론을 도출하는 일종의 귀류법적인 형식을 취하며, 다음과 같이 재구성해 볼 수 있다.

반대 가정	만약 신이 물체라면, 신은 질료와 형상으로 이루어졌을 것이다.
(가정의 이유)	(왜냐하면 모든 물체는 질료와 형상의 결합물로서, 이데아를 닮고 그것을 분유하기 때문이다.)
전제	질료와 형상으로 결합된 것은 단순하지도 근원적이지도 않다.
(생략된 전제)	(신은 단순하고 근원적인 존재이다.)
가정의 부정	그렇다면 신은 질료와 형상으로 이루어진 것일 수 없다.
결론	그러므로 신은 비물체이다.

275 만약 신이 물체라면, 그는 질료로 이루어질 것이다. […] 하지만 그것들 각각은 신에게 있어서 불합리한 것이다: 여기서도 알키노오스는 신이 물체라고 가정한 뒤에 도출되는 불합리함을 지적함으로써, 신의 비물체성을 논증하고 있다. 다만 앞에서는 물체를 질료와 형상의 결합물로 규정했던 것과 달리 여기서는 물체를 질료 내지는 불, 공기, 물, 흙과 같은 질료적 요소들로 간주하고 논변을 전개한다. 어쩌면 이것은 에피쿠로스주의나 스토아 철학 같은 이른바 유물론적 신학을 겨냥한 것일지도 모른다. 아무튼 알키노오스는 '신이 물체라면 질료로 이루어져 있을 것'이라고 가정하며, 이로부터 세 가지 문제점들을 다음과 같이 지적한다. ① 질료는 근원적이지 않기에, 신이 질료로 되어 있다면 신 역시 근원적이지 않은 것이어야 하는데, 이는 불합리하

다. ② 신이 질료로 되어 있다면 신을 구성하는 부분인 질료가 신에 앞설 텐데, 이는 만물의 창조자인 신에게 허용될 수 없는 것이다. ③ 어찌 됐든 물체는 생성, 변화, 소멸을 겪는 것인 만큼 신이 물체라면 같은 일을 겪을 텐데, 신이 생성, 변화, 소멸을 겪는다는 것은 불합리하다.

276 **성질들도 다음의 방식으로 비물체적인 것으로 입증될 것이다:** 성질이 비물체적이라는 주장은 스토아학파를 겨냥한 것으로 보인다. 왜냐하면 스토아 철학자들은 성질을 우주의 능동 원리 가운데 한 부분으로 간주하면서, 이것이 물체적인 것이라고 보기 때문이다. 예컨대 심플리키오스, 『아리스토텔레스의 「범주론」 주석』 217, 32~33 [= SVF II, 389, p. 128, 16~18 = LS 28L]: "그런데 스토아 철학자들은 물체들의 성질들이 물체적인 반면, 비물체들의 성질은 비물체적이라고 말한다."

277 **모든 물체는 기체이다. 반면에 성질은 기체가 아니라 부수하는 것이다. 그러므로 성질은 물체가 아니다:** 기체와 기체에 부수하는 것의 구별에 기반한 논변으로, 이 구별은 아리스토텔레스에게서 비롯된 것이다. 이와 관련해서는, 아프로디시아스의 알렉산드로스, 『아리스토텔레스의 「영혼에 관하여」 부록』 122, 32~123, 4: "또한 자연적인 운동을 일으키는 모든 물체는 물체로서 장소적으로 운동을 일으키며, [···] 하지만 어떠한 성질도 그 자체로는 장소 운동을 일으키지 못한다. 그렇다면 성질은 물체가 아니다."

278 **성질은 성질과 대립하지만, 물체는 물체와 대립하지 않는다:** 물체와 달리 성질이 반대자를 갖는다는 생각(예컨대 정의 ↔ 부정의, 뜨거움 ↔ 차가움)은 아리스토텔레스에게서 비롯된 것이다. 다만 아리스토텔레스도 지적하듯이 모든 성질들이 반대자를 갖는 것은 아니다. 예컨대 노랑이나 빨강과 같은 빛깔들에는 딱히 반대되는 성질이 없다(아리스토텔레스 『범주론』 8, 10b12~25 참조).

279 **질료가 성질이 없는 것이듯이 성질은 비질료적인 것이다:** 이 논변은 질

료가 형태도 속성도 갖지 않는 것이라는 규정에 기반한다(VIII, 162, 32~39). 질료가 성질을 결여한 것인 이상 성질 역시 질료를 결여한 것일 수밖에 없다.

280 **만약 성질도 물체라면, 두세 개의 물체가 같은 장소에 있게 될 것이다:** 두 물체가 동일한 장소를 점유할 수 없다는 생각은 고대 자연철학에서 일종의 공리와도 같은 것이다. 예컨대 아프로디시아스의 알렉산드로스, 『아리스토텔레스의 「영혼에 관하여」 주석』. 20, 15~18: "그런데 어떤 물체에 의해 채워진 장소가 동일한 상태를 유지하면서 다른 물체를 받아들일 수 있다고 말하는 것이 어찌 불합리하지 않다고 하겠는가? 그곳을 채운 물체가 그 안에 머물 뿐 어딘가로 이동하지 않은 이상 말이다."; 『아리스토텔레스의 「영혼에 관하여」 부록』 123, 12~13: "[만일 성질이 그 자체로 물체라면] 같은 것 안에 다수의 물체가 있을 것이다. 하지만 우리는 이것이 불가능하다고 다른 곳에서 제시한 바 있다." 알키노오스는 이 논변을 통해 스토아학파의 혼합 개념을 겨냥하고 있는 것처럼 보인다.

281 **이것들의 제작자:** 이데아나 신과 같은 원리들을 말한다.

282 **작용하는 것들도 비물체적인 것들 이외에 다른 것일 수 없다:** 알키노오스는 '작용하는 것'을 뜻하는 그리스어 'poioun'과 '성질'을 의미하는 'poiotēs'이 어원적으로 유사하다는 생각에 기반하여 이렇게 주장하는 것처럼 보인다. 즉 작용하는 것이 비물체라면, 이것과 유사한 성질 역시 비물체적이라는 것이다. 여기서도 작용하는 것을 비물체라고 말하는 것은 스토아 철학자들이 물체적인 것으로 간주한 능동 원리를 겨냥한 것으로 보인다.

283 **물체는 겪는 것이고 유동적인 상태에 있을 뿐 언제나 동일성과 한결같음을 유지하는 것이 아니고, 안정적이지도 확고하지도 않으며:** 물체(즉 질료)의 유동적이고 불안정한 상태는 가지적인 실체(즉 형상)의 움직이지 않고 안정적인 상태에 대조된다(I, 2, 152, 10~11 참조).

284 **뭔가 작용하는 듯 보이는 것들도 더 앞에서 보면 작용을 겪는 것들로서 발**

견된다. 따라서 순수하게 겪을 수 있는 것이 있듯이 마찬가지로 오롯이 작용할 수 있는 것 역시 있다는 것이 필연적이다. 그런데 우리는 이것이 비물체인 것 이외에 다른 것이 아님을 발견하게 될 것이다: 예컨대 물체인 당구공 a가 굴러가서 당구공 b를 때린다고 할 때, 당구공 a는 작용자인 것처럼 보이지만, 사실은 그 전에 역시 물체인 큐대에 의해 작용을 겪은 것이고, 큐대 역시 작용자처럼 보이지만 그것을 휘두른 사람의 팔에 의해 작용을 겪은 것이다. 그리고 그의 팔을 움직인 것은 혼이다. 즉 혼 ⇨ 팔 ⇨ 큐대 ⇨ 당구공 a ⇨ 당구공 b의 순서로 운동이 진행된 것이다. 이 과정에서 마지막에 움직인 당구공 b는 순수하게 작용만 받는 물체이고, 맨 처음에 사람의 몸을 움직인 혼은 순수한 작용자로서 비물체에 해당한다.

285 1절 전체의 내용은 서기전 1세기의 스토아 철학자인 아레이오스 디뒤모스의 텍스트와 매우 유사해서 알키노오스가 아레이오스의 저술을 정리 요약했거나, 아니면 적어도 아레이오스가 자신의 저술에 사용했던 것과 동일한 전거를 알키노오스 역시 사용했을 가능성이 높다(아레이오스 디뒤모스, in 에우세비오스, 『복음을 위한 준비』 XI, 23, 3~6; 스토바이오스, 『선집』 I, 12, 135, 20~136, 14). 또한 1절 마지막의 우주 제작자에 관한 논의를 비롯하여 12장부터 22장까지는 거의 대부분 플라톤의 『티마이오스』에 대한 요약으로 이루어져 있다. 알키노오스를 비롯한 중기 플라톤주의자들에게 『티마이오스』는 대화편들 가운데서도 플라톤 철학의 정수가 담긴 궁극의 작품으로 간주되었으며, 『티마이오스』가 누렸던 권위는 3세기에 이르러 신플라톤주의자들에 의해 『파르메니데스』에게 옮겨갈 때까지 지속되었다. 한편, 알키노오스의 논의가 그보다 약 200년 정도 앞선 서기전 1세기 무렵의 아레이오스 디뒤모스와 유사한 점을 고려한다면, 『티마이오스』를 플라톤 철학의 정수로 간주하는 경향은 더 오래전부터, 그것도 플라톤주의자들뿐만 아니라 스토아 철학자들 사이에서도 있었을 것이라고 짐작할 수 있다.

286 **하나의 인장(印章)으로부터 여러 인영(印影)들이 생겨나고:** 플라톤, 『정치가』 258c 참조. 또한 프로클로스, 『플라톤의 「파르메니데스」 주석』 840, 2~4: "[이데아에 참여할 때] 질료가 뭔가를 겪는다고 생각하는 사람들은 마치 밀랍이 인장에 의해 찍히듯이 질료가 찍힌다고 주장하며, [사물에 내재한] 형상들을 질료의 겪음이라고 부른다."

287 **지극히 경이로운 구상과 조정에 따라:** '구상'으로 옮긴 'pronoia'는 맥락에 따라 '섭리'로 번역되기도 한다(이 개념의 의미와 역사에 관해서는 김유석 2019, 203~205, n. 97 참조). 한편, 'pronoia'와 함께 언급된 'diaita'의 경우 번역하기가 매우 어렵다. 이 말은 일차적으로 '거주' 혹은 '생활 방식'을 의미한다. 하지만 우주 제작에 왜 난데없이 이런 말이 언급되는지 이해하기 어렵다. 드물긴 하지만 '중재'나 '조정'의 의미로 사용되는 경우도 있는데, 그나마 이것이 위의 맥락과 어울린다고 할 수 있다. 혹자는 텍스트의 흠결이 있다고 보아 원래는 'di⟨kaiōtatēn⟩ ait⟨i⟩an(가장 정의로운 원인)'이었으리라고 추측하기도 하는데, 굳이 텍스트를 고쳐 읽을 필요까지는 없어 보인다.

288 **그는 모든 질료를 가지고서 우주를 제작했으니, [···] 흔적들로서 있으며, 요소들의 특성을 받아들이는 능력을 지닐 뿐 비율도 적도도 결여된 채 질료를 흔들어 대는가 하면, 다시 그 질료로 인해 자기들이 흔들리는 것들이었다:** 『티마이오스』 52e~53b의 요약이다. 다만 플라톤과 달리 알키노오스는 우주 제작 이전의 상태를 '질료'라는 이름으로 적시하고 있다.

289 **먼저 그는 생겨난 것이 물체의 형태여야 하고, [···] 그런 이유로 그는 비례의 방식에 따라 불과 흙의 중간에 공기와 물을 배치했던 것이다:** 『티마이오스』 31b~32c의 요약이다.

290 **신은 바깥에 아무것도 남겨 놓지 않음으로써, [···] 우주를 자족적이며 바깥의 어떠한 것도 필요치 않은 것으로 만들었다:** 아닌 게 아니라 『티마이오스』에서 신이 천체를 구성하는 데 불, 공기, 물, 흙을 모두 사용했다는 이야기(32c~33b)는 우주가 유일한 것으로서 그 바깥에는 아무것도 없다는 주장(31a~b, 55c~d)의 근거가 된다.

291 **구형이야말로 형태들 중에서도 ① 모양이 가장 좋고, ② 공간이 가장 넓으며, ③ 움직임이 가장 좋은 것:** 알키노오스는 신이 천체를 구형으로 만든 이유를 세 가지로 설명하고 있다. 이것들 가운데 ①은 『티마이오스』(33b)에서 찾아볼 수 있지만, ②와 ③은 『티마이오스』에 나오지 않는다. 심지어 ③의 경우, 『티마이오스』(56a~b)에서는 가장 좋은 움직임이라는 성질이 구체가 아닌 사면체에 부여된다. 다만 ②, 즉 공간적으로 가장 넓은 것이 구체라는 것은 비록 『티마이오스』에 언급되지는 않지만, 플라톤 주석가들 사이에서 일반적으로 받아들여지던 견해였던 것처럼 보인다. 예컨대 프로클로스, 『플라톤의 「티마이오스」 주석』 II, 71, 3: "아마도 구체는 둘레가 같은 입체들 가운데 공간적으로 더 넓기 때문일 것이다."; II, 76, 7~8: "둘레가 같은 입체들 가운데 공간적으로 가장 넓은 것이 구체라는 사실."

292 **우주는 시각도, 청각도, 그와 같은 다른 어떤 것도 필요하지 않았기에, [···] 오직 원운동만을 지성과 슬기에 적절한 것으로서 그것에 부여했다:** 플라톤, 『티마이오스』 33b~34a 참조.

293 **우주를 구성하는 것으로는 몸과 혼 두 가지가 있는데:** 우주는 거대한 구형태(천구)로서 혼과 몸을 지닌 하나의 생명체로 간주되었다. 예컨대 플라톤, 『티마이오스』 92c; 플루타르코스, 『플라톤 철학의 물음들』 1001B: "우주를 구성하는 두 개의 존재, 즉 몸과 혼 가운데 [···]."

294 **하나는 볼 수 있고 만질 수 있는 것인 반면, 다른 하나는 볼 수 없고 만질 수 없는 것이며:** 전자는 몸이고 후자는 혼을 말한다. 예컨대 플라톤, 『티마이오스』 36e~37a; 『파이돈』 79a~b. 이런 구분으로부터 가시적인 몸은 감각의 대상인 반면, 가지적인 혼은 감각이 아니라 사유와 추론을 통해서 파악된다.

295 **정사면체, 정육면체, 정팔면체, 정이십면체, 정십이면체:** 플라톤은 『티마이오스』(53c~56c)에서 요소 삼각형들로부터 네 종류의 입체를 구성하고, 각 입체들마다 요소들을 할당하지만(정사면체 ⇔ 불, 정팔면체 ⇔ 공기, 정이십면체 ⇔ 물, 정육면체 ⇔ 흙), 막상 '정사면체(puramis, 55c)'

말고 나머지 도형들의 이름은 언급하지 않는다. 더욱이 하늘의 천정을 구성하는 입체로 짐작되는 정십이면체의 경우 그 이름은 물론 기능이나 할당되는 요소들에 대해서는 아무런 설명도 없이, 그저 '우주를 다채롭게 그려 내기 위해 다섯 번째 물체를 사용했다'라고 슬쩍 언급하고 지나갈 뿐이다. 반면에 알키노오스는 각각의 도형들의 이름과 할당된 요소들을 분명하게 언급하는데, 이 주제들은 플라톤주의자들 사이에서도 활발한 논의가 이루어졌다(예컨대 플루타르코스, 『플라톤 철학의 물음들』 1003B~1004A; 아풀레이우스, 『플라톤에 관하여』 I, 7, 195~196; 칼키디우스, 『플라톤의 「티마이오스」 주석』 321, 15~24 등). 또한 플루타르코스는 『신탁이 사라진 것에 관하여』(427A~E)에서, 『티마이오스』의 요소 삼각형과 관련된 주제를 깊이 있게 다룬 사람은 솔로이 출신의 테오도로스라는 수학자이자 플라톤주의자였다고 말한다. 테오도로스는 구아카데메이아 시기의 철학자로 알려져 있기에, 천체의 구성 요소들과 그 기하학적 구조에 관한 논의는 서기전 4~3세기에 이미 상당한 수준으로 다뤄졌던 것으로 짐작된다.

296 **가장 성긴**: 가볍고 경쾌하다는 의미로 이해할 수 있다.

297 **하늘에 있는 황도대(黃道帶)의 회전에서는 열두 개의 황도궁(黃道宮)이 관찰되며**: 황도(黃道)는 지구에서 하늘을 올려다보았을 때, 태양이 지나가는 천구상의 길을 말한다. 그런데 고대인들이 보기에 그 길에는 동물을 비롯하여 열두 개의 다양한 그림들(즉 별자리)이 그려져 있다. 사실 '황도궁'으로 옮긴 그리스어 'zōdion'은 원래 동물을 뜻하는 'zōion'의 지소사(指小詞)로서 '작은 동물'이라는 뜻이며, '황도대'로 옮긴 'zōidiakōn kuklon' 역시 '작은 동물들로 이루어진 원'이라는 뜻이다. 지상의 요소들(불, 공기, 물, 흙)이 정사면체, 정팔면체, 정이십면체, 정육면체라는 네 종류의 다면체들로 구성된 것과 달리 천구의 요소들은 정십이면체로 구성되었는데, 이것은 황도궁의 개수가 열두 개인 것과도 잘 부합한다. 특기할 만한 점은 막상 『티마이오스』에는 '황도궁'이라는 말이 등장하지 않는다는 사실이다. 다만 플라톤은 '신

이 이 우주를 다채롭게 그려내는 데 정십이면체를 사용했다'라고 말하는데(55c), 이것이 천구에 장식된 열두 개의 황도궁을 암시할 것이라는 추측은 가능하다(플루타르코스, 『플라톤 철학의 물음들』 1003C~D 참조).

298 **서른 개의 부분**: 각각의 황도궁은 30도씩의 경도(經度)로 나뉘어 있다(30도 × 12궁 = 360도).

299 **다섯 개의 삼각형들**: 정오각형은 내각이 54도, 54도, 72도인 이등변삼각형 다섯 개로 이루어진다.

300 **삼백육십 개의 삼각형들**: 360 = 12(오각형) × 5(삼각형) × 6(요소 삼각형).

301 **황도대에 속하는 부분들만큼인**: 황도대의 전체 경도인 360도를 말한다.

302 **물체가 빠진 어떠한 허공도 남아 있지 않으며**: 플라톤의 우주는 꽉 차 있으며 허공은 존재하지 않는다(『티마이오스』 58a; 59a; 79b 참조).

303 **물체들을 혼 안에 나타내는 기능들과 관련하여 〈…〉**: 텍스트에 흠결이 있다. 『티마이오스』의 논의 순서에 따라 짐작해 보면, '물체들의 구성에 관한 설명을 마친 후에' 정도의 내용이 들어 있을 것으로 짐작된다. 플라톤의 혼 이론에 관한 이하의 설명은 그보다 약 50년 정도 앞선 플루타르코스에게서도 발견되는데(『「티마이오스」에서 혼의 생성에 관하여』 1012F~1013A), 혹자는 이 논의가 구아카데메이아의 크란토르에게서 비롯되었을 것으로 보기도 한다(J. Whittaker, 1990, 112~113, n. 257 참조).

304 **그는 나눌 수 없는 가지적인 어떤 존재가 있고, 몸과 관련하여 부분으로 나뉠 수 있는 다른 존재가 있다고 말하면서, 이것들로부터 단일한 존재를 구성해 내었다**: 플라톤, 『티마이오스』 35a~b; 플루타르코스, 『「티마이오스」에서 혼의 생성에 관하여』 1013B~C 참조.

305 **앞의 두 존재들 각각과 접촉할 수 있음을**: 즉 나뉠 수 없는 가지적인 존재와 몸을 지니며 나뉠 수 있는 감각적인 존재의 혼합으로 이루어진 혼은 양자의 매개자로서 둘 모두에 관여할 수 있다.

306 퓌타고라스주의자들의 견해처럼 닮은 것이 닮은 것에 의해 알려지거나: 아리스토텔레스는 이 견해를 엠페도클레스의 것으로 돌린 바 있다. 예컨대 『영혼에 관하여』 I, 2, 404b8~15 [= 『선집』 415]: "왜냐하면 우리는 흙으로써 흙을 보며, 물로써 물을, / 아이테르로써 신적인 아이테르를, 불로써 파괴적인 불을, / 또한 사랑으로써 사랑을, 참담한 불화로써 불화를 보기 때문이다'." 다만 엠페도클레스의 이 단편은 퓌타고라스와 관련된 것으로 간주된다(예컨대 섹스토스 엠페이리코스, 『논리학자들에 반대하여』 I, 92; 칼키디우스, 『「티마이오스」 주석』 100, 10~11).

307 자연학자인 헤라클레이토스의 견해처럼 닮지 않은 것이 닮지 않은 것에 의해 알려지기 때문이다: 예컨대 테오프라스토스, 『지각에 관하여』, [= *Dox. graec.*, 499, 1~4]: "지각과 관련하여 다수를 차지하며 일반적인 견해들은 둘이다. 왜냐하면 어떤 이들은 닮은 것을 통해(tōi homoiōi) 지각이 생긴다고 주장하며, 다른 이들은 반대인 것을 통해(hoi de tōi enantiōi) 생긴다고 주장하기 때문이다. 파르메니데스와 엠페도클레스와 플라톤은 닮은 것을 통해서라고 주장하는 반면, 아낙사고라스와 헤라클레이토스의 동료들은 반대인 것을 통해서라고 주장하는 것이다." 알키노오스는 플라톤이 같음(동일자)과 다름(타자)으로부터 혼(앎의 원리)을 구성한 것의 기원을 퓌타고라스(닮음을 통한 앎)와 헤라클레이토스(닮지 않음을 통한 앎)에게서 찾는 것처럼 보인다. 참고로 플라톤 인식론의 기원을 파르메니데스-퓌타고라스적 사유와 헤라클레이토스적 사유의 종합에서 찾는 입장으로는, T.H. Irwin, 2022, 45~48 참조.

308 그런데 그가 우주는 생겨난 것이라고 말할 때, [···] 오히려 신은 질서를 부여하거니와, 그런 점에서는 그가 만든다고도 말할 수 있을 것이다: 플라톤이 『티마이오스』에서 묘사한 것과 달리 알키노오스는 신이 직접 우주를 제작한 게 아니라고 본다. 우주는 언제나 생성 · 변화 중일 뿐이며, 신은 질서를 부여하고 주관하는 자이다. 즉 『티마이오스』의 우주 제작을 글자 그대로 받아들일 것이 아니라 하나의 비유로서 해석

하는 것이다. 이런 해석은 같은 중기 플라톤주의 철학자들 안에서도 『티마이오스』의 우주론을 글자 그대로 해석하는 앗티코스와는 구별되는 점이라 하겠다. 예컨대 에우세비오스, 『복음을 위한 준비』 XV, 6, 1~17 [= Fr. 4 des Places] 참조.

309 **일종의 깊은 혼수상태나 잠에서 깨우듯이**: 막시모스 튀리오스, 「배움이 상기라면」, in 『철학적 연설들』 X, 1, 111.19~112.2: "그런데 만일 어떤 혼이 있어서 깨끗하며 술에 취하지도 않고, 이곳의 혼수상태나 포만감으로 인한 문제들을 거의 겪지 않는다면, [… 그것이 만나게 되는 꿈들은] 분명하고 구별되며 진리에 가장 가까운 것들임에 분명합니다.".

310 **신 자신의 가지적인 대상들, 그의 사유물들**: 즉 이데아들을 말한다(주 241, 242 참조).

311 **혼이 깃든 완성품이 […] 우월하기 때문인데**: 예컨대 플라톤 『티마이오스』 30b~c 참조. 다만 '완성품'으로 옮긴 그리스어 'apotelesma'는 플라톤 시대가 아니라 헬레니즘 시대에 등장한 용어이며, 특히 스토아 철학자들 사이에서 널리 사용되었다. 예컨대 에픽테토스, 『담화록』 I, 4, 13: "이를테면 내가 운동선수와 대화한다고 가정해 봅시다. '당신의 어깨를 보여 주시오.' — '내 아령들을 보시오.' — […] '내가 보고 싶은 것은 아령을 통해 완성된 것(apotelesma)이란 말이오!'"

312 **아마도 지성이 혼 없이 존립한다는 것은 불가능할 것이다**: 혼이 몸보다 앞서고 우월한 것이면서도, 정작 혼이 몸을 벗어나서는 있을 수 없다는 플라톤의 묘사(『티마이오스』 30b)는 중기 플라톤주의자들에게 적잖이 당혹스러운 문제였던 것처럼 보인다. 이를테면 플루타르코스는 다음과 같은 질문을 던진다. 『플라톤 철학의 물음들』 1002F: "도대체 왜 플라톤은 언제나 혼이 몸보다 더 연장자이고 몸의 생성의 원인이자 원리라고 말하면서, 이번에는 몸이 없다면 혼이 생겨나지 않았을 것이요 혼이 없다면 지성도 생겨나지 않았을 것이며, 혼은 몸 안에, 지성은 혼 안에 있다고 말하는가? 왜냐하면 몸이 혼과 함께 있으

면서 혼에 의해 생겨난 것이라고 한다면, 몸은 있는 것인 동시에 있지 않은 것이라고 생각될 것이기 때문이다." 그런가 하면 앗티코스는 플라톤의 이 대목이 아리스토텔레스와 달라지는 부분이라고 지적하기도 한다. 예컨대 앗티코스, 『단편』 7, 81~84: "[플라톤과 아리스토텔레스는 심신 관계에서도 다른 입장을 취한다.] 왜냐하면 플라톤은 지성이 혼 없이 존속하는 것은 불가능하다고 주장하는 반면, 아리스토텔레스는 혼에서 지성을 분리하기 때문이다"(아리스토텔레스, 『영혼에 관하여』 II, 2, 413b24~27; III, 5, 43-a22-23 참조). 이것이 논란거리가 되는 이유는 예컨대 '우주 제작자이자 신인 데미우르고스에게도 혼이 있는가'와 같은 골치 아픈 문제가 제기될 수 있기 때문이다. 이와 관련하여 프로클로스는 '지성이 몸에 깃들기 위해서는 혼이 반드시 필요하지만, 지성이 굳이 몸에 들어가지 않는 이상, 반드시 혼이 필요한 것은 아니다'와 같은 답을 제시하기도 한다(『플라톤의 「티마이오스」 주석』 I, 402, 24). 위의 대목에서 '아마도(isōs)'와 같은 표현은 이 문제에 대한 알키노오스의 신중한 태도를 반영하고 있는 것이 아닐까?

313 **혼은 [우주의] 중심으로부터 한계까지 뻗어 나갔고, 우주의 몸[천체]을 전체에 걸쳐 둥글게 둘러싸고 뒤덮게 되었다**: 알키노오스는 우주 혼이 천체를 감싸고 뒤덮는다고 말함으로써, 혼이 몸 안에 있는 게 아니라 몸이 혼 안에 있다는 플라톤의 묘사(『티마이오스』 34b)를 충실히 따르고 있다. 하지만 이런 묘사는 같은 대화편에서 "지성을 혼 안에, 혼을 몸 안에 넣었다"라고 말한 대목(30b~c)과 상충하는 것처럼 보이기도 한다. 이와 유사한 논의는 헬레니즘과 고대 후기의 철학자들에게서도 찾아볼 수 있다. 아킬레우스 타티오스, 『아라토스의 「현상들」 입문』 [= Fr. 149, 9~10 EK]: "포세이도니오스의 주장에 따르면, 에피쿠로스주의자들은 몸이 혼을 포함하는 게 아니라 혼이 몸을 포함한다는 사실을 알지 못했다. 마치 아교가 자기 자신과 바깥쪽의 것들을 붙이듯이 말이다."; 막시모스 튀리오스, 『철학적 연설들』 IX, 5, 106.3~4: "그러므로 [혼과 몸의] 결합에 있어서 포함되는 것은 몸이

고, 포함하는 것은 혼이다."

314 **바깥쪽 것은 잘리지 않은 채로 머무는 반면, 안쪽 것은 […] 일곱 개의 회전으로 잘렸기 때문이다:** 플라톤, 『티마이오스』 36c~d 참조. 데미우르고스는 동일자의 원은 그대로 두고, 타자의 원을 여섯 번에 걸쳐 분할하여 여섯 개의 간격으로 도는 일곱 개의 궤도(1, 2, 3, 4, 8, 9, 27)를 만든다. 이것들은 각각 플라톤 시대에 알려져 있던 일곱 행성, 즉 달, 태양, 수성, 금성, 화성, 목성, 토성의 궤도가 된다.

315 **안쪽에 있는 것들의 운동은 다채로우며, [별들의] 뜨고 짐에 따라 다양하게 변하거니와, 그런 이유로 '방황하는'이라고도 불린다:** 일곱 개의 궤도를 따라 도는 행성들의 운동을 설명한 것이다. '뜨고 짐에 따라 다양하게 변한다'는 말은 행성들이 출몰하는 시각과 지점의 상이성 및 변화를 가리키는 것처럼 보인다. '방황'으로 옮긴 'planētis'는 물론 행성(planet)의 운동을 의미한다. 플라톤, 『티마이오스』 38c 참조.

316 **안쪽 운동은 지는 쪽에서 뜨는 쪽으로 우주[천구의 회전]에 맞서며 왼쪽으로 운행하는 것이다:** 플라톤, 『티마이오스』 36d; 38c~d 참조. 안쪽 운동은 타자의 운동이자 여섯 개로 분할된 궤도를 따르는 행성들의 공전을, 우주[의 회전]는 천구의 자전을 의미한다. 그런데 다름의 운동은 전체적으로 같음의 운동에 지배당하기에, 행성들은 저마다 자기 궤도를 따라 왼쪽으로 돌면서도 행성의 궤도들은 모두 천구의 자전에 의해 오른쪽으로 회전한다. 그러므로 달이나 태양은 한 달 혹은 1년 간격으로 자기들의 궤도를 완주하지만(다름의 운동), 천구의 자전에 따라 매일 동쪽에서 떠서 서쪽으로 지는 것이다(같음의 운동).

317 **행성들과 항성들:** '행성'은 'astēr'를 '항성'은 'astron'을 옮긴 것이다. 고대인들의 관점에서, 항성은 천구에 붙어서 천구의 회전을 따라 규칙적으로 도는 천체들을, 행성은 천구 안쪽에서 지구 주위를 도는 천체들을 말한다. 오늘날에는 스스로 빛을 발하는 별과, 별의 주위를 돌며 그 빛을 반사하는 행성을 구별하며 행성을 별이라고 부르지 않지만, 고대인들에게는 아직 그런 관념이 없었다. 또한 지구가 우주의

중심에 고정되었다고 믿었던 고대인들의 눈에는, 행성들이 서로 쫓고 쫓기는가 하면 심지어는 궤도를 역행하는 등 불규칙하게 방황하는(planaō) 것처럼 보였기에, 행성을 '떠돌이별(planētes astēres)'이라고도 불렀다.

318 **우주 운동의 간격으로서 시간을 만들었는데, 이것은 영원의 모상으로서, 영원한 우주가 지닌 영속성의 척도인 것이다:** 플라톤, 『티마이오스』 37d 참조. 다만 알키노오스의 표현 가운데 '우주 운동의 간격'은 『티마이오스』에 나오지 않는다. 사실 이것은 시간에 대한 스토아학파의 정의로 알려져 있다. 예컨대 스토바이오스, 『선집』 I, 106, 5 [= SVF II 509, p. 604, 14~16]: "그런데 크뤼시포스에 따르면, 시간은 운동의 간격으로서, 이것을 통해 때로는 빠름과 느림의 척도라고 말해지기도 하는 것이다."; 심플리키오스, 『아리스토텔레스의 「범주론」 주석』 350, 15~16 [= SVF II 510, pp. 604, 38~605, 1]: "[아리스토텔레스가 시간을 운동의 수라고 말했던 반면] 스토아 철학자들 가운데 제논은 간단히 말해서 시간은 모든 운동의 간격이라고 말했다. 그리고 크뤼시포스는 우주 운동의 간격이라고 말했다." 그렇지만 이런 표현이 플라톤의 대화편에 나오지 않을 뿐이지 그가 정말로 시간을 우주 운동의 간격이라고 말하지 않았으리란 법은 없다. 예컨대 아에티오스, 『견해들』 I, 21, 2 [= *Dox. graec.* 318a4~5 = b6~7]: "플라톤은 [시간이] 영원의 움직이는 모상 또는 우주의 운동의 간격이라고 말한다."

319 **모든 행성들이 같은 지점에 도달하여 그에 따른 배치를 이루게 될 때, 완전한 수와 시간이 함께 이루어지며:** 플라톤, 『티마이오스』 39d; 『국가』 VIII, 546b 참조. 가지적인 이데아의 영역에는 시간이 존재하지 않는다. 왜냐하면 시간은 운동과 관련된 것이기 때문이다. 다만 운동 중에서는 같음의 회전만이 완벽하게 규칙적이며 한결같다. 따라서 같음의 운동이 시간 측정의 표준이 된다. 반면에 다름의 궤도를 따라 도는 행성들은 저마다 다른 속도로 운동하며 각자 고유한 시간에 관여한다. 한편 플라톤에 따르면, 최초로 우주의 회전이 시작된 뒤에

서로 다른 속도로 운동하던 별들이 3만6천 년마다 처음 출발했던 자리에 나란히 모이게 되는데, 그 해를 '완전한 해(teleios eniautos)' 혹은 '대년(大年)'이라고 부른다. 이 시간은 다른 모든 시간들을 지배하는 기준이 되며, 마치 모든 것이 0에서 시작하듯이 모든 별들의 시간들 역시 처음으로 돌아간다. 이것에 관해서는 아풀레이우스, 『플라톤에 관하여』 I, 10, 203; 키케로, 『신들의 본성에 관하여』 II, 20, 51 참조.

320 **일곱 개의 천구들**: 지구로부터 달, 태양, 수성, 금성, 화성, 목성, 토성. 플라톤, 『티마이오스』 36d 참조.

321 **신은 대부분 불의 성질을 띤 실체들**: '불의 성질을 띤(purōdēs)'이라는 표현은 『티마이오스』에 나오지 않고 『크리티아스』(116c)에 한 번 나온다. 위 대목에서는 별의 몸이 주로 불로 구성되어 있음을 암시한다. 다만 플라톤은 『티마이오스』(39e~40a)에서 네 부류의 생물이 네 가지 요소와 관련되어 있는 듯한 발언을 한다. 즉 신적인 부류(행성과 항성)는 불과, 날개 달린 부류는 공기와, 수중 생물은 물과, 육상 생물은 흙과 관련되어 있다는 것이다. 그 외에도 별이 불의 성질을 띠었다는 생각은 크세노크라테스에게서 찾아볼 수 있으며, 이런 생각은 스토아 철학자들에게도 이어진다. 예컨대 아에티오스, 『견해들』 I, 7, 30 [= *Dox. graec.* 304b12]: "[크세노크라테스에 따르면] 하늘도 신이고, 불타오르는 별들도 올륌포스의 신들이며, 월하세계의 눈에 보이지 않는 여러 신령들도 그렇다."

322 **태양으로부터 멀어지는**: 태양과 반대 방향으로 회전한다는 뜻이다.

323 **'생겨난 신들'이라고 부를 수도 있는 또 다른 신령들**: 플라톤은 『티마이오스』에서 천체를 '가시적이며 태어난 신들'이라고 부른다(40d). 하지만 곧이어 '신령들'에 관해서도 말해야 한다고 지적하며, 시인들이 노래해 온 전통적인 신들의 이름을 열거한다(40e~41a). 그리스인들은 신(theos) 이외에도 '신령(daimōn)'이라든가 '신령스러운 것(daimonion)'처럼 일종의 '신적인 것(theion)'이 있다고 보았다. 이것들은 신보다 하위에 속하지만, 넓은 의미에서는 신과 동일시되기도 했다(신령에

관해서는 플라톤, 『향연』 202d~203a 참조). 플라톤이 우주 및 하늘의 별들을 모두 '신'이라고 불러 놓고서, 전통 신화에 등장하는 신들은 '신령'이라고 부르는 것은 신화 속의 신들과 이들에 관해 노래하는 시인들을 평가 절하하려는 의도가 담겨 있다. 반면에 위 대목에서 알키노오스는 신령과 신을 엄밀하게 구별하는 것처럼 보이지는 않는다. 오히려 행성들을 올륌포스의 신들과 동일시하는 듯한 모습을 보이기도 한다(XIV, 7, 171, 1~10).

324 **어떤 것들은 눈에 보이고 어떤 것들은 눈에 보이지 않으며**: 눈에 보이는 신들과 보이지 않는 신들, 그리고 신령들에 관해서는 위 플라톤, 『에피노미스』 934b~935c 참조.

325 **아이테르와 불과 공기와 물 안에 존재한다**: 플라톤은 『티마이오스』(58d)에서 아이테르를 공기의 일종으로 보고, 공기 중에서 가장 맑은 것이라고 말한다. 반면에 다른 곳(55d)에서는 "생겨난 우주가 한 개인지 다섯 개인지 고민해 봄직하다"라고 말하는 대목이 있는데, 사람들은 이 다섯 개가 우주를 구성하는 다섯 가지 도형, 즉 정사면체, 정팔면체, 정이십면체, 정육면체, 그리고 정십이면체를 말하며, 다시 이 입체들은 각각 불, 공기, 물, 흙, 그리고 아이테르의 구성요소들임을 의미한다고 본다. 예컨대 플루타르코스, 『델피에 새겨진 문자 E에 관하여』 11, 389F~390A: "설령 우주가 수적으로나 종적으로나 하나라고는 해도, 아리스토텔레스도 그렇게 생각하듯이, 어떤 방식으로는 그것 역시 다섯 개의 우주로부터 구성되고 조화롭게 결속된 상태라는 것이다." 즉 우주는 하나이지만, 그것은 동시에 불, 공기, 물, 흙, 그리고 아이테르라는 다섯 물체에 할당된 영역들로 이루어졌다는 것이다 따라서 다섯 개의 우주는 사실 단일한 우주 안에서 각각의 물체(와 그것을 구성하는 도형들)에 할당된 다섯 개의 영역을 암시하는 것이라고 볼 수 있다. 즉 가장 아래에는 지구(흙 = 정육면체)가 있고, 가장 위에는 천구를 채우는 아이테르(= 정십이면체)가 있으며, 그 사이에는 위에서부터 차례로 별(불 = 정사면체)과 공기(대기 = 정팔면체), 그리고

땅 위를 흐르는 물(= 정이십면체)의 영역이 있다는 식으로 말이다.

326 **신 자신은 우주와 신들 및 신령들의 제작자이며, 이 우주는 그의 의지에 따라 해체를 겪지 않는다:** 플라톤, 『티마이오스』 41a~b 참조. 생겨난 것은 소멸되기 마련이라는 생각은 플라톤 철학에서 일종의 공리와도 같다. 무엇인가가 일정한 방식의 결합을 통해 생겨났다면, 그것은 역순으로 분리를 겪음으로써 해체되고 소멸될 수 있기 때문이다. 우주가 생겨난 것인 이상 우주 역시 소멸을 피할 수 없다. 다만 우주는 그것을 구성한 자가 원치 않는 한에서 해체를 겪지 않을 뿐이다.

327 **만유를 관통하여 배치된 축을 중심으로 단단히 결박된 채:** 플라톤, 『티마이오스』 40b~c 참조. 『티마이오스』(40c)의 경우, 지구가 우주의 축을 중심으로 '뭉쳐져 있다(heillomenēn)'라고 읽은 사본(AP)과 '감아 돈다(illomenēn)'라고 읽은 사본(FY 1812)'이 따로 존재한다. 반면에 알키노오스는 두 용어 중 어느 것도 취하지 않고, 지구가 축의 둘레에 '결박(고정)되었다(sphingomenē)'고 말하는데, 이것은 아마도 『티마이오스』(58a)에서 "우주의 회전이 모든 것들을 단단히 죄고(sphingei) 빈 공간이라고는 일절 남겨 놓지 않았다"라는 대목을 참고한 것처럼 보인다. 또한 『티마이오스』의 '우주를 관통하여 뻗어 있는(tetamenon/teinō) 축' 대신 알키노오스는 '우주를 관통하여 배치된(tetagmenon/tassō) 축'이라고 말하는데, 동일한 표현이 플루타르코스(『플라톤 철학의 물음들』 1006c)와 프로클로스(『플라톤의 「티마이오스」 주석』 III, 136, 30~31)에서도 발견되는 것을 보면, 이들이 오늘날 우리가 갖고 있는 『티마이오스』 사본들과는 다른 것을 사용했을 가능성이 있다.

328 **아이테르는 가장 바깥쪽에 위치하며, 이것은 방황하지 않는 것들[항성들]의 천구와 방황하는 것들[행성들]의 천구로 나뉜다. 이 천구들 다음에는 공기의 천구가 위치하며, 중심에는 지구가 자신의 습한 요소[물]와 함께 위치해 있다:** 아이테르는 천구의 끝에서 달의 윗부분까지를 채우는 요소들이고, 공기는 달 아래 영역을 채우며, 물(습한 요소)과 흙은 지구를 채우는 요소들이다.

329 **제일 질료로부터**(apo tēs prōtēs hulēs): 아리스토텔레스에게서 빌려온 개념으로 보인다. 예컨대 『형이상학』 V, 4, 1014b31~32; 1015a7 등 참조.

330 **다시 그것에 돌려줄 것으로서 빌리고는**: 플라톤, 『티마이오스』 42e~43a 참조. 인간을 포함한 가사적인 생명체들은 죽은 뒤에 몸이 해체되어 다시 자연의 요소들로 환원된다는 의미로서, 이런 생각의 기원은 아낙시만드로스에게서 찾아볼 수 있다. 예컨대 심플리키오스, 『아리스토텔레스의 「자연학」 주석』 24, 13 [= DK 12A9, B1 = 『단편 선집』 135] : "그것[근원]은 물도 아니고, 요소라고 불리는 것들 가운데 다른 어떤 것도 아니며, 다른 무한정한 어떤 본연의 것으로서, 그것에서 모든 하늘들과 그것들 속의 세계들이 생겨난다. 그리고 그것들로부터 있는 것들의 생성이 있게 되고, [다시] 이것들로 [있는 것들의] 소멸도 필연에 따라 있게 된다. 왜냐하면 그것들은 부정의에 대한 배상과 보상을 시간의 질서에 따라 서로에게 지불하기 때문이다."

331 **만유의 제작자는 이 종족의 혼들을 지구로 내려보냈는데, 그 수는 별들과 같았다**: 플라톤은 『티마이오스』에서 신(데미우르고스)이 혼들을 지구와 달 및 다른 별들에 뿌렸으며(41d), 정해진 시간 동안 좋은 삶을 산 혼은 결국 고향 별로 돌아가서 행복하고 친숙한 삶을 산다(42b~c)고 말하지만, 혼의 수가 얼마나 되는지는 정확하게 언급하지는 않는다. 반면에 알키노오스는 혼의 수가 별의 수와 같다고 못박고 있다.

332 **신들은 먼저 흙과 불과 공기와 물로 인간을 빚어 냈으니, 나중에 돌려줄 요량으로 일정한 몫을 빌리고**: 인간은 불, 공기, 물, 흙의 요소들로 구성되며, 죽은 뒤에 인간의 몸은 다시 요소들로 해체됨을 의미한다(주 330 참조).

333 **눈에 보이지 않는 나사들로 결합하여**: 플라톤, 『티마이오스』 43a 참조.

334 **혼의 주인이 되는 부분**: 데미우르고스가 제작한 인간의 혼, 구체적으로는 혼의 지성적인 부분을 가리킨다(172, 6~8). 혼이 신들에 의해 지상으로 내려보내졌다는 주장은 중기 플라톤주의자인 타우로스에게

서도 찾아볼 수 있다. 예컨대 스토바이오스, 『선집』 I, 378, 25~379, 6: "한편 플라톤주의자인 타우로스의 추종자들은 혼들이 신들에 의해 지상으로 보내졌다고 말하거니와, 그들 가운데 어떤 이들은 『티마이오스』와 부합하게, 우주의 완전함을 위하여, 그래서 가지적인 영역 안에 생명체들이 있는 것과 같이, 그러한 생명체들이 이 세계 안에도 있도록 하기 위함이었다고 가르치며, 다른 이들은 신적인 삶을 보여주기 위함이라고 그 하강의 목적을 설명한다. 왜냐하면 그것, 그러니까 혼들을 통해서 신들이 드러나는 것이야말로 신들이 바라는 것이기 때문이다. 사실 신들은 혼들의 순수하고 오점이 없는 삶을 통해서 분명하게 눈앞에 나타나며, 자신을 드러내는 것이다."

335 경작지처럼 뇌를 설치하고는: 플라톤, 『티마이오스』 73c~d.

336 얼굴을 중심으로 감각 기관들을 배치하여 적절한 봉사를 수행할 수 있도록 하였다: 플라톤, 『티마이오스』 45b~c.

337 골수, 뼈, 힘줄, 살: 플라톤, 『티마이오스』 73b~74e.

338 내부의 장기들도 [···] 하나는 위(胃)로 가고, 다른 하나는 폐(肺)로 간다: 플라톤, 『티마이오스』 78b~d.

339 음식은 [···] 몸 전체로 분배된다: 플라톤, 『티마이오스』 78d~79a.

340 두 개의 혈관은 [···] 여러 곳으로 갈라져 나간다: 플라톤, 『티마이오스』 77d~e.

341 혼의 지도적인 부분(to hēgemonikon): 원래 스토아 철학자들의 용어였지만, 서기 2세기의 플라톤주의자들에게는 그리 낯선 개념이 아니었다. 예컨대 작자 미상, 『플라톤의 「테아이테토스」 주석』 11, 27~31: "[왜냐하면 스토아주의자들은 혼의] 지도적인 부분을 본성상 형태를 잘 받아들이거니와, 모든 것들을 받아들일 수 있는 〈***〉 밀랍에 비유했기 때문이다."; 알렉산드리아의 클레멘스, 『글모음』 II, 11, 51, 6: "'키잡이 활동이 없는 곳에서 사람들은 마치 낙엽처럼 추락한다.' 이성적 사유이자 오류 없이 머물며 혼을 이끄는 지도적인 부분은 그것[혼]의 키잡이라고 말해진다."

342 마치 지도적인 부분을 지키는 호위병들처럼 감각들이: 우선 '감각들'은 눈, 코, 입, 귀처럼 머리에 배치된 감각 기관들을 가리킨다. 다음으로 '지키는 호위병'으로 옮긴 'doruphoreō'는 원래 '창을 들고 지키다'라는 의미의 동사로서, 나중에는 왕, 특히 참주를 지키는 '호위병(doruphoros)'을 뜻하게 되었다. 예컨대 에픽테토스, 『담화록』 I, 19, 7; I, 24, 17 참조.

343 혼의 감정적인 부분(to de pathētikon tēs psuchēs): 플라톤, 『티마이오스』 69c~70e 참조. 다만 플라톤은 '감정적인(pathētikon)' 대신 '가사적(thnēton)'이라는 표현을 사용한다.

344 이것들에 대해서는 나중에 이야기할 것이다: 176, 8~2; 176, 22 참조.

345 빛의 성질을 지닌 것(to phōtoeides): 불에서 열이 제거되고 남은 빛의 부분을 의미하는 것처럼 보인다. 다만 플라톤은 불과 빛을 나누거나 하지 않고, '순한 빛을 산출하는 성질을 지닌 불'이라고만 언급한다(『티마이오스』 45b~c).

346 그것은 눈 전체를 관통하며, […] 시각을 제공하는 것이다: 플라톤, 『티마이오스』 45c~d 참조.

347 밤이 되어 […] 눈꺼풀을 닫게 되는 것도 그로 인한 것이다: 플라톤, 『티마이오스』 45d~e 참조.

348 잠에서 깰 때와 꿈꿀 때 즉시 생겨나는 상들: 플라톤, 『티마이오스』 45e~46a 참조.

349 어떤 거울에서는 왼쪽과 오른쪽이 반대로 보이고, 또 어떤 거울에서는 같아 보이는가 하면, 또 어떤 거울에서는 아래위가 반대로 뒤집혀 보이기도 하는 것이다: 플라톤, 『티마이오스』 46a~c 참조.

350 빠르게 움직이는 소리는 높고, 느리게 움직이는 소리는 낮으며, 소리가 많으면 크고, 적으면 작다: 청각에 관해서는 플라톤, 『티마이오스』 67b~c 참조.

351 이것들에 이어서 냄새를 감각하기 위해 콧구멍의 능력이 구성되었다: 콧구멍의 기능과 후각에 관해서는 플라톤, 『티마이오스』 66d~67a 참조.

352 맛의 차이들로는 단맛, 신맛, 찌르는 맛, 떫은맛, 짠맛, 매운맛, 쓴맛의 일곱 가지가 있다: 이하 맛의 종류에 관해서는 플라톤, 『티마이오스』 65c~66c 참조.

353 촉각은 뜨거운 것들과 차가운 것들, 부드러운 것들과 딱딱한 것들, 가벼운 것들과 무거운 것들, 매끄러운 것들과 거친 것들을 포착할 수 있도록 신들이 설치한 능력이며: 촉각에 관해서는 플라톤, 『티마이오스』 61d~62c 참조.

354 무거움과 가벼움을 위와 아래로 규정하는 것은 결코 적절하지 않다. 왜냐하면 위이거나 아래인 것은 아무것도 없기 때문이다: 플라톤은 위와 아래가 고정된 것이 아니라 상대적인 것이라고 본다. 무거움과 가벼움, 위와 아래에 관해서는 『티마이오스』 62c~63a 참조.

355 호흡하는 방식: 플라톤, 『티마이오스』 79a~e.

356 이성에 의해 관조되는 몸의 다른 통로들: 즉 입과 코처럼 눈으로 금방 확인할 수 있는 통로뿐만 아니라 다양한 감각과 양분의 흐름을 받아들일 수 있는 몸에 난 작은 통로들을 일컫는 것처럼 보인다. 이것들이 '이성에 의해 관조된다'고 하는 까닭은 너무 작아서 감각 기관으로는 바로 지각되지 않기 때문이다. 플라톤은 이 '작은 통로들'에 관해서는 따로 언급하지는 않고, 입, 코와 함께 '흐름이 몸을 통해서 나간다'라고 뭉뚱그려서 말한다(『티마이오스』 79d~e).

357 질병의 원인은 다양하다: 질병에 관해서는 플라톤, 『티마이오스』 81e~86a 참조.

358 신성한 질병: 간질(epilepsy)을 말한다. 고대인들은 이 병이 점액과 뒤섞인 담즙이 머리까지 올라가 혼의 회전에 영향을 미치는 것이라고 보아, 본성상 신성한 부분을 침범하는 질병이라고 불렀다. 플라톤, 『티마이오스』 85a~b; 히포크라테스, 「신성한 질병에 관하여」 in 여인석 · 이기백, 2011, 91~128 참조.

359 흐름으로 인해 겪는 것들: 분비액이 흘러내리면서 발생하는 이른바 카타르성 질병들을 총칭하는 것처럼 보인다.

360 되풀이해서 말한다는 생각이 들기도 하지만: 173, 5~15 참조.

361 나중에 보여 주겠지만: 177, 16~18 참조.

362 제일의 신에게서 인간 혼의 불사적인 부분을 건네받고, 가사적인 종족들을 제작하던 신들은 그것에 두 개의 가사적인 부분들을 추가하였다: 플라톤, 『티마이오스』 41b~d; 42d~e; 69c 참조.

363 그것[혼의 불사적인 부분]을 말하자면 몸의 성채에 거주시켰고, 그것을 다스리고 군림하는 자로 소개했으며: 머리가 구체인 것은 천구를 닮은 것으로서, 이는 구체가 지성 혼의 회전, 즉 같음과 다름의 회전에 최적화된 형태이기 때문이다(플라톤 『티마이오스』 44d~e; 69c). 또한 플라톤은 머리를 성채(akropolis)라고 부르는데, 이는 지성이 이 성채에 머물면서 혼의 비이성적인 부류들을 감시하고 명령을 하달하기(예컨대 『국가』 VIII, 560b~c; 『티마이오스』 70a 참조) 하기 때문이다.

364 탈것(ochēma): 플라톤, 『티마이오스』 44d~e 참조. 결국 몸통과 사지는 머리에 담긴 혼의 이동 수단인 셈이다. 다만 천구가 손이나 발 같은 이동 기관이 없는 완전한 구로서 자전(같음의 회전)을 하고, 천구 안의 행성들 역시 궤도 운동(다름의 회전)을 하는 것과 달리, 인간은 사지를 이용해 전후, 좌우, 상하의 여섯 방향으로 움직이게 된다.

365 심장, 폐: 플라톤 『티마이오스』 70a~d 참조.

366 간: 간의 기능은 두 가지이다. 하나는 지성이 혼의 욕구적 부류를 통제하고 명령을 하달하는 도구로서 기능한다. 욕구는 말(logos)을 알아듣지 못하기에 지성은 간의 내부에 단맛과 쓴맛을 발생시킴으로써(미각을 통해) 욕구를 달래거나 위협한다. 또한 간의 매끄러운 표면에 영상을 투영시킴으로써 (시각을 통해) 욕구에게 명령을 내리도 한다. 다른 하나는 간이 신의 계시를 받는 신탁소로서 기능한다는 것이다. 신은 인간이 좋은 삶을 영위하도록 필요한 충고를 전해 준다. 문제는 욕구가 지성의 말을 알아듣지 못하듯이, 인간의 지성은 신의 메시지를 알아듣지 못한다는 점이다. 오히려 신의 메시지가 전달될 때는 인간의 지성이 작동을 멈추거나 일종의 광기 상태에 빠져야 한다.

그런 경우는 셋인데, 하나는 잘 때(꿈)이고(예컨대 호메로스, 『일리아스』 II, 1~40; 『오뒷세이아』 XIX, 560), 다른 하나는 병에 걸렸을 때(환각)이며(플라톤, 『파이드로스』 244d~245a), 마지막 하나는 제의나 입문 의식을 행할 때(신들림)이다(『파이드로스』 244b~c). 이 가운데 간은 인간이 잠잘 때 신들이 꿈을 통해 보내는 영상 신호를 받는 장소이다. 환각이나 신들림의 경우도 그렇지만, 신들이 간으로 보낸 영상 신호 역시 인간의 지성은 즉각적으로 이해하지 못한다(이는 신탁이 언제나 모호하고 양가적으로 들리는 것과 마찬가지다). 그래서 플라톤은 신들이 보낸 영상 신호의 의미(즉 신들의 충고 내용)를 정확히 파악하여 다시 언어 신호로 바꿔 줄 수 있는 해석자가 필요하다고 말하는데, 그것이 바로 예언자이다(『티마이오스』 72a~c).

367 비장: 플라톤, 『티마이오스』 72c~d 참조.

368 혼이 그 능력에 따라 세 부분으로 되어 있으며: '세 부분'으로 옮긴 'trimerēs'는 플라톤이 아니라 아리스토텔레스의 용어지만(『토피카』 V, 4, 133a30~32), 헬레니즘 시대 이후에는 플라톤의 혼 이론에 관한 일반적인 용어로 사용되었다. 예컨대 키케로, 『투스쿨룸 대화』 I, X, 20: "그의 스승인 플라톤은 혼을 세 부분(triplicem)으로 나누어, 그 지도적인 부분, 즉 이성의 영역은 아크로폴리스에 비유할 수 있는 머리에 위치시켰으며, 분노와 욕구 등 다른 두 영역은 각각 다른 신체 부분에 분산시켜 이성 영역에 복종하도록 했습니다."; 아에티오스, 『견해들』 IV, 4, 1 [= Dox. graec., 389a10~390a4]: "혼의 부분들에 관하여: 퓌타고라스와 플라톤은, 가장 일반적인 논의에 따르면, 혼이 두 부분(dimerē)이라고 말했다. 왜냐하면 하나는 이성적인 부분이고 다른 하나는 비이성적인 부분이라는 것이다. 반면에 구체적이고 자세한 논의에 따르면, 그들은 혼이 세 부분(trimerē)이라고 말한다. 왜냐하면 그들은 비이성적인 것을 기개적인 부분과 욕구적인 부분으로 나누기 때문이다." 또한 혼의 각 부분을 '능력(dunamis)'으로 표현하는 것 역시 플라톤보다는 아리스토텔레스의 용어법의 영향을 받

은 것으로 보인다(『영혼에 관하여』 II, 2, 413a33~b1; 413b32~34; II, 3, 414a29~32 참조).

369 **다음으로 감정적인 부분과 이성적인 부분이 본성상 다른 것들인 이상, 이 것들은 장소에서도 구분되어야 한다**: 의심할 여지없이 '동일한 것이 동일한 부분에 있어서, 그리고 동일한 것에 대해서 상반된 것들을 동시에 행하거나 겪을 수 없다'라는 『국가』(IV, 436a~437a)의 탐구 원리에 기반한 논변이다.

370 **메데이아**: 신화 속 인물로서 콜키스의 왕 아이에테스의 딸이다. 황금 양피를 구하러 콜키스에 온 이아손을 도와주고 함께 탈출하여 결혼까지 하지만, 이아손이 자기를 배신하고 코린토스의 공주와 결혼하려 하자 가장 잔인한 복수로서 이아손과 자기 사이에서 태어난 자식들을 죽인다.

371 **내가 어떤 나쁜 짓을 행하려는지 나도 알지만, 분노가 나의 결심보다 더 강하구나**: 에우리피데스, 『메데이아』 1078~1079. 메데이아가 자기 자식들을 죽이기 전에 내적으로 갈등하는 대목이다.

372 **라이오스에게서도, 그가 크뤼시포스를 납치할 때, 욕구가 이성적인 능력과 싸우고 있음을 본다**: 크뤼시포스는 피사의 왕 펠롭스와 뉨페 악시오케의 아들이다. 테바이의 왕자 라이오스가 조국에서 추방되어 펠롭스의 궁정에 몸을 의탁했을 때, 어린 크뤼시포스를 보고 사랑에 빠진 나머지 납치한 뒤에 겁탈했다고 한다. 크뤼시포스는 라이오스에게 저주의 말을 내뱉고 자살했으며, 라이오스 가문의 비극은 이로부터 시작된 것이라고 한다.

373 **누군가가 좋은 것을 알더라도, 그것을 사용하지 않는다면, 이것이야말로 신이 인간들에게 보낸 악이로다!**: 에우리피데스, 『단편』 841 N2. 라이오스가 크뤼시포스를 납치하기 직전에 겪었던 혼의 내적 갈등을 묘사한 대목으로 짐작된다.

374 **전자는 가르침을 통해서인 반면, 후자는 습관에 대한 훈련을 통해서 돌보는 것이니 말이다**: 혼의 이성적인 부분과 비이성적인 부분을 돌보는

방식에 대해 각각 교육과 습관의 훈련을 언급하는 모습은 마치 플라톤의 혼 이론에 아리스토텔레스의 덕 이론을 적용하는 듯한 모습을 연상시킨다. 예컨대 『니코마코스 윤리학』 II, 1, 1103a14~18: "덕에는 두 종류가 있으니, 하나는 지적인 덕이고 다른 하나는 성격적인 덕이다. 지적인 덕은 그 기원과 성장을 주로 가르침에 두고 있다. […] 반면에 성격적인 덕은 습관의 결과로 생겨난다."

375 **혼이 불사임:** 불사 논증과 관련하여 알키노오스는 플라톤의 『파이돈』을 주요 전거로 사용하되, 부분적으로는 『국가』와 『파이드로스』를 거론하기도 한다.

376 **무엇인가에 생명을 가져다주는 것은 죽음을 받아들일 수 없다:** 플라톤, 『파이돈』 105c~e 참조.

377 **그것[= 혼]은 비물체적인 존재로서, 그 존립에 있어서 변하지 않고 가지적이며, 눈에 보이지 않을뿐더러 형태적으로 단일한 것:** 알키노오스는 혼과 가지적 형상의 닮음에 기반하여 혼의 불사를 논증한 『파이돈』 78b~84의 논의를 따르고 있다. 거기서 플라톤은 혼이 눈에 보이지 않고, 지성을 통해 파악되며, 형태상 단일하고, 요소들로 결합되어 있지 않기에 해체되지도 않는다고 말한다. 다만 알키노오스의 언급 가운데 '비물체적임(asōmatos)'과 '변하지 않음(ametablētos)'은 『파이돈』에 등장하지 않는다. 전자는 위 플라톤의 『에피노미스』(981b)에서 혼의 대표적인 속성 가운데 하나로 언급되고, 후자는 아리스토텔레스가 『형이상학』(V, 4, 1014b28; V, 12, 1019a27)에서 퓌시스와 뒤나미스의 특징을 다룰 때 언급된다.

378 **몸은 혼과는 정 반대로 […] 흩어지는 것(skedaston):** '흩어진다'는 말은 결합된 것들이 그 요소들로 해체됨을 의미하며 감각 사물, 즉 물체를 가리킨다. 예컨대 플라톤, 『티마이오스』 37a~b 참조.

379 **혼이 몸을 통해 감각적인 것과 관계할 때는 어지러워하고 혼란스러워하며 마치 술에 취한 것처럼 구는 반면, 혼이 그 자체로 가지적인 것에 관계할 때는 침착해지고 안정을 찾는다:** 플라톤, 『파이돈』 79c~d 참조.

380 **혼은 본성상 지도적인 역할을 한다. 그런데 본성상 지도적인 부분은 신적인 것과 닮았다**: 플라톤, 『파이돈』 79e~80a 참조. 플라톤은 혼의 특징 가운데 하나로 '지도하는(hēgemoneuein)' 역할에 대해 언급하고, 알키노오스는 아예 이것을 실사화하여 '지도적인 것(to hēgemonikon)' 이라고 말하는데, 이 용어는 혼에 관한 스토아학파의 개념이기도 하다(주 341 참조).

381 **중간이 없으며, 자체적으로가 아니라 부수적으로 반대인 것들은 본성상 서로로부터 생겨난다**: 혼의 불사에 관한 『파이돈』(70~72e)의 첫 번째 논증인 대립적인 것들로의 순환을 통한 논증(cyclical argument)을 다루고 있다. 한편, '중간 없이 반대인 것(amesa enantia)'이라는 말은 플라톤에 나오지 않는데, 이것은 아마도 아리스토텔스의 『범주론』(10, 11b38~12a9)에 언급된 '중간 없는 대립자들'에서 가져온 표현으로 보인다. 즉 물체에 나타나는 대립적인 성질들 가운데 어떤 것들(예컨대 검정과 하양)은 중간적인 것들(회색)을 허용하는 반면, 다른 어떤 성질들(예컨대 홀과 짝, 질병과 건강)은 중간적인 것들을 허용하지 않고 반드시 둘 중 하나가 나타난다는 것이다. 그런 점에서 삶과 죽음 역시 중간을 허용하지 않는 대립자들이라 하겠다.

382 **죽음이 몸으로부터 혼의 분리이듯이**: 죽음에 대한 고전적 정의이다. 예컨대 플라톤, 『고르기아스』 524b; 『파이돈』 69e; 『티마이오스』 81d; 『법률』 VIII, 824d 참조.

383 **만약 배움이 상기라면, 혼은 불사일 것이다**: 플라톤, 『파이돈』 72e~77e 참조.

384 **무슨 수로 적은 수의 [개별적인] 것들로부터 [보편자를] 이해할 수 있겠는가**: 아리스토텔레스, 『형이상학』 III, 4, 999a26~28 참조. 아리스토텔레스에 따르면, 이 문제를 해결하기 위해 플라톤은 가지적인 형상을 유로서 가정했지만 그것은 잘못되었다는 것이다.

385 **작은 불꽃들**: 플라톤 『일곱 번째 편지』 341c~d 참조.

386 **예전에 알았지만 몸 안에 갇히면서 망각한 것들**: 작자 미상, 『플라톤의

『테아이테토스』 주석』 52, 44~53, 8: "누구든 배움은 상기라고 여기는 사람들이 생각하는 것에 대하여 혹자는 '환상이라든가 거짓이 존재할 수 있는가'라는 의문을 제기했을 것이다. 하지만 마찬가지로 혼이 오래전, 그러니까 몸 안에 갇히게 되었을 때 지식을 갖고 있었으며, […]."

387 만약 혼이 자신의 고유한 악에 의해 소멸하지 않는다면, […] 혼은 소멸하지 않는 것일 것이다: 예컨대 플라톤, 『국가』 X, 608d~611a 참조. 사멸하는 것은 외부의 악에 의해서가 아니라 자기 안의 고유한 악에 의해 사멸한다. 혼은 자기 안의 고유한 악에 의해서도 사멸하지 않고 외부의 악에 의해서도 사멸하지 않는다. 따라서 혼은 사멸하지 않는다는 것이다.

388 스스로 움직이는 것은 근원적으로 항상 움직이는 것이다. 그리고 그와 같은 것은 불사이다. 그런데 혼은 스스로 움직이는 것이다: 플라톤, 『파이드로스』 245c~e 참조.

389 우주 전체의 혼도 인간의 혼도 그러할 것이다. 양자는 같은 혼합물을 나눠 가진 것들이니 말이다: 플라톤에 따르면, 우주 제작자인 데미우르고스는 우주 혼을 만들고 남은 있음, 같음, 다름의 혼합을 가지고서 인간 혼을 제작한다. 따라서 우주 혼과 인간 혼은 순수함에서 차이가 날 뿐, 그 구성요소들은 근본적으로 같다(『티마이오스』 41d~e).

390 반면에 비이성적인 것들도 그런지는 논쟁거리에 속하는 문제이다: 즉 혼의 비이성적인 부분도 불사라고 할 수 있는가에 관한 논의를 말한다. 혼의 사멸적인 부분에 관해서는 플라톤, 『티마이오스』 41d; 69c~d 참조.

391 비이성적인 혼들이 단순한 인상만으로 움직여진다는 것: 비이성적인(alogos) 혼들은 말(logos)이 통하지 않기에 시각 이미지에 해당하는 인상(phantasia)으로 사물을 파악한다. 예컨대 플라톤, 『티마이오스』 71a 참조.

392 혼들이 불사라는 논변으로부터 그것들이 몸 안으로 들어간다는 결론이 따

라 나오니, 그것들은 태아가 형성되는 자연적 과정들과 결합하면서 자라는 것이다: 혼이 불사라면, 누군가가 죽을 때 그의 몸에서 혼이 분리되는 것처럼 누군가가 태어날 때는 다시 혼이 태아의 몸으로 들어간다고 생각할 수 있다. 다만 혼이 어떻게 태아의 몸속으로 들어가는지에 관해서는 플라톤이 따로 언급한 적이 없다. 반면에 이 주제는 헬레니즘 이후, 특히 플라톤주의자들에게 중요한 문제였으며, 예컨대 포르퓌리오스는 이 주제와 관련하여 『태아가 혼을 받아들이는 방식에 관하여』라는 논고를 남기기도 했다.

393 혼들은 인간이든 인간이 아니든 여러 몸들로 갈아탄다: 혼이 몸을 바꿔가면서 재탄생을 반복한다는 생각에 관해서는 플라톤, 『파이드로스』 248e~249b; 『티마이오스』 42b~d; 91e~92c; 『법률』 X, 903d 참조.

394 혼들이 [윤회의 정해진] 햇수를 기다림으로써: 플라톤, 『국가』 X, 615a~b; 『파이드로스』 248e~249b.

395 몸과 혼은 모종의 방식으로 서로에 대해 친근함을 갖는다. 마치 불과 역청(瀝靑)처럼 말이다: 혼과 몸의 관계를 불과 역청 기름(천연 아스팔트)의 관계로 비유하는 것은 플라톤의 대화편은 물론 다른 철학자들의 글에도 나오지 않는다. 다만 포르퓌리오스는 혼이 태아의 몸에 들어가는 과정을 설명할 때, 마치 보는 눈과 보이는 대상이 적합하게 맞아떨어짐으로써 시각을 형성하고, 휘발유(naphtha)가 불(pur)을 만남으로써 특별한 매개 장소 없이도 발화하며, 쇳가루에 자석이 달라붙듯이 그런 방식으로 혼이 몸과 결합한다고 말한다(『태아가 혼을 받아들이는 방식에 관하여』 48, 12~49, 30 참조).

396 인식 능력, 추동하는 능력/고무하는 능력, 자기화하는 능력: 플라톤에 따르면, 인간의 혼이 지성–기개–욕구의 세 부분으로 되어 있다는 것은 익히 알려진 내용이다. 반면에 신들의 혼에 관해서는 그것이 전체로서 지성 혼이라는 것 이외에는 달리 언급된 바가 없다. 그런데 알키노오스는 신의 혼 역시 세 부분으로 구분하며, 그 각각을 인식 능력–추동/고무하는 능력–자기화하는 능력이라고 규정한다. 이것은

아마도 플라톤이 『파이드로스』(246a~d)에서 혼의 형태와 구조를 '날개 달린 두 필의 말(기개와 욕구)과 마부(지성)로 이루어진 마차'와 닮았다고 말한 데서 착안한 생각이 아닐까 짐작된다. 왜냐하면 거기서 플라톤은 '신들의 혼의 경우, 말들과 마부가 모두 그 자체로도 훌륭하며 태생도 훌륭한 반면, 인간 혼의 경우에는 좋은 것들과 좋지 않은 것들이 섞여 있다'고 말하기 때문이다. 그런데 이 구절을 글자 그대로 받아들인다면, 이는 신들의 혼에도 기개와 욕구에 해당하는 부분, 달리 말하면 비이성적이고 심지어 사멸하는 부분이 있음을 인정하는 셈이 된다. 그런 점에서 기개와 욕구를 추동/고무하는 능력과 자기화하는 능력으로 언급한 위의 대목은 『파이드로스』에 묘사된 신들의 혼의 모습에 대하여 알키노오스가 행한 일종의 보정(補整)이 아닐까 생각된다.

397 운명에 관하여(peri de heimarmenēs): 운명이라는 주제는 고대 철학에서 자연학과 우주론의 한 분야인 동시에, 필연(숙명)과 선택(자유의지)이라는 윤리학의 주제와도 관련되어 있었다. 알키노오스가 소개하는 운명, 섭리, 그리고 자유의지에 관한 생각은 위 플루타르코스의 『운명에 관하여』나 칼키디우스의 『「티마이오스」 주석』의 내용과 크게 다르지 않으며, 중기 플라톤주의자들의 운명에 관한 기본적인 생각들을 잘 요약해 주는 것처럼 보인다. 아울러 플라톤의 대화편들마다 다소 상이하게 – 상충되는 것처럼 – 보이는 운명에 관한 언급들에 대해 통일된 설명을 제공하는가 하면, 은연중에 스토아학파의 운명론과 맞서고 있는 것처럼 보이기도 한다. 운명과 관련하여 플라톤주의자들의 견해나 플라톤적 전통에 관한 언급으로는, 예컨대 아에티오스, 『견해들』 I, 27, 3~4 [= Dox. grae. 322a5~14]: "(3) 플라톤은 인간의 혼과 인간적인 삶과 관련하여 운명을 판단하며, 그것과 함께 우리의 책임도 도입한다. (4) 스토아주의자들은 플라톤과 유사하게 필연이 패배할 줄 모르며 강제하는 원인인 반면, 운명은 원인들의 질서 잡힌 연쇄라고 말하는데, 그 연쇄 안에는 우리와 관련된 것도 있어서 어떤

것들은 우리에게 운명으로 부과되고 다른 어떤 것들은 운명으로 부과되지 않는다고 한다."

398 **운명은 법의 지위를 갖는다:** 플라톤, 『파이드로스』 249c; 『티마이오스』 48e; 『법률』 X, 904c 참조. 운명에 법의 위상을 부여한 것은 플라톤주의자들의 일반적인 입장이었던 듯하다. 예컨대 아에티오스, 『견해들』 I, 28, 2; 플루타르코스, 『운명에 관하여』 568D; 아프로디시아의 알렉산드로스, 『운명에 관하여』 208, 18~209, 30; 아풀레이우스, 『플라톤에 관하여』 I, 12, 205; 칼키디우스, 『플라톤의 「티마이오스」 주석』 213, 7 등에서 이런 태도를 찾아볼 수 있다. 운명이 법의 지위를 갖는다는 것은 마치 조건에 따라 법이 집행되듯이(예컨대 '살인을 저지르면 사형에 처한다'와 같이) 운명 역시 조건에 따라 작동한다는 의미로 이해할 수 있다.

399 **'이자는 이러이러한 것들을 행할 것이고 저자는 저러저러한 것들을 겪을 것이다'라는 식으로는 말하지 않는데 […] 그럴 경우 우리에게 달린 것도 사라질 것이요, 찬양과 비난 및 그에 상응하는 모든 것도 사라질 것이기 때문이다:** 개별적인 인간들의 행동 하나하나가 모두 운명으로 정해졌다면, 우리의 의지에 따른 행동, 즉 자유의지란 있을 수 없으며, 따라서 그 행동에 대한 찬양과 비난 역시 불가능할 것이다. 이러한 문제의식은 이미 아리스토텔레스에게서 찾아볼 수 있으며(예컨대 『니코마코스 윤리학』 III, 5장), 키케로(『운명에 관하여』 XVII, 40), 아프로디시아의 알렉산드로스(『운명에 관하여』 205, 29~206, 2), 위 플루타르코스(『운명에 관하여』 574D) 등도 이 문제를 거론하고 있다.

400 **운명은 '어떤 혼이든 이러이러한 삶을 선택하고 저러저러한 일을 행한다면, 그 혼에는 그러그러한 일이 따를 것이다'라는 식으로 말한다:** 알키노오스에 따르면, 운명은 법의 위상을 지니며 가정의 형식으로 기능한다. 혹자는 이것을 '조건이 부여된 운명(conditional fate)'이라고 부르며, 이것은 운명과 자유의지에 관한 중기 플라톤주의의 거의 표준화된 원리라고 평가한다(J. Dillon, 1993, 161). 그런데 이런 조건화된 운

명에는 스토아학파의 결정론에 맞서 자유의지를 보존하려는 의도가 들어 있는 것처럼 보인다. 예컨대 칼키디우스(『「티마이오스」 주석』 150)나 4세기의 기독교 철학자인 네메시우스의 설명에 따르면(『인간의 본성에 관하여』 38), 운명은 마치 법이나 기하학의 제1가정이 적용되는 것과 비슷하다. 예컨대 기하학적인 가정들로부터 결론이 도출되는 것은 필연적이지만(즉 운명으로 정해져 있지만), 그 원리들을 확립하고 받아들일지 말지는 우리에게 달려 있다는 것이다. 또한 네메시우스의 예를 들자면, 항해를 할지 말지는 하나의 조건으로서 우리에게 달린 것이다. 하지만 일단 우리가 항해를 선택하면, 항해를 무사히 마칠지 아니면 난파를 당할지는 우리에게 달린 게 아니라 필연, 즉 운명에 의해 정해진다는 것이다.

401 **만약 네가 아이를 낳는다면, 태어난 아이가 너를 죽일 것이다**: 에우리피데스, 『포이니케 여인들』 19. 테바이의 왕 라이오스는 아들(오이디푸스)이 자기를 죽이고 아내인 이오카스테와 결혼할 것이라는 신탁을 받는다.

402 **전제인 것에**(en tōi thesmōi): '전제인 것'으로 옮긴 'thesmos'는 일차적으로 '놓인 것(that which is laid)'을 뜻하며, 이로부터 '확립된 것', '제정된 것', '법', '명령' 등으로 그 의미가 확장된다. 위 대목에서 라이오스가 자식을 낳는 것은 일종의 전제(premiss)에 해당한다. 아이를 낳을지 말지는 행위자인 아버지의 선택(의지)에 달린 일이지만, 일단 그 전제가 작동하게 되면(아버지가 아들을 낳는다면), 그로부터의 귀결(아들이 아버지를 죽일 것이다)은 운명으로서 행위자에게 부과된다는 것이다.

403 **가능적인 것의 본성은 어떤 식으로든 참과 거짓의 중간에 놓이거니와, 우리에게 달린 것은 본성상 불확정적인 그것 위에, 말하자면 올라타는 것이다**: 참과 거짓이 확정되지 않은 상태를 말한다. 가능이란 아직 일어나지 않은 것이기에 참도 거짓도 아니다. 이에 관해서는 아리스토텔레스, 『명제론』 9장 전체; 키케로, 『운명에 관하여』 IX, 17 참조.

404 **실로 가장 귀중하고 가장 커다란 좋음은 발견하기도 쉽지 않을뿐더러, 설령 발견했다 하더라도 모두에게 전달하기에는 안전하지도 않다:** 혹자는 이 대목에서 알키노오스가 『티마이오스』(28c)의 데미우르고스에 관한 묘사, 즉 "이 우주의 제작자이자 아버지를 찾아내는 것은 큰일일뿐더러, 설령 찾아냈다 하더라도 모든 사람들에게 설명하기란 불가능한 일이지요"를 최고선으로 바꿔 언급한 것 같다고 지적한다(J. Whittaker, 1990, 135, n. 427). 앞서도 보았듯이(164, 18~27), 중기 플라톤주의자들은 이데아를 신의 사유로 보았으며, 특히 좋음의 이데아를 신과 동일시하기도 했다. 예컨대 아에티오스, 『견해들』 I, 7, 31 [= Dox. grae., 304b23~305b8]; 앗티코스, 『단편』 12, 1~2.

405 **그는 지인들 가운데 극소수의 선택된 사람들에게만 좋음에 관한 강의를 나눠 주었다:** 플라톤이 좋음의 이데아에 관해서는 대화편을 쓰거나 대중들에게 공개적으로 알리지 않고, 오직 아카데메이아 내부의 측근들에게 구술로만 전승했다고 짐작되는, 이른바 '기록되지 않은 학설(agrapha dogmata)'을 암시하는 대목이다. 예컨대 프로클로스의 『플라톤의 「파르메니데스」 주석』(688, 5~21)의 보고에 따르면, 다수의 청중들은 플라톤의 강의 내용을 이해하지 못하고 수업 도중에 하나씩 둘씩 자리를 뜨곤 했기에, 이를 알아챈 플라톤은 아예 그들을 받지 않았으며, 강독은 오직 그의 지인들을 상대로만 이루어졌다고 한다.

406 **그의 저술들:** 아마도 『국가』 VI~VII권의 좋음의 이데아에 대한 관조라든가, 『향연』과 『파이드로스』에 묘사된 아름다움의 관조를 암시하는 것처럼 보인다.

407 **나눠 가짐(metechein), 분유함(metousian):** 이 단어들은 모두 가지적인 형상(이데아)과 감각 대상 간의 관계 맺음을 나타내는 용어들이다. 다만 이 가운데 '나눠 가짐'에 해당하는 'metechein'은 플라톤의 대화편에 자주 등장하는 반면, '분유'로 옮긴 'metousia'는 플라톤에 나오지 않는다. 그 대신 『파이돈』(100d)에서 감각 대상들 사이에 형상이 와 있다는 의미로 '현전(parousia)'이라는 말이 사용됨을 볼 수 있다. 이

용어의 가장 오래된 사용은 메가라학파의 폴뤽세노스에게서 찾아볼 수 있는데, 그는 자신의 독특한 제3인간 논변을 통해 플라톤의 이데아론을 비판할 때 이 개념을 사용한다. 예컨대 아프로디시아스의 알렉산드로스, 『아리스토텔레스의 「형이상학」 주석』 84, 7~21 [= SSR II F 32 = 김유석, 2022, 112~113]: "만약 이데아들, 즉 인간 자체의 나눠가짐과 분유에 의해서(kata metochēn te kai metousian) 인간이 있는 것이라면, 그 이데아와 관계해서 존재를 갖게 될 어떤 인간이 있어야 한다." 하지만 알키노오스와 같은 플라톤주의자들뿐만 아니라 고대 후기의 철학자들 사이에서 'metousia'는 플라톤의 이데아론 — 구체적으로는 형상과 개물 사이의 관계 맺음 — 을 설명할 때 빈번히 사용되었다.

408 **우리 안에 있는 것들 중에서는 오직 지성과 이성만이 그것과의 닮음에 도달하며:** 좋음의 이데아가 신과 동일시된다면, 인간이 좋음에 도달한다는 것은 결국 신과의 닮음을 의미한다(특히 '신을 닮는 것'은 인간의 궁극적 목표로서 우리 책 XXVIII장의 주제이기도 하다). 그리고 이 역할을 수행하는 것은 인간 안에서도 가장 신에 가까운 것, 즉 지성과 이성이다. 이에 관해서는 예컨대 마르쿠스 아우렐리우스, 『명상록』 V, 27: "신들과 함께 살아라. 자기 영혼이 자신에게 주어진 몫에 만족하고 제우스가 자신의 분신으로서 각자에게 지배자와 길라잡이로 준 신령이 원하는 것을 행하고 있음을 신들에게 늘 보여 주는 자야말로 신들과 함께 사는 것이다. 그런데 그 신령이란 각자의 지성과 이성에 다름 아니다."

409 **가사적인 좋은 것들:** 상대적이고 유한한, 인간적인 좋은 것들을 의미하며, 가사적이고 영원한, 신적인 좋은 것들에 대비된다. 이와 관련된 내용이 『법률』(I, 631b)에 나오긴 하지만, '가사적인 좋은 것들'이라는 표현이 사용되지는 않았다. 아마도 플라톤이 대화편이 아닌 다른 곳에서 그렇게 말했다는 이야기이거나 아니면 알키노오스의 착각일 수도 있다. '가사적인 좋은 것들'이라는 표현은 알렉산드리아의 필론

에게서 찾을 수 있다(『신이 불변한다는 것에 관하여』 XXXIII, 152).

410 **행복이 인간적인 좋은 것들에 속하지 않고, 신적이고 축복받은 좋은 것들에 속한다**: 플라톤보다는 아리스토텔레스적인 표현에 가까워 보인다(『니코마코스 윤리학』 I, 12, 1101b23~24; X, 8, 1178b8~32 참조).

411 **몸에서 풀려난 이후에는 신들과 교제하고, 함께 일주 여행을 떠나며, 진리의 평원을 관상한다**: 몸에서 풀려남은 죽음을 의미한다(주 382 참조). '혼의 일주 여행과 진리의 평원'에 관해서는 플라톤, 『파이드로스』 248b.

412 **혼의 눈과 같은 것**: 플라톤, 『국가』 VII, 533d 참조.

413 **그는 어리석은 이들을 지하에 거주하는 사람들과 닮은 것으로 비유한 바 있는데**: 여기부터 180, 39까지는 플라톤의 동굴의 비유(『국가』 VII, 514a~517a)에 대한 요약이다. 그런데 플라톤의 죄수가 동굴 밖의 진짜 세상을 관조한 뒤에 동료들을 구하기 위해 다시 동굴로 내려가는 것과 달리, 알키노오스의 주인공들은 진리에 부합하는 신적이고 아름다운 것들을 갈구하는 반면, 이전에 지하에서 보았던 것들은 경멸하고 가벼이 여긴다고만 이야기된다. 이로부터 플라톤 철학의 실천적 성격 내지는 정치적 지향성이 알키노오스나 중기 플라톤주의자들에 이르러서는 점차 약해진 것이 아닐까 짐작해 볼 수 있다.

414 **현생의 어둠으로부터**: '어둠'으로 옮긴 그리스어 'zophos'는 이미 호메로스에 나온 단어이지만, 막상 플라톤은 이 단어 대신 'skotos'를 사용한다. 예컨대 『국가』 VII, 516e; 『티마이오스』 58d. 그렇지만 고대 후기 철학자들은 혼의 성질과 관련하여 'zophos'를 종종 사용하였다. 예컨대 플루타르코스, 『바르게 듣는 법에 관하여』 48C~D: "혼의 내부에 있는 축축함과 어둠"; 마르쿠스 아우렐리우스, 『명상록』 V, 10, 2, 1~4: "그러므로 그러한 어둠과 더러움 속에서, […] 높이 평가하거나 진지하게 추구할 만한 것이 무엇인지 나로서는 알 수가 없다."

415 **오직 아름다움만이 그 자체로 좋다**: 이것은 대표적으로 스토아학파의

주장으로 알려져 있다. 예컨대『생애』VII, 101 [= SVF III, 30, p. 986, 29~34]: "한편 헤카톤이『좋은 것들에 대하여』제3권에서 말하고 크뤼시포스가『아름다운 것에 대하여』에서 말하는 바에 따르면, 그들은 아름다운 것만이 좋다고 말한다. 즉 아름다운 것이 덕이고, 그 말은 '좋은 것은 모두 아름답고, 좋은 것은 아름다운 것과 같은 값을 갖는다'는 말과 같은 뜻이라고 한다. 왜냐하면 '만약 어떤 것이 아름답다면, 그것은 좋을 것이다. 그런데 덕은 아름답다. 따라서 그것은 좋다'이기 때문이다." 물론 이런 생각이 스토아 철학자들만의 것이라고 단정할 이유는 없다. 예컨대 알키노오스 이외에도, 아풀레이우스에게서 비슷한 생각을 찾아볼 수 있다.『플라톤에 관하여』II, 13, 238: "왜냐하면 우리는 훌륭한 것만을 좋음이라고 여기기 때문이다."

416 **행복을 위해서는 덕으로 충분하다**: 행복을 얻기 위해서는 덕이 필수적이라는 생각은 플라톤에게 낯선 것이 아니지만, 덕을 지니는 것만으로도 행복을 얻기에 충분하다는(즉 자족적이라는) 주장은 특히 스토아 철학자들에게서 찾아볼 수 있다. 예컨대『생애』VII, 127: "제논이 말하고, 크뤼시포스도『덕들에 대하여』제1권에서 말하며, 헤카톤도『좋은 것들에 대하여』제2권에서 말하는 바에 따르면, 덕은 행복을 위해 자족적인 것이라고 한다." 하지만 이런 생각은 중기 플라톤주의자들 사이에서 널리 받아들여졌다. 예컨대 앗티코스,『단편』2: "첫 번째로 그[아리스토텔레스]는 모두에게 공통된 관심사이자 가장 크고 중요한 것에서부터 플라톤과 차이를 두었으니, 그는 행복의 척도를 간과하고, 그것을 위해 덕으로 충분하다는 점에 동의하지 않음으로써 그랬던 것이다."

417 **좋은 것들은 두 가지인데**: 플라톤,『법률』I, 631b 참조.

418 **『에우튀데모스』에서 말하고 있다**: 플라톤,『에우튀데모스』281d~e 참조.

419 **덕들은 그것들 자신 때문에 선택할 만하다**: '덕들(aretas)'과 '선택할 만한(것들, hairetas)' 간의 발음의 유사성을 통한 말장난이다. 아리스토

텔레스에게서 동일한 말장난을 찾아볼 수 있다. 『니코마코스 윤리학』 VI, 13, 1144a1~2: "먼저 이것들[실천적 지혜와 철학적 지혜]은 혼의 각 부분에 고유한 덕들(aretas)이기에, 설령 양자 모두 만들어 내는 것이 아무것도 없다고 하더라도 그 자체로 반드시 선택할 만한 것들(hairetas)임을 말해 두도록 하자." 한편 플라톤의 『크라튈로스』(415d)에서는 소크라테스가 덕(aretē)의 어원을 다루면서, 덕은 혼이 방해받지 않고 '언제나 흐르는(aei rheon)' 데서 비롯된 'aeireitē'의 축약이라고 말하는데, 이 대목과 관련해서는 'aeireitē' 대신 'hairetōtatēs(가장 선택함직한 것)'로 읽은 사본(T)도 있다.

420 **가장 운이 좋고 가장 행복한**: 행운과 행복이 함께 하는 경우로는 예컨대 플라톤, 『에우튀데모스』 282c 참조.

421 **신과 닮는 것**: 알비노스, 『서설』 II, 2, 153, 8~9; 『생애』 III, 78 참조.

422 **닮는다는 것은 슬기로움과 함께 정의롭고 경건한 것이지**: 플라톤 『테아이테토스』 176a~b.

423 **왜냐하면 […] 가능한 한 신을 닮고자 열심히 노력하는 사람은 결코 신들이 소홀히 하지 않기 때문이네**: 플라톤, 『국가』 X, 613a.

424 **사람들이 절제와 정의라고 부르는 대중적이고 시민적인 덕을 추구해온 자들이네**: 플라톤, 『파이돈』 82a~b.

425 **실로 신은 옛 말씀처럼 시작이자 끝이며**: 플라톤, 『법률』 IV, 715e~716a; 앗티코스, 『단편』 3, 16~18 참조.

426 **신을 따르고 닮아 가는 혼**: 플라톤, 『파이드로스』 248a.

427 **좋음은 유익함의 원리인데**: 플라톤, 『대 히피아스』 296e 참조. 그 외에도 에픽테토스, 『담화록』 II, 8, 1: "신은 유익하오. 그뿐만 아니라 좋음도 유익하오. 그렇다면 신의 본질이 있는 곳, 그곳에 좋음의 본질도 있다고 보는 것이 그럼직하오."

428 **그것[=좋음]은 신에게 달려 있다**: 예컨대 아리스토텔레스, 『형이상학』 XII, 7, 1072b14~15; 앗티코스, 『단편』 3, 18~22; 플로티누스, 『엔네데스』 III, 1, 1, 10~11.

429 그렇다면 이 원리로부터 귀결되는 바에 따르면 […] 하늘 너머의 신은 덕을 갖고 있지 않지만, 덕보다 더 나은 자인 것이다: 하지만 알키노오스의 설명과 달리, 플라톤에게 있어서 덕들은 하늘 위의 장소(huperouranios topos)에 위치한다. 예컨대 『파이드로스』(247d)에서 혼들은 천구의 끝까지 상승한 뒤에 천구 건너편에 있는 정의와 절제와 앎을 관조한다고 묘사된다. 그런가 하면, 『법률』(898c~900d)에서는 천상의 신들도 덕을 지닌다고 말해진다. 알키노오스의 생각은 플라톤보다는 오히려 아리스토텔레스와 좀 더 가까워 보인다. 예컨대 『니코마코스 윤리학』 VII, 1, 1145a25~27: "왜냐하면 짐승에게 악덕도 없고 덕도 없듯이 마찬가지로 신에게도 그것들은 없지만, 신적인 상태는 덕보다 고귀하며, 짐승과 같은 상태는 악덕과는 다른 종류의 것이기 때문이다." 이렇듯 알키노오스가 아리스토텔레스 편에 서 있는 듯 보이는 것은 플라톤에 반대하기 위해서라기보다는, 덕에 있어서는 신과 인간이 동등하며(예컨대 키케로, 『법률론』 I, 8, 25 [= SVF III, 245, p. 58, 32~34]), 그런 점에서 덕을 놓고 보면 제우스는 인간인 디온을 능가하지 못할 수도 있다(플루타르코스, 『스토아학파의 공통관념에 대하여』 33, 1076A6~10 [= SVF III, 246, p. 58, 35~39])는 스토아학파의 입장과 선을 긋기 위해서라고 보는 학자도 있다(J. Whittaker, 1990, 138~139, n. 459).

430 불행은 [자기] 신령의 나쁜 상태이고, 행복은 [그] 신령의 좋은 상태: 이와 관련된 최초의 언급은 데모크리토스에게서 찾아볼 수 있다. 예컨대 「단편」 176 [= DK68B170 = 『단편 선집』 601]: "행복과 불행은 혼의 소관이다."; 「단편」 177 [= DK68B171 = 『단편 선집』 601]: "행복은 살진 가축들에도 황금에도 거주하지 않는다. 혼은 [좋거나 나쁜] 신령의 거처이다."

431 우리 안의 신령에 대한 예비적인 수준의 입문과 정화: 우리 안의 신령은 혼, 엄밀히는 혼의 지성적 부분을 가리킨다. 혹자는 '우리 안의 신령' 이라는 개념이 플라톤적이라기보다는 오히려 스토아 철학의 개념에

가깝다고 지적한다(J. Whittaker, 1990, 57, n. 465). 예컨대 에픽테토스, 『담화록』 I, 14, 12: "신은 자기 못지않게 우리 각자에게 저마다의 신령을 수호신으로서 곁에 두었고, 바로 그 신령이 잠들지도 속지도 않고서 우리 각자를 지켜보도록 해 준 것이오." 예비적 수준의 정화와 입문은 본격적인 입문과 정화에 들어가기 전에 행하는 사전적인 행위를 말하는데, 여기서는 본격적인 진리 탐구에 앞선 교양 교육 과정을 의미한다.

432 **덕은 신적인 것이기에**: 플라톤, 『법률』 I, 631b~d; 플로티누스, 『엔네아데스』 IV, 2, 1, 68; IV, 7, 10, 26~27. 물론 이런 관점이 그저 플라톤주의 전통에만 속한 것은 아니다. 예컨대 아스파시오스, 『아리스토텔레스의 「니코마코스 윤리학」 주석』 99, 1~5: "아리스토텔레스는 양자 모두[= 잘 행하는 것과 잘 겪는 것] 덕을 갖추고 자유로운 사람에 속하지만, 덕은 잘 겪는 것과 관련한다기보다는, 잘 행하는 것과 관련해서 말해지고 사유된다고 주장한다. 또한 그런 이유로 그는 덕이 신적인 어떤 것이자 신과 닮은 어떤 것이라고 생각한다. 왜냐하면 신적인 것은 잘 겪는 것과 관련해서가 아니라 잘 행하는 것과 관련해서 사유되기 때문이다."

433 **이성적인 부분의 완전한 상태는 슬기이고, 기개적인 부분의 완전한 상태는 용기이며, 욕구적인 부분의 완전한 상태는 절제인 것이다**: 혼의 부분에 따라 덕을 분류하는 방식은 플라톤의 『국가』 IV권에서 비롯된 것으로서, 알키노오스 이외에도 다수의 플라톤주의자들이 강조하는 내용이다. 예컨대 아풀레이우스, 『플라톤에 관하여』 II, 6 (3), 228~229: "모든 덕들은 혼의 부분들에 따라 나뉜다." 그 외에도 플로티누스, 『엔네아데스』 I, 2 [19], 1, 16~21; 포르퓌리오스, 『금언집(*Sententiae*)』 32, p. 23, 8~12 참조.

434 **슬기는 좋은 것들과 나쁜 것들, 그리고 어느 쪽도 아닌 것들에 대한 앎이다**: '슬기'는 'phronēsis'의 번역으로 역자에 따라서는 '실천적 지혜'나 '현명' 등으로 옮기기도 하는 것이다. 좋은 것, 나쁜 것, 좋지도 나쁜

지도 않은 것이라는 세 가지 구분은 스토아 철학의 영향인 것처럼 보인다. 다만 이런 구분은 헬레니즘과 고대 후기 철학자들 사이에서 일반적으로 받아들여진 것이다. 예컨대 키케로, 『신들의 본성에 관하여』 III, 15, 38: "우리는 신에게 슬기를 부여해야 하지 않겠습니까? 그것은 좋은 것과 나쁜 것, 좋지 않은 것과 나쁘지 않은 것에 대한 앎으로 이루어져 있지요."; 아풀레이우스, 『플라톤에 관하여』 II, 6 (3), 228: "그런데 슬기란 좋은 것들과 나쁜 것들, 그리고 중간적이라고 말해지는 것들을 아는 것에 관한 지식이다."

435 **절제는 이런저런 욕구와 욕망, 그리고 이것들이 […] 순종하는 것과 관련된 질서이다**: 우선 '욕구'로 옮긴 그리스어 'epithumia'는 이성, 기개와 함께 혼의 세 번째 부분을 이루며, 플라톤의 대화편에 자주 등장한다. 반면에 '욕망'으로 옮긴 'orexis'는 주로 아리스토텔레스가 사용했던 용어로서, 플라톤의 대화편에는 위작으로 알려진 『정의들』에만 두 차례(413b; 414c) 등장할 뿐이다. 알키노오스와 동시대의 플라톤주의자인 아풀레이우스는 두 개념을 각각 'cupido(욕구)'와 'desiderium(욕망)'으로 옮겨 사용한다. 예컨대 『플라톤에 관하여』 II, 6, (3) 229: "정신의 세 번째 부분은 욕구와 욕망에 속하는 것들로서" 다음으로 혼의 이성적인 부분을 '지도적인 부분'이라고 부르는 것은 스토아 철학으로 보인다(주 341 참조). 그렇지만 혼의 질서 잡힌 상태(taxis)를 절제와 관련하여 바라보는 것은 기본적으로 플라톤의 『고르기아스』(504b~d)에서 찾아볼 수 있는데, 거기서 소크라테스는 몸의 배치와 질서로부터 몸 안에 건강이 생기듯이, 혼의 짜임새와 질서로부터는 정의와 절제가 생겨난다고 주장한다.

436 **용기는 […] 법에 부합하는 생각을 지켜 내는 능력**: '법에 부합하는 생각(ennomon dogma)'은 플라톤에게서는 생소한 표현인데, 아마 스토아 철학에서 온 것처럼 보인다. 예컨대 키케로, 『투스쿨룸 대화』 IV, 24, 53: "그[= 크뤼시포스]는 용기란 '견뎌 내야 할 사태에 대한 앎이거나 혹은 견디고 버티며 두려움 없이 최고의 법을 지키려는 영혼의 상태'

라고 하였습니다." 참고로 아리스토텔레스는 용기가 아니라 정의를 다루면서, 법에 따르는 것(nomima)을 정의의 조건으로 간주한 바 있다(『니코마코스 윤리학』 V, 1, 1129b11~14 참조).

437 **정의는 혼의 부분들이 서로 간에 한목소리를 내는 것[조화]으로서 […] 세 가지 덕인 슬기, 용기, 절제가 전적으로 완전한 상태에 이르는 것을 말한다**: 플라톤, 『국가』 IV, 433b~c.

438 **바른 이성(logos orthos)**: 플라톤, 『파이돈』 73a; 94a; 『정치가』 310c; 『티마이오스』 56b; 『법률』 II, 659d 참조.

439 **완전한 덕들은 서로 분리될 수 없다**: 완전한 덕은 자연적으로 타고난 덕(훌륭함)에 슬기가 더해진 것을 말하며, 플라톤이 아니라 아리스토텔레스에게서 온 개념이다. 예컨대 누군가는 남들에 비해 용기를 타고난 사람일 수 있다. 하지만 그렇게 타고난 용기는 불완전하며, 자칫 잘못 사용하면 무모함이나 만용이 된다. 그 타고난 용기에 슬기가 더해졌을 때 비로소 완전한 덕이 된다는 것이다. 『니코마코스 윤리학』 V, 13, 1144b1~17; 1144b34~1145a2; 『에우데모스 윤리학』 II, 1, 1219a35~39 참조.

440 **좋은 소질과 덕을 향한 진보**: '좋은 소질' 혹은 '타고난 재능' 정도로 옮길 수 있는 'euphuia'는 플라톤의 위작으로 알려진 『정의들』에만 등장한다(412e, 413d6, 8). 알키노오스는 이곳 말고도 152, 24에서도 이 말을 사용하는데, 이 개념은 아리스토텔레스나 스토아학파에게서 가져왔을 가능성이 높다(J. Whittaker, 1990, 2, n. 15). 예컨대 클레안테스의 저술 목록 중에는 『좋은 소질에 관하여(*Peri euphuias*)』라는 제목이 들어 있다(『생애』 VII, 175). '진보'로 옮긴 'prokopē' 역시 스토아 철학자들의 주요 개념으로 알려져 있다. 예컨대 에픽테토스의 『담화록』 제I권 4장의 주제는 '진보에 관하여'이다.

441 **완전한 덕들의 경우 […] 정도보다 강도가 세지지도 약해지지도 않는다**: 완전한 덕들은 말 그대로 완전하기에 '더'나 '덜'처럼 상대적인 성질을 받아들이지 않는다는 뜻이지만, 무엇보다도 성격적인 덕과 관련하여

아리스토텔레스가 강조하는 중용의 영향을 받지 않았을까 짐작해 볼 수 있다(니코마코스 윤리학』 II, 6, 1106b8~28 참조).

442 **악덕의 경우에는 강도가 세지거나 약해지는 것을 허용한다:** 이 주장은 악덕이 모두 동등하다는 스토아학파의 주장에 대한 비판을 함축하고 있는 것으로 보인다. 예컨대 키케로, 『아카데미아학파 전서(루쿨루스)』 II, 43, 133: "모든 잘못이 동등하다는 것은 스토아주의자들의 견해지만, 안티오코스는 이를 강하게 거부합니다." 하지만 스토아 철학자들이 모두 그런 입장에 동의했던 것 같지는 않다. 예컨대 『생애』 VII, 120~121: "그들[크뤼시포스와 페르사이오스]은 잘못이 다 같다고 여겨야 한다고 주장한다. 왜냐하면 참이 참보다 더 참이지도 않고, 거짓이 거짓보다 더 거짓이지도 않다면, 기만도 기만보다 더 기만적이지 않으며, 잘못도 잘못보다 더 잘못이 아니기 때문이라는 것이다. [···] 하지만 타르소스 출신의 헤라클레이데스와 아테노도로스는 잘못이 다 같지는 않다고 말한다."

443 **악덕들은 결코 서로 수반하지 않는다. 왜냐하면 어떤 반대되는 것들은 동일인에게 속할 수 없기 때문이다:** 이런 생각은 아리스토텔레스에게서 찾아볼 수 있다(『니코마코스 윤리학』 IV, 11, 1126a11~13 참조). 반면에 같은 플라톤주의자이면서도 아풀레이우스는 알키노오스와 달리 생각했던 것처럼 보인다. 예컨대 『플라톤에 관하여』 II, 4, 225: "그렇지만 그[플라톤]는 사악함이야말로 가장 나쁘며, 갖은 악덕들에 물든 인간에게 속하는 것이라고 보았다."

444 **보잘것없지도 않고 훌륭하지도 않은 중간적인 상태가 있다는 것 또한 인정해야 한다. 왜냐하면 모든 사람들이 훌륭하거나 보잘것없는 것은 아니기 때문이다:** 알키노오스는 이 주장을 통해 덕과 악덕 사이에 중간이 없다는 스토아 철학자들의 입장을 거부하는 것처럼 보인다. 예컨대 『생애』 VII, 127: "한편, 소요학파가 덕과 악덕 사이에 도덕적 향상이 있다고 말하는 데 반하여, 그들[스토아 철학자들]은 덕과 악덕 사이에는 아무것도 없다고 주장한다. 막대기는 곧거나 굽을 수밖에 없듯이, 정

의롭거나 부정의할 수밖에 없지 더 정의롭거나 더 부정의하거나 하지 않으며, 이는 다른 덕들의 경우에도 마찬가지라는 것이다."

445 감정적인 부분에 속하는 덕들: 기개와 욕구처럼 혼의 비이성적인 부분에 대한 덕을 말한다(주 104, 433 참조).

446 왜냐하면 이 덕들은 기술도 앎도 아니기 때문이다: 혼의 이성적인 부분에 속하는 덕만이 앎과 기술에 속하는 반면, 혼의 비이성적인 부분과 관련된 덕들은 이성의 지휘를 받을 뿐 그 자체로는 앎도 기술도 아니며, 교육이 아니라 습관과 경험을 통해서 획득된다.

447 키잡이가 선원들에게 그들에게는 보이지 않는 뭔가를 하달하고 선원들은 그에게 복종하는 것: 키잡이와 선원의 비유에 관해서는, 플라톤 『국가』 341c~d; 342d~e; 488a~489b; 『파이드로스』 247c; 『정치가』 296e~297a; 『법률』 640e~641a; 961e. 그 외에도 플루타르코스, 『플라톤 철학의 물음들』 1008A: "또한 타당하게도 자연은, 마치 키잡이에 대해 그렇듯이 이성적인 부분을 머리에 자리 잡게 한 반면, 욕구적인 부분은 말단의 네아토스[가장 아래]에 멀리 떨어뜨려 거주시킴으로써, 가장 우월한 것에게 위의 자리를 부여했다."

448 덕들의 경우, 그것들 각각의 양쪽에는 두 가지의 악덕이, 즉 한쪽에는 과잉으로 인한 악덕이, 다른 한쪽에는 결핍으로 인한 악덕이 보임으로써: 아풀레이우스, 『플라톤에 관하여』 II, 5, 228: "그로부터 플라톤은 중용들을 덕들 및 최고선들과 동일한 것들이라고 불렀으니, 왜냐하면 그것들은 과잉과 결핍에서 벗어나 있었을 뿐만 아니라 그 중간에, 그러니까 악덕들의 중간에 위치해 있기 때문이다."

449 넉넉함의 덕과 관련하여 한쪽에는 옹색함이, 다른 한쪽에는 낭비벽이 보이는 것과 같다: 동일한 사례를 플루타르코스에서도 찾아볼 수 있다. 예컨대 『윤리적인 덕에 관하여』 445A: "넉넉함은 옹색함과 낭비벽 사이의 중용이다."

450 감정들 속에서 적절함이 넘치거나 모자람에 따라 적도의 부재가 생겨난다: 적도(혹은 비례)의 결핍에 관해서는 아스파시오스, 『아리스토텔레스

의 「니코마코스 윤리학」 주석』 92, 32~36: "절제하는 사람은 만사에 중도를 취한다. [···] 왜냐하면 그는 자연적인 쾌락들에 있어서 적도의 부재를 받아들이지 않고, 본성에 반하는 쾌락은 어떠한 것도 귀담아듣지 못할뿐더러 욕구하지도 않기 때문이다."

451 **적도에 맞게 감정적인(metriopathēs) vs. 적도에 맞게 감정적이지 않은(ametriopathēs)**: 디오게네스 라에르티오스는 이 개념이 아리스토텔레스와 소요학파의 것이라고 말한다. 예컨대 『생애』 V, 31: "그는 지혜로운 사람은 감정이 없는 것이 아니라 적절하게 감정을 느낀다고 말했다." 그렇지만 막상 'metriopathēs'라는 말은 아리스토텔레스에서 나오지 않는다. 더욱이 '적도에 맞게 감정적이지 않은'으로 옮긴 'ametriopathēs' 역시 오직 이곳에만 등장하는 이른바 단발어(hapax legomenon)로서, 알키노오스가 필요에 의해 만들어 사용한 것처럼 보인다.

452 **우리에게 달려 있을 뿐 [누구에게도] 지배당하지 않는 무엇인가가 있다면**: 예컨대 플라톤, 『국가』 X, 617e: "훌륭함(덕)은 그 주인이 없어서 저마다 그걸 귀히 여기는가 아니면 대수롭지 않게 여기는가에 따라, 그것을 더 갖게 되거나 덜 갖게 되리라. 그 탓은 선택한 자의 것이지 신을 탓할 일이 아니니라." 참고로 '우리에게 달린(eph' hēmin)'이라는 표현과 관련해서는 주 115 참조.

453 **만약 아름다운 것이 자연이라든가 어떤 신적인 몫으로부터 생겨났다면, 그것은 [당연한 것이지] 찬양할 만한 것이 아니었을 테니 말이다**: 자연적으로(즉 저절로) 발생한 것이나, 신적인 몫(즉 운명)에 따라 닥친 것은 그 결과가 아름답고 훌륭하더라도 굳이 칭송의 대상이 되지 않는다(179, 7~8 참조).

454 **덕은 의지적인 것으로서 열정적이고 고귀하며 지속적인 어떤 충동에 따라 형성된 것**: 덕에 충동적인 요소(hormē tis)가 들어 있다고 보는 것은 플라톤보다는 스토아 철학의 영향으로 짐작된다. 그리고 덕의 이런 성질은, 바로 아래에 나오듯(185, 1~3), 누군가가 덕이나 악덕을 향해

'달려 나가는(hormaō)' 것과도 무관하지 않아 보인다.

455 **가장 아름답고 귀중한 부분:** 혼을 말한다. 플라톤은 혼이나 덕의 속성을 언급할 때 종종 '아름답고 존귀하다'는 표현을 함께 사용한다. 예컨대 『크리티아스』 121b; 『필레보스』 30b; 『법률』 III, 698a.

456 **만약 누군가가 악덕을 향해 나아간다면, 첫 번째로 그는 악덕 그 자체를 향한다고 생각해서가 아니라 좋은 것을 향한다고 생각해서 그리로 나아가는 것일 것이다:** 알키노오스는 덕이 일종의 앎이며, 악은 무지에 다름 아니라고 하는 윤리학적 주지주의의 입장을 충실히 따르고 있다. 이런 입장은 누구보다도 소크라테스의 입장으로 유명하며, 플라톤의 대화편들에도 여러 차례 등장한다. 예컨대 크세노폰, 『회상』 III, 94, IV, 6, 6; 플라톤, 『소크라테스의 변명』 26a; 『고르기아스』 509d; 『프로타고라스』 345d~e 357c~358c; 『메논』 77d~e; 『국가』 IX, 589c; 『소피스트』 230a; 『법률』 V, 731c; IX, 860d~e 등. 아풀레이우스는 알키노오스와 같은 입장을 취하며, 이에 관해 다음과 같이 자세히 설명한다. 『플라톤에 관하여』 II, 11, 236: "덕을 고찰하는 사람이 있다고 해 보자. 그가 덕이 좋고 유익함에서 압도적임을 깊이 이해하는 경우, 그는 놓치지 않고 덕을 향해 움직일 것이며, 덕이 그 자체로 추구할 만한 것이라고 판단할 것이다. 마찬가지로 이번에는 또 다른 사람이 있어서, 악이 자신의 명성을 수치스럽게 할 뿐만 아니라 그에게 해로우며, 다른 것들과 관련해서도 유해한 것으로 여긴다고 해 보자. 그렇다면 어찌 그가 자의로 악들과 관계 맺을 수 있겠는가? 만약에 그가 악을 행함으로써 이익을 얻을 것이라 믿고서, 그런 악들을 향해 달려간다면, 그것은 그가 허상에 의해 속은 것이요, 좋음처럼 보이는 것에 아무런 의심 없이 유혹당한 것이요, 실제로는 자기도 모르게 악을 향해 달려가는 셈이다."

457 **부정의가 그토록 나쁜 것이기에 우리가 더욱 피해야 할 것은, 부정의를 당하는 것보다 부정의를 행하는 것이다:** 부를 행하느니 차라리 겪는 것이 더 낫다라는 주장은 플라톤의 『고르기아스』(472b~475b)에 전개된 소

크라테스와 폴로스 간의 논쟁에서 찾아볼 수 있다. 다만 거기서 논쟁은 '부정의한 사람이 행복할 수 있는지 아닌지'와 '부정의를 저지른 자가 처벌받는 것이 그에게 행복한 일인지 아닌지'라는 쟁점을 중심으로 전개되지, 부정의가 매우 나쁜 것이기에 당하기보다는 오히려 행하지 않도록 더 조심해야 한다라는 식의 논의는 나오지 않는다. 오히려 혹자는 이런 주장이 제국 시대(서기 1~2세기)에 유행했던 윤리적 토론의 단골 메뉴와 같은 것이었다고 지적한다(J. Whittaker, 1990, 147, n. 513).

458 **모든 처벌은 잘못을 범한 혼이 받는 일종의 의료행위이기 때문이다:** 잘못은 혼의 무지에서 기인한 것이고 무지는 혼의 질병이며, 이때의 혼은 치료의 대상이 되는 것이다. 예컨대 플라톤, 『티마이오스』 86c~d; 아풀레이우스, 『플라톤에 관하여』 II, 17, 244~245 참조.

459 **대부분의 덕들은 감정들과 관련하여 생겨나기에:** '감정'은 'pathos'를 옮긴 것이다. '겪다'라는 의미의 'paschein'에서 유래한 이 단어는 주로 '겪음' 내지는 '(겪은) 상태' 정도로 번역되기도 하는데, 결국 감정이란 혼이 겪은 상태를 의미한다. 사실 플라톤은 대화편을 통해 감정을 정의하거나 감정에 관한 어떤 이론을 전개한 적도 없다. 하지만 그는 대화편의 등장인물을 묘사하는 가운데 승리의 욕구를 비롯하여 자신감, 동정심, 질투심, 당혹감, 분노 등 다양한 감정들을 철학적 토론 주제에 맞춰 보여 주곤 한다. 반면에 감정에 관한 정의는 아리스토텔레스에게서 찾아볼 수 있다. 예컨대 『니코마코스 윤리학』 II, 5, 1105b19~23: "감정들이란 욕구, 분노, 공포, 자신감, 질투심, 기쁨, 친애, 미움, 갈망, 부러움, 동정심, 일반적으로 말해서 즐거움과 괴로움이 따르는 것들을 말한다"; 『수사학』 II, 1, 1378a19~22: "감정들이란 판단과 관련하여 변화를 줌으로써 바꾸게 하는 모든 것들로서 괴로움과 즐거움이 따르는 것들이니 예컨대 분노, 연민, 공포 및 그와 같은 것들, 그리고 그것들과 반대되는 것들이 그렇다."

460 **감정이란 좋은 것이나 나쁜 것에 대한 혼의 비이성적인 움직임이라는 것**

이다: 감정이 혼의 비이성적인 부분의 움직임이라는 생각에는 학파를 막론하고 다수의 철학자들이 동의한다. 다만 알키노오스는 위 대목을 통해서 감정을 판단과 의견이라고 보는 몇몇 스토아 철학자들의 입장을 겨냥하고 있는 것처럼 보인다. 예컨대 『생애』 VII, 110~111: "크뤼시포스가 『감정들에 관하여』에서 말하듯이, 그들은 감정들이 판단이라고 생각한다. 왜냐하면 돈 욕심은 돈이 아름답다는 평가이고, 음주벽도, 무절제도, 다른 것들도 비슷한 식이기 때문이다."

461 감정은 좋은 것에 대한 것이거나 나쁜 것에 대한 것이다. 왜냐하면 무관한 것의 출현에 의해서는 감정이 움직이지 않기 때문이다: 예컨대 키케로, 『투스쿨룸 대화』 III, 7, 14 참조.

462 단순하며 요소적인 성격의 감정들로는 둘이 있는데, 그것들은 즐거움과 괴로움으로서, 다른 것들은 이것들로부터 형성된다. 이 말은 두려움이라든가 욕구를 근원적이고 단순한 것들로 간주하여 이것들과 함께 열거해서는 안 된다는 뜻이다: 여기서 알키노오스는 즐거움과 괴로움, 두려움, 그리고 욕구를 네 가지 기본 감정으로 간주하는 스토아학파의 견해를 겨냥하고 있는 것처럼 보인다. 예컨대 스토바이오스, 『선집』 II, 88, 6 [= SVF III, 387, p. 92, 11~16]: "그들[스토아주의자들]의 주장에 따르면, 감정이란 과도하며 이성의 선택에 복종하지 않는 충동, 혹은 본성을 거스르는 혼의 비이성적인 움직임이다. [⋯] 그리고 일차적인 것들은 종적으로 다음 네 가지, 즉 욕구, 두려움, 고통, 즐거움이다."

463 감정들 가운데 어떤 것들은 야생적인 것들이고 어떤 것들은 유순한 것들이다: 플라톤, 『국가』 IX, 588c~589d 참조.

464 개는 적과 맞서고 복수하는 데 필수적이고, 동정심은 인간애에 적절하며, 수치심은 추한 것들에게서 멀어지기에 적합하다: 알키노오스는 이 개념들을 아리스토텔레스와 소요학파에게서 가져온 것으로 보인다. 예컨대 기개와 관련해서는 키케로, 『투스쿨룸 대화』 IV, XIX, 43; 『아카데미아학파 전서(루쿨루스)』 II, 44, 135; 동정심에 대해서는, 『투스쿨룸 대화』 IV, XX, 46; 수치심에 관해서는, 『투스쿨룸 대화』 IV, XX, 45

참조.

465 야생의 감정들은 자연에 반하는 것들로서 비틀림과 고약한 습관들로부터 형성된 것들이다: 덕들이 직선을 닮은 것(184, 14~15 참조)과는 대조적으로 야생의 감정은 뒤틀리거나 왜곡된 상태에서 발생한다고 할 수 있다. 다만 '비틀림'으로 옮긴 'diastrophē'는 플라톤에 등장하지 않는데, 혹자는 알키노오스가 이 용어를 스토아학파에게서 빌려 왔을 가능성이 있다고 지적한다(J. Whittaker, 1990, 149, n. 529).

466 악의: 원어는 'epichairekakia'로, 직역하면 '남의 불행을 즐거워 함'이라는 뜻이다.

467 적도를 받아들이지 않기 때문이다: 예컨대 위 플라톤, 『정의들』 411e: "절제: 혼 안에서 욕구들과 즐거움들이 본성에 맞게 생겨나는 것과 관련한 혼의 적도."

468 괴로움과 고통은 자연에 반하는 움직임에 부수하여 생기는 반면, 즐거움은 자연에 부합하는 상태로 회복되는 운동에 부수하여 생기는 감정이다: 괴로움과 즐거움에 관해서는 플라톤, 『티마이오스』 64e~64a; 『필레보스』 31d~32b 참조.

469 자연에 따르는 상태란 고통과 즐거움의 중간일 뿐이요 둘 중에 어떠한 것과도 같지 않으니, 우리는 대부분의 시간을 그 안에서 보낸다: 고통과 즐거움의 중간 상태에 관해서는 아풀레이우스, 『플라톤에 관하여』 II, 12, 238: "그저 괴로움과 쾌락만이 혼에 닥치고 몸에 다가오는 것이 아니라 일종의 중간 상태도 있으니, 그것은 이를테면 괴로움이 부재할 때라든가, 즐거움이 현전하더라도 우리가 느끼지 못할 때가 그렇다." 사실 이 대목은 즐거움이나 괴로움이 좋지도 나쁘지도 않은 것이라는 『필레보스』(32d)의 대목을 연상시킨다.

470 즐거움의 종류가 여럿이며, 어떤 것들은 몸을 통한 것들이고 또 어떤 것들은 혼을 통한 것들: 플라톤, 『필레보스』 32a~c.

471 즐거움들 가운데 어떤 것들은 반대인 것들과 혼합되는 반면, 다른 어떤 것들은 순수하고 섞이지 않은 것들로서 머문다: 플라톤, 『필레보스』

46a~52b.

472 어떤 즐거움들은 상기와 관련된 것들: 플라톤, 『필레보스』 33c~34c.

473 다른 어떤 즐거움들은 희망과 함께 생겨난다: 플라톤, 『필레보스』 32b~c.

474 어떤 즐거움들은 적도에 맞고 모종의 방식으로 좋음을 나눠 갖는 것들: 플라톤, 『필레보스』 52c~d; 66c.

475 좋은 것들을 보고 기뻐하는 것: 원문은 'euphrosunē'로서 '분별 있는 사람들의 행동에 대해 기뻐하는 마음'을 뜻한다(위 플라톤, 『정의들』 413e).

476 부수하여(epigennēmatikē): 스토아 철학의 용어로 보인다. 예컨대 키케로, 『최고 선악론』 III, XIX, 32 [= SVF III, 504, p. 137, 3~6]: "다른 몇몇 기술들의 경우 우리가 '기술적으로(articiose)'라고 말할 때, 그것은 일정한 방식으로 뒤따르는 것이자 귀결되는 것으로서 간주됩니다(posterum quodam modo et consequens putandum est). 그것은 저들[스토아주의자들]이 '부수하는(epigennēmatikon)'이라고 부르는 것입니다. 반면에 우리가 행동에서 '지혜롭게(sapienter)'라고 말할 때, 그것은 처음부터 곧바르게 그렇다고 말해지는 것입니다(id a primo rectissime dicitur)."

477 친애(philia): 친애에 관한 알키노오스의 논의는 대부분 아리스토텔레스의 『니코마코스 윤리학』 VIII~IX권에 기반하며, 아풀레이우스가 『플라톤에 관하여』(II, 13, 238~14, 240)에서 다룬 내용과도 비슷하다.

478 이웃과 자기 자신이 잘 지내기를 쌍방이 동등하게 원할 때: 아리스토텔레스, 『니코마코스 윤리학』 VIII, 2, 1155b27~1156a5; VIII, 2, 1156b9~10; VIII, 3, 1157b31~1158a1; IX, 12, 1171b32~35; 아풀레이우스, 『플라톤에 관하여』 II, 13, 238.

479 닮은 것은 적도에 맞을 때 닮은 것과 친구인 반면, 적도가 결여된 것들은 서로 간에도, 적도에 맞게 균형을 유지하는 것들과도 조화를 이룰 수 없기 때문이다: 플라톤, 『법률』 IV, 716c.

480 부모의 자식에 대한 자연스러운 친애[자애], 친족들 간의 친애, 그리고 이른바 시민들 간의 친애와 동지애: 친애와 닮았지만 친애와 구별되는 것들에 관해서는 아리스토텔레스, 『니코마코스 윤리학』 VIII, 11, 1159b32~1160a3; VIII, 14, 1161b11~1162a33 참조.

481 이성적인 동물이 지닌 혼의 상태는 셋으로서, 하나는 좋은 상태이고 다른 하나는 열악한 상태이며 세 번째는 그 중간이듯이, 마찬가지로 그 종류에 따라 서로 구별되는 사랑도 셋일 것이다: '사랑'은 'erōtikē'를 옮긴 것이다. 사랑을 우아한 것과 열악한 것, 그리고 중간적인 것으로 삼분하는 것과 관련해서는 플라톤, 『법률』 VIII, 837a~d; 아풀레이우스, 『플라톤에 관하여』 II, 14, 239~240 참조.

482 열악한 사랑은 오직 육체만을 향하고 즐거움에 패배하며, 그런 식으로 짐승의 성질을 띤다: 플라톤, 『국가』 IX, 586a~b; 『파이드로스』 250e~251a.

483 세련된 사랑은 오직 덕과 관련된 적성이 관찰되는 혼만을 위한 것이다: '세련된'은 'asteios'의 번역으로서, 직역하면 '도시적인'이라는 뜻이다. 시골과 다르게 촌스럽지 않고 우아하며 학식과 교양을 겸비한 상태라는 의미로서, 맥락에 따라 '세련된'으로 옮기곤 한다. 플라톤, 『국가』 VII, 535a~536b; 『파이드로스』 252e, 276e.

484 중간적인 사랑은 양자를 함께 목표로 삼으니, 한편으로는 육체를 욕망하고 다른 한편으로는 혼의 아름다움도 욕망하는 것이다: 플라톤, 『향연』 209b; 『파이드로스』 256b~e.

485 사랑받을 만한 사람(axierastos): 스토아 철학자들이 주로 사용한 개념이다. 그들에 따르면, 진정으로 사랑받을 만한 사람은 오직 현자들이다. 예컨대 섹스토스 엠페이리코스, 『윤리학자들에 반대하여』 170 [= SVF III, 598, 156, 6~7]: "[스토아주의자들에 따르면] 또한 사랑받을 만한 사람도 아름답다. 그런데 사랑받을 만한 사람은 오직 현자뿐이다. 그렇다면 오직 현자만이 아름답다."

486 육화된 에로스 역시 신이라기보다는 일종의 신령이라고 말해야 하는 것이

다: '성애'를 뜻하는 '에로스(erōs)'는 그리스 신화 속에서 성애의 신으로 묘사되지만, 플라톤은 『향연』(202c~e)에서 에로스가 일종의 신령(daimōn)이라고 말한다. 신령에 관해서는 주 323 참조.

487 **신들 편에 있는 것들을 인간들에게 전해 주는가 하면, 또 그 반대로도 하는 자**: 즉 에로스는 신과 인간의 매개자인 셈이다. '전해 주다(diaporthmeuō)'의 용법과 관련하여 이와 비슷한 맥락으로는 막시모스 튀리오스, 『철학적 연설들』 VIII, 8: "[다이몬은 신과 인간을 매개해 주는 자인데] 이는 마치, 비록 외국인이 언어를 이해할 수 없다는 점에서 헬라스인과 갈라지지만 통역자들[해석자들]의 집단이 양편의 언어를 받아다가 각자에게 전해줌으로써 그들이 서로 접촉하고 함께 어울려 교류하게 되는 것과 같다."

488 **사랑의 대상(paidika)**: 이 말은 직역하면 '소년', '어린아이'라는 뜻이다. 고대 그리스에서는 자식의 출산을 목적으로 하는 이성 간의 사랑 말고도 동성애가 유행했는데, 이때의 동성애는 엄밀히 말해 성인 남성이 어린 소년을 사랑하는 소년애를 의미한다. 여기서 사랑의 대상은 대개 턱수염이 자라기 이전의 소년으로서 연인 관계에서는 수동적인 역할을 하며, '사랑받는 자(erōmenos)'라고 불린다. 반면에 해당 소년의 상대인 성인 남성은 '사랑하는 자(erastēs)'라고 불리며 연인 관계에서는 능동적인 역할을 하며, 미숙하고 경험이 부족한 소년의 조언자이자 후견인이 되기도 한다. 사랑받는 자와 사랑하는 자의 관계에 대해서는 바로 아래의 주 490 참조.

489 **사랑을 획득한 자는 사랑의 대상을 나긋나긋하게 대하거나 찬양함으로써가 아니라**: 예컨대 플라톤, 『뤼시스』 206a~b; 210e 참조.

490 **사랑받는 이(erōmenos)**: 이 말은 '사랑하다'를 뜻하는 동사 'eraō'의 수동 분사형으로서, 직역하면 '사랑받는 사람'이라는 뜻이다. 한국어의 '사랑하다'가 대개 상호적인 감정이나 행위를 함축하는 것과 달리 그리스어의 '사랑하다(eraō)'는 능동(사랑하다)과 수동(사랑받다)이 비교적 확실하게 구별된다. 그래서 연인에 관해 말할 때도, '사랑하는 이

(erastēs)'와 '사랑받는 이(erōmenos)'를 구별하여 사용한다. 예컨대 '친애(philia)'의 본성을 다루는 플라톤의 『뤼시스』(212a~213d)에서, 소크라테스는 어린 친구들에게 "사랑하는 이가 사랑받는 이의 친구인가, 아니면 사랑받는 이가 사랑하는 이의 친구인가, 그것도 아니면 서로가 서로의 친구인가"라고 물으며 탐구를 시작한다.

491 다른 한편, 플라톤은 정체들 가운데: 알키노오스는 친애를 다룬 데 이어서 바로 정치 체제에 관한 논의로 넘어가는데, 이러한 논의 전개는 아리스토텔레스와 비슷하다. 그는 『니코마코스 윤리학』 VIII권 12~13장에 걸쳐 친애에 관한 논의로부터 정체 유형의 분석으로 넘어간다. 이와 유사한 전개 순서는 아풀레이우스(『플라톤에 관하여』 II, 13, 238~15, 242)와 디오게네스 라에르티오스(『생애』 III, 81~82)에서도 찾아볼 수 있다.

492 무가정적인 것들: '무가정적인'은 'anupothetos'를 옮긴 것이다. 말 그대로는 '밑에 놓이지 않는', '가정되지 않는'을 뜻하며, 플라톤은 『국가』의 선분의 비유에서 이데아들의 영역을 지칭할 때 이 개념을 사용한다(『국가』 VI, 510b; E. Vimercati, 2015, 709, n. 173). 가정으로부터 무가정적인 원리로의 상승에 관해서는 주 170 참조. 요컨대 무가정적인 정체란 현실에 상정되지 않고 이론상으로만 구현된 정체, 즉 이상적인 정체를 의미한다.

493 전쟁 없는 정체 VS. 염증과 전쟁 상태인 정체: 플라톤, 『국가』 II, 369b~372e(전쟁 없는 정체); 372d~e(염증과 전쟁 상태인 정체) 참조.

494 철학자들이 왕이 되거나, 아니면 왕이라 불리는 이들이 어떤 신적인 몫을 받아 진정으로 철학을 하기에 이르지 않는다면, 인간사(人間事)는 결코 나쁜 것들에서 벗어날 수 없을 것이다: 플라톤, 『국가』 V, 473c~d; 특히 『일곱 번째 편지』 326a 참조.

495 함께 싸우는 자들(summachoi): 군인들을 말한다. 이들은 철인 통치자들을 보조하며, 통치자들의 지시에 따라 공동체의 방위와 치안을 담당한다.

496 최선자 정체, 명예정: 아리스토텔레스, 『정치학』 III, 17, 1288a21(최선자 정체); 『니코마코스 윤리학』 VIII, 12, 1160a34(명예정) 참조.

497 세 번째로는 민주정이, 그다음에는 과두정이, 마지막으로는 참주정이: 『국가』(VIII권)에서 기술된 정체의 변화 과정(최선자 정체 ⇨ 명예정 ⇨ 과두정 ⇨ 민주정 ⇨ 참주정)과 비교해 보면 과두정과 민주정의 순서가 바뀌어 있다. 알키노오스가 『국가』에 전개된 설명을 『정치가』(291d~292a)의 논의와 맞추기 위해 일부러 순서를 바꿨을 수도 있다고 보는 학자도 있다(J. Whittaker, 1990, 152, n. 562).

498 가정으로부터(ex hupotheseōs): 즉 현실에 놓여 있는 정체들에 기반하여. 플라톤은 앞서 현실에 상정되지 않고 이론상으로만 다뤄지는 정체를 '무가정적인 것(anupothetos)'이라고 부른 바 있다(188, 8~9). 이와 달리, 가정적인 것들은 감각의 영역에 속하는 것들을 말한다(E. Vimercati, 2015, 709, n. 178).

499 『법률』 편에서는 병든 도시들을 위해 그 정체를 사용하는데: 즉 차선의 정체를 말한다. 플라톤, 『법률』 V, 739e~740a.

500 정치학은 이론적이고 실천적인 덕: 플라톤, 『정치가』 259c~d.

501 훌륭하고 행복하며 한마음으로 한목소리를 내며 조화로운 도시를 만들기 위해 선택하는 기술: 플라톤 『정치가』 311b~c.

502 일종의 지시를 내리는 기술: 플라톤, 『정치가』 260c.

503 전쟁을 해야 할지 말아야 할지도: 플라톤, 『정치가』 304e~305a; 『알키비아데스 I』 107d.

504 철학자가 어떤 사람인지에 대해서는 앞서 말했지만: 『강의』 I~III장.

505 젊은이들에게 보수를 받는다는 점에서: 플라톤, 『소피스트』 222d~223b; 232d; 『정의들』 415c: "소피스트: 부유하다고 평판이 난 젊은이들로부터 보수를 받는 사냥꾼."

506 실제로 훌륭하고 좋은 사람이 되기보다는 오히려 그렇다고 여겨지를 바란다는 점에서: 플라톤, 『소피스트』 233a~d.

507 소피스트는 어둠 때문에 식별하기 어려운 장소로 뒷걸음질치면서 있지 않

은 것에 몰두한다: 플라톤, 『소피스트』 254a.

508 사실 비존재는 존재와 대립하지 않는다: '대립하다'는 'antikeimai'를 옮긴 것이다. 직역하면 '마주 놓이다' 정도의 의미일 텐데, 비존재는 있지 않기에, 있는 것(즉 존재)과 마주 놓일 수 없다. 예컨대 플라톤, 『소피스트』 257b; 258e~259a 참조.

509 타자와의 관계를 부차적으로 나타내는 것으로서: '부차적으로 나타냄'으로 옮긴 'sunemphasis'는, 사물의 한 측면이 나타날 때 그것과 함께 감추어진 다른 측면도 나타난다는 의미이다. 즉 비존재는 존재의 순수한 부정, 즉 완전한 무로서 기각될 것이 아니라 존재의 '타자'라는 측면을 부차적으로 보여 준다는 점에서 의미가 있다는 것이다. 참고로 스토아 철학자들은 종종 이 용어를 '함축'의 의미로 사용하기도 한다. 예컨대 섹스토스 엠페이리코스, 『논리학자들에 반대하여』 I, 239: "예컨대 누군가가 사랑이란 '친구가 되려는 시도'라고 말할 때, 그의 말은 '한창때의 젊은이들과'를 함축하고 있다."

510 존재자들이 있는 한, 그만큼의 방식으로 비존재도 있는 것이다: 플라톤, 『소피스트』 258e~259b.

511 알키노오스의 플라톤 사상 적요: '적요(摘要)'는 'epitomē'를 옮긴 것으로, 핵심을 간추린 요약을 의미한다. 이 말은 논고의 제목인 '강의(didaskalos)'와 함께, 이 작품이 알키노오스의 강의안이었거나 혹은 학생의 필기 노트였음을 짐작할 수 있게 해 준다.

작품 안내

1. 플라톤주의 전통과 중기 플라톤주의

1) 플라톤과 아카데메이아: 전통의 시작

(1) 구아카데메이아

플라톤은 첫 번째 남부 이탈리아 여행에서 돌아온 뒤인 서기 전 387년 무렵에 자신의 학교를 설립했다. 학교는 아테나이 도시 외곽에 조성된 원림(園林)과 체육 시설에 자리 잡았는데, 그 장소는 아테나이의 영웅인 헤카데모스의 이름을 따서 '아카데메이아'라고 불렸고, 학교 역시 자연스럽게 같은 이름을 얻게 되었다.[1] 학교의 목적은 장차 정치에 입문할 유능한 젊은이들을 교육하는 것이었으며, 『국가』 VI~VII권에서 다뤄진 교육 프로그램들을 가르쳤다. 아카데메이아는 커다란 성공을 거두었으며, 당대 최고의 인기를 누렸던 이소크라테스의 수사학 학교와 경쟁 관계를 형성할 정도였다고 한다. 특기할 만한 점은 아카데메이아가 설립 초기부터 토론의 공간이었지, 학파의 수장이 내세운 학설이 권위를 통해 설파되고 계승되던 장소는 아니었다는 사실이다. 학교 안에서 주요하게 다뤄진 것은 기하학과 천문학, 그리고 정치적 실천에 관한 내용이었으며, 그 외의 다양한 철학적 견해들에 대해서는 자유로운 토론이 보장되었다.

플라톤 사후에 학교는 그의 제자이자 조카인 스페우시포스(서

1 『생애』 III, 7 참조. 아카데메이아는 플라톤이 세운 철학 학교이며, 훗날 플라톤 철학 학파의 기원이 된다. 사실 플라톤 이전에도 철학 학파라고 불리는 조직들은 여럿 있었지만(예컨대 엘레아학파, 퓌타고라스학파 등), 본격적인 의미의 철학 학파는 아카데메이아를 그 모델로 삼는다. 사람들이 '학파(hairesis)'라고 부르는 조직에는 대체로 다섯 가지 특징이 있다. ① 학파는 학교의 형태로 존재했다. 따라서 기본적으로 토지와 건물을 갖추고 있었다. ② 몇몇 학파들은 신화 속 영웅들이나 신들을 숭배했고(아카데메이아는 무사 여신들) 이들에 대한 제사도 담당했으며, 그로 인해 도시의 지원을 받기도 했다. ③ 학파의 중심에는 그 설립자가 있었다. 설립자는 학교의 수장이었고, 그의 사상은 학파의 대표 사상으로서 가르침을 통해 제자들과 더 어린 학생들에게 전수되었다. ④ 대다수의 학파들은 단순한 교육 기관에 머물지 않고, 선생과 학생이 함께 지내며 삶을 공유하는 일종의 생활 공동체적인 성격을 띠기도 하였다. ⑤ 학교장이 죽거나 은퇴할 경우 제자들 중에서 다음 학교장이 선출되었다. 이를 '디아도코스(diadochos)'라고 불렀는데, 이 말은 '계승자'라는 뜻이다. 계승자는 전임 교장에 의해 선택되거나 투표를 통해 선출되었으며, 고대 후기로 갈수록 계승자의 위상은 더욱 강해졌다. 고대의 철학 학파의 조직과 성격에 관해서는, 김유석, 2022, 23~25 참조.

기전 408~339/8년)에게 계승되었다. 스페우시포스는 설립자의 이념을 충실히 따랐으며, 당시에 경합하던 다른 철학자들과 학파들에 맞서 스승의 사유를 옹호하고 확산시키려 했다. 그의 노력은 자연스럽게 플라톤의 사상을 체계화하려는 시도로 이어졌고, 이런 체계화의 시도는 그의 뒤로 크세노크라테스(서기전 396/5~314/3년), 폴레몬(서기전 350~270/269년), 크라테스(서기전 4세기) 등에 의해 차례로 계승되었다. 철학사에서는 플라톤이 학교를 설립한 때부터 크란토르가 활동했을 때까지의 시기를 '구아카데메이아(archaia Achadēmeia)'라고 부른다. 이들은 플라톤의 가지적 형상을 수 이론으로 해석하려고 했고(스페우시포스), 처음으로 철학을 자연학, 논리학, 윤리학으로 삼분했으며(크세노크라테스), 윤리학의 실천을 특히 강조했다고 한다(폴레몬). 그런가 하면 계승자는 아니었지만 폴레몬의 애제자로 알려진 크란토르(서기전 4~3세기)는 플라톤의 『티마이오스』에 대한 주석서를 썼다고 하는데, 이것은 고대 철학사에서 이른바 '주석 전통'의 출발점으로 여겨진다.

(2) 신아카데메이아 혹은 아카데메이아 회의주의

크라테스의 계승자인 아르케실라오스(서기전 315/4~241/0년)에 이르러 아카데메이아의 성격은 조금씩 변화를 겪는다. 젊은 시절 소요학파와 회의주의, 변증술학파 등 다양한 철학들을 접했던 아르케실라오스는 플라톤의 후기 대화편에 심취했던 크세노크라테스의 거대 담론 체계를 벗어나, 초기 대화편의 소크라테스가 행했던 철학적 실천으로 돌아가고자 했다. 그는 무지의 고백과 논박술을 중요하게 간주했으며, 그런 맥락에서 플라톤의 대화편에 묘사된 신화들도 의심스러운 것으로 받아들였다. 그는 확실한 것은 아무것도 알 수 없다고 단언하고, 모든 것들에 대한 판단 유보를 권했으며, 기존의 계승자들과 달리 어떠한 체계화된 학설도 설파하지 않았다. 아르케실라오스의 문제의식은 라퀴데스(서기전 3세기 말)에게 계승되었고, 특히 카르네아데스(서기전 214/3~129/8년)에 의해 더욱 발전하였는데, 철학사에서는 이 시기의 학교를 '구아카데메이아'와 대비하여 '신아카데메이아' 혹은 '아카데메이아 회의주의'라고 부른다.[2] 이러한 신아카데메이아의 전통은 이후 크라테스(서기전 2세기),[3] 클레이토마코스(서기전 2세기), 메트로도로스(서기전 2~1세기) 등을 거쳐 마지막

2 다만 이 구분은 상대적이다. 다수의 학설사가들이 아카데메이아를 두 시기(플라톤의 구아카데메이아 – 아르케실라오스의 신아카데메이아)로 나누지만, 혹자에 따라서는 세 시기(플라톤의 구아카데메이아 – 아르케실라오스의 중기 아카데메이아 – 라퀴데스의 신아카데메이아 또는 카르네아데스의 신아카데메이아), 혹은 다섯 시기(플라톤 – 아르케실라오스 – 카르네아데스 – 라리사의 필론 – 안티오코스)로 나누기도 한다. 고대인들이 행했던 아카데메이아의 시기 구분에 관해서는 T. 23~39 IP 참조.

3 이 인물은 타르소스 출신의 크라테스로서, 크세노크라테스의 제자이자 폴레몬의 계승자인 크라테스와는 동명이인이다.

교장으로 알려진 라리사의 필론(서기전 159/8~84/3년)까지 이어진다.

그런데 아카데메이아 회의주의를 다룰 때는 주의해야 할 것이 있다. 그것은 신아카데메이아의 철학자들 역시 당연하게도 스스로를 플라톤주의자라고 여겼다는 사실이다. 비록 그들이 철학의 많은 부분에서 플라톤과는 다른 입장을 견지했다고 해도, 그들은 결코 자기들이 플라톤의 계승자임을 부정하지 않았다. 그것은 세간의 시선도 마찬가지였다. 플라톤의 체계화를 시도했던 구아카데메이아든, 회의주의를 표방했던 신아카데메이아든 간에 이른바 '아카데메이아 사람들(Akadēmaikoi)'은 여전히 공식적인 플라톤주의자들로 간주되었다. 또 한 가지 간과하지 말아야 할 것은, 신아카데메이아 안에도 여전히 플라톤 철학에 대한 전통적인 해석의 입장이 공존하고 있었다는 사실이다. 즉 구아카데메이아의 첫 번째 계승자인 스페우시포스에서부터 신아카데메이아의 마지막 교장인 라리사의 필론까지, 약 300년에 걸쳐 여러 명의 계승자들이 나왔지만, 학교 안에서는 여전히 다양한 해석들과 견해들이 자유로운 토론 속에서 경쟁하고 영향을 주고받으며 공존했던 것이다.

서기전 88년, 지중해 동쪽으로 세력을 확장하던 로마는 폰토스 왕국(오늘날의 튀르키예 북부와 흑해 일대)의 미트리다테스 6세와 전쟁을 벌인다. 이때 아테나이는 로마가 아닌 폰토스의 편을 들었지만, 그것은 잘못된 선택이었다. 전쟁은 로마의 승리로 끝났고, 아테나이는 로마 장군 술라에 의해 함락당한다. 이 과정에서 아카데메이아를 비롯한 아테나이의 철학 학교들은 폐쇄되었고, 필론은 전쟁을 피해 로마로 떠난다. 이후 필론의 제자인 아스칼론 출신의 안티오코스(서기전 2~1세기)는 서기전 79년 아테나이에 자신의 학교를 열고는 이름을 '아카데메이아'로 짓는다. 그는 자기야말로 플라톤 사상의 진정한 후계자라고 주장했지만, 플라톤의 해석에 구아카데메이아의 체계론과 함께 소요학파의 이론을 가져다 썼으며, 심지어 기존의 아카데메이아 회의주의자들이 강력하게 비판했던 스토아학파의 개념들까지 차용하는 등 절충주의 내지는 혼합주의의 모습을 보였다. 그래서 안티오코스의 절친한 친구였던 키케로는 그를 가리켜 스토아주의자라고 평가하기까지 했다.

안티오코스는 자신이 아카데메이아의 진정한 학설을 되찾았다고 믿었지만, 플라톤이 세운 아카데메이아의 진정한 계승자로 인정받지는 못했다. 플라톤 이래로 학교의 수장들을 이어 주었던 제도적인 연결 관계는 라리사의 필론이 로마로 떠나면서 끊어졌기 때문이다. 또한 그의 사상에 강하게 찍혀 있었던 소요학파와 스토아학파의 사상 역시 문제가 되었다. 안티오코스가 세운 아카데메이아는 그의 사후에도 한동안 지속되었지만, 더 이상 플라톤의 정통성을 계승한 학교로 간주되지는 않았다. 더욱이 로마가 제국 시대에 접어들면서,[4] 아테나이 이외의 다른 지역들에서도 플라톤주의 철학자들과 학교들이 생겨나기 시작했다. 아카데메이아는 더 이상 과거의 권위를 누릴 수 없게 되었다. 이제 사람들은 플라톤 철학의 추종자들을 '아카데메이아 사람들(Akadēmaikoi)'이라고 부르지 않고, '플라톤주의자들(Platōnikoi)'이라고 부르기 시작했다.

2) 중기 플라톤주의

(1) '중기' 혹은 '과도기' 플라톤주의

오늘날 철학사가들은 서기 전후 1세기~서기 3세기 사이에 활동했던 일군의 플라톤주의 철학자들을 '중기 플라톤주의'라는 이름으로 부른다. 사실 이런 명칭이 사용된 것은 비교적 최근의 일이다. 특히 이 명칭에는 오해의 소지가 있다. 왜냐하면 여기서 말하는 '중기(middle)'란 시간적인 발전 단계(예컨대, 초기-중기-후기와 같은)를 의미하는 것이 아니라, 서로 다른 두 시기 사이의 '과도기' 내지는 두 시스템 사이의 '매개(medium)'라는 의미이

4 로마 제국 시대는 옥타비아누스가 황제로 등극한 서기전 27년부터 서로마제국과 동로마제국이 갈라진 서기 395년까지 이어진다. 이후 서로마 제국은 476년에, 동로마제국은 1453년에 멸망한다.

기 때문이다.[5] 구체적으로 중기 플라톤주의는 서기전 323년부터 31년까지의[6] 헬레니즘 시기에 활동했던 아카데메이아 회의주의와 서기 3세기부터 시작된 신플라톤주의 사이에 있었던 일군의 플라톤주의 철학자들이 표방했던 사상을 가리키는 말이다. 그런 점에서 중기 플라톤주의는 사실상 헬레니즘과 신플라톤주의 사이의 '중간기 플라톤주의'라든가, '과도기 플라톤주의'라는 것이 좀 더 정확한 이해라 하겠다.

혹자는 굳이 '중간기'라든가 '과도기'라는 표현을 써 가며, 중기 플라톤주의와 신플라톤주의와 나눌 필요가 있냐고 묻기도 한다. 사실 고대인들은 그들을 모두 그냥 '플라톤주의자들'이라고 불렀으며, 플라톤 철학의 시기 구분 역시 아카데메이아와 제국 시대 이후의 플라톤주의로 나누는 것으로 충분하다고 보기 때문이다. 다만 플라톤주의의 다양성과 사상적 변화 과정을 좀 더 자세하게 살펴보기 위해서는 '중기 플라톤주의'라는 명칭을 유지하는 편이 더 나아 보인다. 이때 중기 플라톤주의는 신아카데메이아

5 서양철학사에서 '중기 플라톤주의'는 'middle Platonism'(영어), 'moyen-platonisme'/'médio-platonisme'(프랑스어), 'Mittelplatonismus'(독일어), 'medioplatonismo'(이탈리아어) 등으로 표기된다. 이때 'middle', 'moyen-', 'mittel-', 'medio-'는 모두 양자 사이의 '중간', '과도기', '매개'를 의미한다.

6 즉 알렉산드로스 대왕이 사망한 시점부터 악티움 해전 때까지를 말한다(A. A. Long, 1996, 1 참조). 물론 이 기준은 상징적인 것일 뿐 결코 절대적인 것은 아니다. 역사적 사건을 기준으로 철학사의 시기를 나누는 것은 불가능하다.

가 몰락한 서기 전후 1세기와 신플라톤주의가 발흥하게 되는 서기 3세기의 사이에 위치하며, 그 시기 플라톤 철학이 겪었던 전화와 발전의 단계를 가리키는 것이라고 볼 수 있다.[7]

중기 플라톤주의가 번성한 것은 로마가 제국 시대에 들어서면서였다. 미트리다테스 전쟁의 결과로 아테나이가 로마에 점령당하면서 아카데메이아를 비롯한 많은 철학 학교들이 폐쇄되었지만, 로마인들이 그리스 철학에 매료되는 데는 그리 오랜 시간이 걸리지 않았다. 키케로를 비롯한 로마의 지식인들은 그리스 철학을 배우는 데 열중했으며 그리스 철학자들을 후원하는 데도 적극적이었다. 헬레니즘 말기의 이런 현상은 로마 제국 시대에 더욱 확대되었으며, 그리스 철학은 로마인들의 후원 속에서 지중해 여러 도시들로 퍼져 나갔다.[8] 이렇듯 최초의 철학 학교들이 사라진 대신 제국 시대에는 새로운 모습과 형식의 학교들이 여럿 생겨났고, 그 장소 역시 더 이상 아테나이에 국한되지 않았다. 그리고 이런 상황 속에서 플라톤주의 학교들은 사상의 전승과 가르침에 있어서 자연스럽게 기존과는 다른 변화를 겪게 된다.

7 M. Jambon, 2006, 562 참조.

8 예컨대 서기 176년, 마르쿠스 아우렐리우스 황제는 아테나이에 네 곳의 철학 학교(플라톤 철학 학교, 아리스토텔레스 철학 학교, 에피쿠로스 철학 학교, 스토아 철학 학교)를 다시 열도록 재원을 마련해 주기도 하였다.

(2) 중기 플라톤주의자들

철학사의 다른 시기 구분도 그렇지만, 중기 플라톤주의의 시작과 끝을 칼로 무 자르듯이 분명하게 나누기는 어렵다. 어떤 이들은 아카데메이아 회의주의 시절부터 플라톤 철학의 복권을 내세운 철학자들이 있었음을 지적하며, 구아카데메이아나 소요학파의 이론을 사용하여 플라톤을 설명하려고 했던 안티오코스(서기전 2~1세기)에게서 중기 플라톤주의의 기원을 찾기도 한다. 또 다른 이들은 서로 다른 철학들의 절충을 통해서 플라톤을 해석했던 알렉산드리아 출신의 포타몬(서기 전후 1세기)[9]이나, 플루타르코스의 스승으로 알려진 이집트 출신의 암모니오스(서기 5~85년경)[10]를 중기 플라톤주의의 출발로 보기도 한다. 하지만 이들의 사상에 대해서는 알려진 바가 거의 없다. 반면에 중기 플라톤주의의 초창기를 대표하는 인물로 카이로네이아 출신의 플루타르코스(서기 50~125년)를 드는 것에 대해 이견을 제시할 사람을 거의 없다. 우리에게 『영웅전』의 저자로 유명한 플루타르코스는 사실 엄격한 플라톤주의자였다. 그는 구아카데메이아의 체계론으로 플라톤을 설명할 수 있다고 믿었으며, 플라톤 철학에 제기된 문제들에 대한 답변을 시도했고, 『티마이오스』의 혼 이론에 관한

9 R. Goulet, 2012, 1503.

10 B. Puech, 2018, 164~165. 플로티누스의 스승으로 유명한 암모니오스 사카스(서기 3세기)와는 동명이인이다.

해설을 남겼으며, 에피쿠로스주의와 스토아주의에 맞서 맹렬하게 비판하는 논고들을 쓰기도 했다.

하지만 중기 플라톤주의 철학자들이 본격적으로 등장한 것은 서기 2세기에 들어서이다. 아테나이에서는 니코스트라토스, 칼베노스 타우로스, 앗티코스 등이 플라톤주의 학교를 세워 가르쳤다. 니코스트라토스는 아리스토텔레스의 논리학을 비판했다는 보고 이외에는 달리 알려진 바가 없다. 반면에 타우로스는 로마의 에세이스트인 아울루스 겔리우스의 스승으로 알려져 있으며, 아울루스 겔리우스는 『앗티카의 밤』에서 스승의 말과 행적을 언급하고 있다. 이들 가운데 가장 널리 알려진 사람은 앗티코스인데, 그는 이른바 플라톤에 의한 플라톤 해석을 강조했으며, 『아리스토텔레스의 사상을 통해 플라톤의 사상을 해석한다고 공언하는 자들에 반대하여』라는 논고를 쓸 정도로 이른바 정통 플라톤주의자였다.

아테나이 바깥에서는 스뮈르나(오늘날 튀르키예 서부의 이즈미르)를 중심으로 활동했던 가이오스 학파를 들 수 있다. 가이오스의 플라톤 강의에는 많은 학생들이 몰렸다고 한다. 그의 제자인 알비노스는 스승의 강의를 열한 권의 책으로 엮었는가 하면, 스승의 강의를 바탕으로 『플라톤 작품 입문』을 썼다고 전해지지만, 오늘날에는 그 『서설』만이 남아 있다. 특기할 만한 점은 중기 플라톤주의자들 가운데 소위 '전문 철학자들'만 있었던 것은 아니라는 사실이다. 예컨대 의사로 유명한 갈레노스는 알비노스의 제자였으며, 플라톤 철학에 관해서도 몇몇 중요한 저술을 남겼다. 그 외에도 『플라톤 독서에 유용한 수학적 지식』을 저술한 스뮈르나의 테온과 『철학적 연설들』을 남긴 막시모스 튀리오스는 제국 시대의 수사가들로 유명하며, 『플라톤과 그의 사상에 관하여』를 집필한 마다우로스의 아풀레이우스는 소설가이자 문필가로 알려져 있다.

한편, 오늘날 남아 있는 중기 플라톤주의자들의 작품들 중에는 저자명이 '알키노오스'라고 적힌 『플라톤 사상 강의』라는 책이 눈에 띄는데, 이 책은 서기 2세기 무렵 플라톤 철학 학교에서 교과서로 사용되었을 것으로 추정된다. 저자인 알키노오스는 한때 알비노스와 동일시되기도 했지만, 오늘날에는 다른 인물로 간주된다. 다만 여전히 저자에 관해서는 이름 이외에 달리 알려진 것이 없다. 알키오노스는 이 강의록에서 스토아학파와 아리스토텔레스의 개념과 방법론을 사용하여 플라톤 철학을 설명하고 하나의 일관된 사상 체계로 구성하는데, 그의 이런 모습은 위에서 언급한 안티코스의 노선과는 상반된 것이라 하겠다.

중기 플라톤주의의 후반을 대표하는 인물로는 아파메아 출신의 누메니오스를 들 수 있다. 플라톤주의자임과 동시에 퓌타고라스주의자이기도 했던 누메니오스는 동방 종교와 신비주의를 플라톤과 결합시켰으며, 모세에게서 플라톤의 특징을 보았다고 한다. 중기 플라톤주의의 마지막 철학자는 카시오스 롱기노스(서기 3세기)로 알려져 있다. 그가 활동하던 서기 3세기는 플라톤 철학의 새로운 해석과 함께 중기 플라톤주의가 쇠퇴하고 플로티누스로 대표되는 신플라톤주의가 대두하던 시기였지만, 롱기노스는 신플라톤주의로의 전향을 거부하고 끝까지 중기 플라톤주의적인 플라톤 해석을 옹호했다고 한다.

(3) 중기 플라톤주의의 특징

대화를 통한 탐구에서 주석 전통으로

플라톤주의 학교들이 늘어나고 지중해의 여러 도시들로 확산되다 보니 철학 학교들은 더 이상, 설립자들이 아테나이에 세웠던 초창기 학교의 권위, 특히 여러 세대에 걸쳐 전승되어 온 토론과 구술 강의의 권위에 의존할 수 없게 되었다. 이제 사람들은 플라톤의 권위를 계승자들의 강의가 아닌, 플라톤이 쓴 작품들에서 찾기 시작했다. 그 속에서 철학적 탐구의 방식도 자연스럽게 구술 강의에서 텍스트에 대한 주석과 해설 중심으로 변해 갔다. 플라톤 주석의 전통은 서기전 300년 경에 구아카데메이아의 크란토르가 『티마이오스』에 주석을 달았다는 증언까지 거슬러 올라가지만, 주석 작업이 체계화된 것은 서기 전후 1세기, 즉 로마 제국 시대에 들어서이다. 과거에 학생들은 말하는 법(대화의 기술)을 배웠고, 말하는 법을 배우면서 살아가는 법(삶의 기술)을 배웠다. 하지만 이제 학생들은 말하는 법보다는 읽는 법을 더 많이 배우고, 읽는 법을 배우면서 살아가는 법을 배우게 된 것이다. 변증술적 대화를 통해 철학적 사유를 전개하는 과정은 이제 철학적 주석의 과정으로 대체되었다. 예를 들어 과거의 학생들이 하늘을 쳐다보면서 별들의 운동과 회전 주기를 탐구했다면, 이제 학생들은 플라톤의 『티마이오스』를 읽으면서 같은 것들을 배우게 된 것이다. 즉 철학은 더 이상 우주의 본성을 직접 탐구하지 않고, 플라톤이나 아리스토텔레스 등이 우주에 관해 다뤘던 주제들을 해석하고 설명하는 쪽으로 바뀌었던 것이다.

플라톤 대화편들의 편집과 독서 방법의 체계화

플라톤의 작품에 대한 주석과 해설은 당연하게도 대화편들의 편집과 독서 방법의 확립을 전제로 하는 일이었다. 그리고 이것은 철학의 장르에 따른 대화편의 분류, 학생들의 수준에 맞는 독서 순서와 학습 커리큘럼의 구성에 대한 관심으로 이어졌다. 플라톤의 대화편들은 대부분 그가 살아 있었을 때 출판되었지만, 작품의 제목과 부제, 그리고 작품의 분류 방식이 확립된 것은 서기 전후 1세기의 플라톤주의자들과 문법학자들에 의해서였다. 예컨대 플라톤주의자인 알비노스는 플라톤의 대화편들을 그 성격에 따라 크게 설명적인 유형과 탐구적인 유형으로 양분하고, 다시 전자를 이론적인 유형과 실천적인 유형으로, 후자는 훈련적인 유형과 경합적인 유형으로 양분한 뒤에, 이렇게 나뉜 것들을 한층 더 세부적인 유형들로 나누어 분류한다.[11]

이렇게 분류된 대화편들을 학자들에 따라 네 편(tetralogia), 혹은 세 편(trilogia) 단위로 묶여 편집되었다. 서기전 1세기 무렵의 문법학자였던 트라쉴로스는 플라톤의 대화편들을 네 편씩 묶어 4부작 형식으로 편집했는데, 이것은 고대의 비극 경연을 본뜬 것이었다.[12] 그런가 하면 뷔잔티온 출신의 문법학자인 아리스토파네스(서기전 257~180년)는 플라톤의 대화편을 세 편씩 묶어서 3부작 형식으로 편집했다고 하는데,[13] 이것은 아마도 크세노크라테스가 수장으로 있었던 구아카데메이아 시기의 편집본에서 영향을 받았던 것이 아닐까 추측된다.[14]

그 외에도 플라톤주의자들과 문헌 편집자들은 각각의 대화편마다 하나의 제목과 두 가지 부제를 부여하였다. 대체로 제목은 작품 속 등장인물의 이름에 따라 정해졌고,[15] 첫 번째 부제

11 알비노스, 『서설』 III, 148, 19~37. 293쪽의 〈표 2〉 참조.

12 고대의 비극 경연 참가자들은 비극 세 편과 사튀로스 극 한 편을 써서, 총 네 편을 한 묶음으로 출품했는데, 트라쉴로스는 이것을 참조한 것으로 보인다. 『생애』 III, 56 참조.

13 『생애』 III, 61~62; R. Goulet, 2018, 406~408 참조.

14 L. Brisson, 1998, 613 참조.

15 모두가 그런 것은 아니다. 『국가』, 『향연』, 『소피스트』, 『정치가』, 『법률』은 예외에 속한다.

는 작품의 주제를 가리켰으며, 두 번째 부제는 작품이 속한 철학의 장르를 의미하였다. 예컨대 『파이돈』의 경우 'Phaidōn, ē peri psuchēs · ēthikos'라고 표기했는데, 이때 제목인 '파이돈(Phaidōn)'은 작품 속 주요 화자의 이름을, 첫 번째 부제인 '또는 혼에 관하여(ē peri psuchēs)'는 작품의 주제를, 두 번째 부제인 '윤리적 대화(ēthikos)'는 해당 작품이 속한 철학의 장르를 가리킨다. 그런가 하면 『카르미데스』의 경우, 'Charmidēs, ē peri sōphrosunē · peirastikos'로 표기했는데, 제목인 '카르미데스(Charmidēs)'는 주요 대화자의 이름을 가리키고, 첫 번째 부제인 '또는 절제에 관하여(ē peri sōphrosunē)'는 작품의 주제를 말하며, 마지막으로 '시험적 대화(peirastikos)'라는 말은 이 작품이 철학적 훈련의 유형에 속하는 것임을 보여 준다.

이렇듯 대화편들의 분류와 편집 작업을 통해서 각 학교들은 저마다 플라톤 대화편의 필사본들(오늘날로 치면 이른바 '플라톤 전집')을 확보하였다. 수업은 학생들과 함께 필사본을 강독하고 주요 대목에 대해 선생이 주석을 달고 해설하는 형식으로 진행되었는데, 이런 수업 형식은 서기 1~2세기의 중기 플라톤주의자들에 의해 본격화되고 체계화되었으며, 신플라톤주의 말기인 서기 6세기까지 이어지며 이른바 '플라톤주의의 주석 전통'을 형성하게 된다.

플라톤 철학의 완성과 체계화를 위한 노력

중기 플라톤주의자들의 가장 큰 관심사는 플라톤 철학을 온전한 형태로 재구성하는 것이었다. 그들은 플라톤이 가장 오래되고 가장 완전한 진리의 담지자라고 확신했으며, 그것은 심지어 어느 정도 종교적 계시를 대하는 태도와 닮기까지 했다.[16] 따라서 그들이 생각하기에 철학자의 임무는 플라톤의 철학을 더 발전시키는 것이 아니라(이미 완성된 것이기에), 대화편들 안에 함축적이거나 수수께끼처럼 담겨 있는 스승의 철학적 사유들을 선명하게 풀어 내고, 온전한 형태로 재구성하는 것이었다. 하지만 대화편에 담긴 철학적 주제들을 어떻게 해석하느냐에 대해서는 중기 플라톤주의자들은 다양한 입장을 취했으며, 플라톤의 사상을 재구성함에 있어서도 저마다 독창적인 관점과 방식을 따랐다. 특히 다른 철학 학파들과의 관계, 구체적으로는 소요학파나 스토아학파와 같은 다른 철학 학파의 개념과 방법론을 가지고서 플라톤을 설명하는 문제를 놓고서 서로 상충하거나 대립하는 모습을 보이기도 했다.

헬레니즘 시대 이래로 지중해 세계에서 주류를 차지한 철학은 스토아주의였다. 키티온의 제논(서기전 334-262년)이 채색 주랑(Stoa Poikilē) 아래서 가르쳤던 철학은 그 명료함과 체계성으로

16 M. Zambon, 2006, 562 참조.

인해 빠르게 지지층을 넓혀 갔으며, 제국 시대에 이르러서는 황제(마르쿠스 아우렐리우스)부터 노예(에픽테토스)에 이르기까지 다양한 부류의 지식인들이 그 철학에 심취했다. 반면에 철학의 주요 용어들과 방법론, 특히 논리학과 관련해서는 아리스토텔레스의 영향력이 거의 절대적이었다. 예컨대 보편자와 개별자, 형상과 질료, 가능태와 현실태 등과 같은 용어들은 아리스토텔레스가 고안한 개념들이었지만, 고대 후기에는 모든 철학자들이 공히 사용하는 철학 용어로 일반화되었다. 플라톤주의자들은 플라톤의 사상이 가장 완성되고 훌륭한 것이라고 믿었지만, 그것을 누구나 이해하기 쉽게 해석하고 온전한 형식으로 재구성하는 것은 또 다른 문제였다. 그러다 보니 중기 플라톤주의자들 가운데 일부는 플라톤 철학을 설명하기 위해 스토아학파의 철학적 도식이나 아리스토텔레스의 개념과 방법론을 도입했던 반면, 다른 일부는 그런 도입이 플라톤 철학을 오염시키는 것이라고 보아 반대했던 것이다.

예컨대 알비노스나 알키노오스와 같은 플라톤주의자들은 스토아학파의 가르침이나 아리스토텔레스의 가르침을 가지고서 플라톤을 온전하게 재구성할 수 있다고 생각했다. 이들은 아리스토텔레스가 플라톤의 철학을 거부하거나 수정한 적이 없으며, 그저 대화편에 함축된 내용들을 자신의 용어로 풀어 내고 설명했을 뿐이라고 본다. 또한 아리스토텔레스의 저술에 나타난 반

플라톤적인 모습은 스승에 대한 오해 내지는 스승을 넘어서려는 욕망의 발현 정도로 간주한다. 반면에 플루타르코스와 앗티코스 등은 이런 시도에 격렬히 저항했다. 특히 앗티코스는『아리스토텔레스의 사상을 통해 플라톤의 사상을 해석한다고 공언하는 자들에 반대하여』라는 제목의 논고를 썼을 정도였다. 거기서 앗티코스는 아리스토텔레스(와 그 추종자들)가 철학의 목적, 신의 섭리, 우주의 탄생, 자연의 요소들의 수와 본성, 혼의 불사와 이데아론 등의 주제와 관련하여 플라톤의 가르침을 완전히 포기했다고 비판한다.

또 다른 몇몇 플라톤주의자들은 플라톤 철학이 퓌타고라스주의라든가, 심지어 지중해 바깥의 이집트와 동방의 종교들과도 한 뿌리로 이어져 있다고 생각했다. 예를 들어 누메니오스(서기 2세기 후반)와 켈소스(서기 2세기)는 플라톤의 사유가 그리스 전통뿐만 아니라 고대의 모든 위대한 문명들이 갖고 있었던 종교적인 교설 및 태곳적 지혜들과 일치한다고 보았다. 퓌타고라스와 플라톤의 학설 사이의 연속성이라든가 플라톤이 한때 이집트와 동방을 여행했다는 증언들이 그런 믿음의 근거로서 작용했다. 그들은 이를 통해서 아주 먼 옛날 신들이 인간에게 부여해 준 지혜가 플라톤에 이르러 정점에 도달한 것이라고 믿었다. 따라서 플라톤주의자가 된다는 것은 신성한 지혜의 전통에 충실하게 됨을 의미했다. 그리고 그 전통은 소크라테스, 퓌타고라스, 호메로스, 오르페우스 등으로 거슬러 올라갈 뿐만 아니라, 조로아스트로스나 모세와 같은 다른 민족의 지도자나 입법자들을 포함하여, 한마디로 인류의 기원까지 거슬러 올라간다고 보았다.

(4) 중기 플라톤주의와 신플라톤주의

중기 플라톤주의는 서기 3세기에 이르러 점차 쇠퇴하며 신플라톤주의로 전화된다. 중기 플라톤주의에서 신플라톤주의로 이행하게 되는 계기는 포르퓌리오스(서기 234~305년)가 촉발한 논쟁에서 잘 드러나는데, 그 쟁점은 가지적인 본들(이데아들)과 신적인 지성인 데미우르고스와의 관계를 어떻게 볼 것인가에 관한 것이다. 프로클로스의 보고에 따르면, 이 문제와 관련하여 플로티누스는 데미우르고스 자신이 우주 제작을 위한 본들을 지닌다고 보았고, 포르퓌리오스는 본들이 데미우르고스보다 선행한다고 보았으며, 롱기노스는 본들이 데미우르고스보다 뒤에 온다고 보았다.[17]

이 보고를 볼 때, 롱기노스는 중기 플라톤주의의 입장을 옹호하고 있다. 왜냐하면 다수의 중기 플라톤주의자들은 우주 제작자인 데미우르고스를 제일원리로 놓았고, 우주 제작의 본이 되

17 프로클로스, 『플라톤의 「티마이오스」 주석』 I, 322, 18~24 Diehl [= II, 171, 7~14 Van Riel].

는 이데아들은 데미우르고스의 관념들이라고 보았기 때문이다. 신이 제일원리인 이상 이데아들은 하위의 존재들로서 신보다 뒤에 오는 것일 수밖에 없다. 반면에 플로티누스나 포르퓌리오스는 좋음의 이데아를 제일의 지성으로 간주하면서 이것을 제일원리로 보았던 반면, 데미우르고스는 둘째가는 지성이라고 보았다. 그런 점에서 데미우르고스는 제일원리가 아니었다. 오히려 이데아가 데미우르고스보다 선행하거나(포르퓌리오스의 주장처럼), 데미우르고스가 갖게 되는 것(플로티누스의 주장처럼)으로서 이해되었다.

포르퓌리오스는 아테나이에 도착하자마자 롱기노스의 제자가 되었고, 한동안 스승의 학설을 옹호했다. 이후에 그는 플라톤 철학의 해석과 관련하여 플로티누스와 롱기노스 등이 벌인 논쟁에 참여하였고, 결국에는 플로티누스의 입장으로 돌아섰다. 포르퓌리오스가 롱기노스의 플라톤 해석에서 플로티누스의 해석으로 입장을 바꾼 것은 중기 플라톤주의의 쇠퇴와 신플라톤주의의 대두를 상징하는 사건이었으며, 그런 식으로 서기 3세기에 들어서면서 점차 신플라톤주의는 플라톤 철학 전통의 주류가 된다.

2. 알비노스와 알키노오스

1) 알비노스

(1) 생애와 저술

알비노스의 고향이라든가 생몰연대는 알려져 있지 않다. 다만 그에 관한 이런저런 증언들을 종합해 보면, 그는 대략 서기 2세기 중반에 활동했던 것으로 짐작된다. 알비노스의 저술 목록을 기록한 고대의 사본 중에는 『가이오스의 강의록: 플라톤 사상 개요』라는 제목이 보이는데,[18] 이를 통해서 그는 가이오스[19]라는 플라톤주의자의 제자였던 것으로 추측할 수 있다. 한편, 의사인 갈레노스(서기 129~201년)는 자서전적인 글에서 자기가 젊은 시절 알비노스와 다른 의사의 강의를 듣기 위해 스뮈르나로 유학을 떠났다고 썼는데,[20] 그 시기는 대략 서기 151~152년 경으로 추

18 「단편」 5; 6.

19 이 가이오스라는 인물에 관해서는 확실한 것이 아무것도 없다. 플라톤주의자로서 그의 이름이 새겨져 있는 비문이 남아 있을 뿐이다. 그 비문에는 가이오스와 나란히 2세기 중엽 아테나이의 지도적인 플라톤주의자였던 칼베누스 타우로스—로마의 에세이스트인 아울루스 겔리우스의 스승—의 이름도 새겨져 있어서, 아마도 가이오스는 타우로스와 비슷한 시기에 활동했을 것으로 짐작할 수 있다.

20 「단편」 1.

정된다. 이로부터, 알비노스는 스뮈르나를 중심으로 활동했으며 2세기 중반이 그의 전성기였으리라는 짐작이 가능하다.

20세기 초반에는 『플라톤 사상 강의』의 저자로 알려진 알키노오스가 알비노스와 동일인이라는 주장이 제기되어 오랫동안 지지받았지만, 오늘날에는 알비노스와 알키노오스가 서로 다른 인물이라는 것이 정설로 받아들여지고 있다.[21] 알비노스의 저술과 관련해서는 위에서 언급한 ① 『가이오스의 강의록: 플라톤 사상 개요』 말고도 ② 『플라톤 작품 입문』이라는 제목이 전해지지만 본문은 모두 소실되었고, 오늘날에는 그 『서설』만이 남아 있다. 알비노스는 그 외에도 ③ 플라톤의 철학적 견해들에 관한 최소 세 권의 책과 ④ 비물질적인 것에 관한 한 권의 책을 썼다고 하며, 플라톤의 ⑤ 『티마이오스』, ⑥ 『국가』, ⑦ 『파이돈』에 대한 주석서들을 썼던 것으로 추측된다.[22]

(2) 알비노스의 『서설』

확실하게 알비노스의 것이라고 여겨지며 오늘날 유일하게 남아 있는 작품은 플라톤의 대화편에 관한 짧은 『서설(*Prologos*)』뿐이다. 『서설』은 알비노스의 소실된 작품인 『플라톤 작품 입문

21 알비노스와 알키노오스의 동일인 여부를 둘러싼 논쟁에 관해서는 2장 2)절 (1)항에서 자세히 살펴보겠다.

22 T. Goeransson, 1995, 43~45; J. Whittaker, 2018, 96.

(*Eisagōgē eis tēn tou Platōnos biblon*)』의 앞에(pro) 붙은 담론(logos)으로 여겨지지만, 이것만 남아 있는 것을 보면 아마도 『입문』과는 독립적인 글로서 저술되었던 것으로 짐작된다. 그럼에도 불구하고 제목이 굳이 '서설'이었던 것은 이 논고가 다른 책의 '앞에' 붙은 것이어서라기보다는, 오히려 플라톤의 대화편을 본격적으로 읽기에 앞서, 철학적 대화란 무엇이고 그 형식과 특성은 어떠하며 대화편의 종류로는 어떤 것들이 있고, 또 어떤 순서로 읽어야 하는지를 '사전에 설명하기' 때문이라고 볼 수 있다. 『서설』은 여섯 개의 짧은 장들로 되어 있는데, 각 장의 주제는 다음의 〈표 1〉과 같다.

표 1 『서설』의 구성

I.	철학적 대화란 무엇인가?	147, 3~21
II.	대화편의 네 가지 요소	147, 22~148, 18
III.	대화편의 분류	148, 19~37
IV.	등장인물과 극적인 맥락에 어울리는 대화편들의 독서 순서	149, 1~20
V.	이상적인 학생들을 위한 대화편들의 독서 순서	149, 21~150, 12
VI.	보통의 학생을 위한 대화 유형별 독서 순서	150, 13~151, 14

I장에서 알비노스는 대화를 '질문과 답변으로 구성된 담론으로서 정치적이고 철학적인 주제를 다루며, 관련 주제에 부합하는 성격이 구현된 등장인물과 적절하게 배치된 말투를 동반하는 것'

이라고 정의한다.[23] 알비노스의 정의는 일반적인 산문이나 연설문과 구별되고 문학적인 대화와도 구별되는 철학적 대화 고유의 것으로서, 향후 고대 후기의 학설사가들과 플라톤주의자들의 글에도 거의 그대로 차용된다.[24]

II장에서는 철학적 대화의 정의에 담긴 네 가지 특징들을 하나하나 분석한다. 그것은 ① 대화의 형식(질문과 답변, 147, 22~27), ② 대화의 주제(정치적 철학적 문제들, 147, 27~148, 2), ③ 대화자의 성격(등장인물이 나타내는 것, 148, 2~8), ④ 대화의 언어(말투와 표현, 148, 8~13)이다.

III장에서는 대화편들을 철학의 분야와 성격에 따라 몇 가지 유형으로 분류한다. 이때 분류는 플라톤이 『소피스트』와 『정치가』 등에서 보여 주었던 것과 같이 나눔(diairesis)의 방법

23 『서설』 I, 147, 18~21.

24 예컨대 『생애』 III, 48, 5~9: "대화편은 철학 및 정치적 주제와 관련하여 일련의 질문과 답변으로 구성된 담론으로, 대화자들에게 적절하게 부여된 성격과 함께 적절하게 배치된 말투로 이루어진다."; 작자 미상(서기 6세기 무렵), 『플라톤 철학 서설』 14, 4~16: "대화편은 질문과 답변으로 이루어진 산문 형식의 담론으로서 다채로운 인물들로 구성되며, 그들에게 적절하게 부여된 성격을 동반한다."; 올륌피오도로스(서기 6세기), 『아리스토텔레스의 『범주론』 주석』 4, 14~17: "또 이번에는, 체계적인 글들 중에서 어떤 것들은 대화 형식의 것들로서, 이것들은 다수의 대화자들의 질문과 답변을 통해 극적인 방식으로 배치된 것들인 반면, 또 어떤 것들은 일인칭 형식의 것들로서, 이를테면 [아리스토텔레스가] 자기 이름을 걸고 내듯이 쓴 글들이 이에 해당한다."

에 따라 양분하는 방식을 취한다. 그는 먼저 대화를 설명적인(huphēgetikos) 것과 탐구적인(zētētikos) 것으로 나누고, 다시 전자를 이론적인(theōrēmatikos) 대화와 실천적인(praktikos) 대화로, 후자는 훈련적인(gumnastikos) 대화와 경합적인(agōnistikos) 대화로 나눈다. 또한 이론적인 대화는 자연학적인(phusikos) 것과 논리학적인(logikos) 것으로, 실천적인 대화는 정치학적인(politikos) 성격의 대화와 윤리학적인(ēthikos) 성격의 대화로 나누며, 마지막으로 훈련적인 성격의 대화는 시험적인(peirastikos) 것과 산파술적인(maieutikos) 것으로, 경합적인 성격의 대화는 입증적인(endeiktikos) 것과 논박적인(anatreptikos) 것으로 나눈다. 그러고는 플라톤의 대화편들을 이상의 유형들 안에 분류해 넣는데, 그 모습은 〈표 2〉[25]와 같다.

여기서 주의해야 할 것은 대화편의 분류 과정을 필사한 사본들의 전승 상태가 그다지 좋지 않다는 사실이다. 특히 대화편들의 분류가 가장 완전하다고 평가받는 디오게네스 라에르티오스의 목록과 비교해 보면,[26] 알비노스의 것은 상대적으로 불완전하

25 III장의 경우 전승된 사본들의 불완전성으로 인해 대화편들의 분류 방식이 학자들마다 다른데, 본 번역에서는 부르크하르트 라이스(Burkhard Reis, 1999)의 독법을 따랐다. 화살 괄호 〈 〉로 표기된 대화편들은 사본에 누락되었지만 편집자인 라이스가 추가한 것이다.

26 『생애』 III, 56~61 참조.

표 2 주제와 유형에 따른 대화편 분류

<table>
<tr><th colspan="8">철학적 대화</th></tr>
<tr><th colspan="4">설명적(huphēgetikos)</th><th colspan="4">탐구적(zētētikos)</th></tr>
<tr><td colspan="4">목적: 가르침과 실천
특징: 사안을 다룸(학문의 영역 또는 탐구 주제에 따라 구분)
용도: 진리를 밝히고 입증하는 데 적합</td><td colspan="4">목적: 훈련과 경합
특징: 인간을 다룸(대화자의 성격과 대화 방식에 따라 구분)
용도: 대화자의 주장과 신념을 검토하고 거짓을 논박하는 데 적합</td></tr>
<tr><th colspan="2">이론적(theōrēmatikos)</th><th colspan="2">실천적(praktikos)</th><th colspan="2">훈련적(gumnastikos)</th><th colspan="2">경합적(agōnistikos)</th></tr>
<tr><th>자연학적
(phuskos)</th><th>논리학적
(logikos)</th><th>정치학적
(politikos)</th><th>윤리학적
(ēthikos)</th><th>시험적
(peirastikos)</th><th>산파술적
(maieutikos)</th><th>입증적
(endeiktikos)</th><th>논박적
(anatreptikos)</th></tr>
<tr><td>『티마이오스』</td><td>『크라틸로스』
『소피스트』
『정치가』
『파르메니데스』</td><td>『국가』
〈『크리티아스』〉
『미노스』
『법률』
『에피노미스』</td><td>『변명』
『크리톤』
『파이돈』
〈『파이드로스』〉
『향연』
『편지들』
『메넥세노스』
『클레이토폰』
『필레보스』</td><td>『에우튀프론』
『메논』
『이온』
『카르미데스』
〈『테아이테토스』〉</td><td>『알키비아데스 I』
『테아게스』
『뤼시스』
『라케스』</td><td>『프로타고라스』</td><td>『히피아스』〈두 편〉
『에우튀데모스』
『고르기아스』</td></tr>
</table>

며 몇몇 중요한 대화편들이 누락되어 있음을 알 수 있다. 예컨대 『파이드로스』, 『크리티아스』, 『테아이테토스』와 두 편의 『히피아스』는 아마도 원본에는 있었겠지만 필사 과정에서 누락되었을 것으로 짐작된다. 그런가 하면 디오게네스 라에르티오스의 보고에는 들어 있는 『히파르코스』와 『에라스타이』, 그리고 『알키비아데스 II』도 알비노스의 목록에서는 빠져 있다. 이 작품들은 이미 고대로부터 위작으로 의심받던 것들로서, 알비노스가 목록에서 제외한 것으로 보인다.[27]

『서설』의 후반부에 해당하는 IV~VI장에서는 대화편들의 독서 순서와 방법을 다룬다. IV장에서는 트라쉴로스가 제안한 4부작 구성에 따른 독서를 소개한다. 예컨대 소크라테스의 죽음이라는 사건과 먼저 (불경죄로 고발당한 소크라테스가 관청에 갔다가 에우튀프론을 만나 대화를 나눈다는) 『에우튀프론』을 읽고, 다음으로 (재판에서 자신의 무죄를 주장하지만 유죄 판결과 사형 선고를 받

27 그렇다면 디오게네스 라에르티오스는 왜 이 작품들을 목록에 넣었던 것일까? 그 이유는 『생애』에서 보고하는 대화편들의 분류가 트라쉴로스의 4부작 구성을 따른 것이기 때문이다. 4부작 구성은 네 편의 대화를 한 묶음으로 하며, 플라톤 전집이 총 아홉 묶음, 즉 36편의 대화로 이루어진다고 보았다. 이 숫자를 맞추기 위해서 부득이하게 위작 시비가 있는 작품들을 목록에 넣었던 것이다. 하지만 알비노스는 4부작 형식의 구성을 받아들이지 않았기에 (IV, 149, 12~17 참조), 굳이 위작 의심을 받는 대화편들을 목록에 포함할 이유가 없었던 것이다.

는다는) 『소크라테스의 변론』을 읽으며, 이어서 (사형 집행을 앞두고 있는 소크라테스를 탈옥시키기 위해 감옥을 찾아온 친구 크리톤과 대화를 나눈다는) 『크리톤』을 읽고, 마지막으로 (소크라테스의 죽음을 다룬) 『파이돈』을 읽는 것이 4부작 구성에 따른 독서라 하겠다. 하지만 알비노스는 이런 순서에 따른 독서가 지혜의 획득에는 유용하지 않다고 지적하며 4부작 구성을 받아들이지 않는다.

그런가 하면 V장에서는 이상적인 학생들을 위한 독서 순서를 제안한다. 이때 이상적인 학생이란 철학에 소질이 있고 배움에 적당한 나이이며, 예비적인 교과목들을 습득했는가 하면, 정치와 같은 주변 환경에 얽매이지 않은 학생을 말한다. 그런 학생은 먼저 (철학 입문에 해당하는) 『알키비아데스』를 읽고, 이어서 (철학자의 본성과 혼의 불사를 가르쳐 주는) 『파이돈』과 (교육 전반과 덕의 본성을 가르쳐 주는) 『국가』를, 마지막으로 (우주와 신의 본성을 알려주는) 『티마이오스』를 읽게 될 것이라고 말한다.

마지막으로 VI장에서는 보통의 학생들을 위한 독서 순서를 다루는데, 여기서는 구체적인 작품명이 아니라 대화편들의 유형을 거론한다. 즉 플라톤의 사상을 배우려는 학생은 먼저 자신의 (혼을 잠식하고 있었던 거짓된 의견을) 정화해 주는 대화편들을 읽고, 이어서 (잠든 지혜를 일깨우는) 산파술적인 대화편들을 읽으며, 다음으로는 (자연학과 신학, 윤리학과 정치학의 내용을 알려주는) 설명적인 대화편들을 읽고, 더 나아가 (진리를 증명하고 거짓을 논박할 수 있는) 논리적인 대화편들을 읽으며, 마지막으로는 (소피스트들에게 속지 않기 위한) 논박적인 대화편들을 읽어야 한다는 것이다.

그렇지만 알비노스가 강조하는 것은 대화편들을 읽는 순서와 출발점이 다양하다는 사실이다. 그에 따르면 대화편은 가장 완전한 도형인 원의 형태와 닮아 있으며, 원의 출발점이 어느 하나로 고정되어 있지 않듯이 대화편들의 독서 역시 배움의 목적과 배우는 학생에 따라서 다양한 출발점을 갖는다.

2) 알키노오스

(1) 알키노오스는 알비노스의 오기인가?

알키노오스의 『플라톤 사상 강의』(이하 『강의』)는 고대로부터 전해져 내려온 플라톤 입문서들 중에서도 가장 많이 알려진 책이다. 이 책은 대략 서기 2세기 무렵에 플라톤 학교의 학생들을 가르치기 위한 강의록으로 쓰였을 것으로 추정된다. 하지만 막상 알키노오스라는 인물에 대해서는 이 강의록의 저자라는 것 이외에 아무것도 알려져 있지 않다. 이 책의 가장 오래된 사본인 파리 사본[28]에는 'Alkinoou Didaskalikos tōn Platōnos

28 Parisinus graecus n° 1962 (서기 9세기 무렵 필사본으로 추정).

Dogmatōn(알키노오스의 플라톤 사상 강의)'라는 제목이 붙어 있을 뿐 저자에 관해서는 어떠한 정보도 담겨 있지 않았다. 또한 동시대나 후대의 문헌들에도 알키노오스와 관련된 설명이 없어서 철학사가들은 오랫동안 이 인물의 정체를 궁금해했다.

1879년, 독일의 철학자인 야콥 프로이덴탈(Jakob Freudenthal, 1839~1907)은 「플라톤주의자 알비노스와 가짜 알키노오스」[29]라는 논고를 발표하는데, 거기서 그는 알키노오스가 사실은 알비노스를 잘못 표기한 것이라고 주장한다. 즉 문헌 전승 과정에서 필사자가 속격(genitive)으로 쓰인 'Albinou'의 베타(b)를 캅파(k)로 착각하는 바람에 'Alkinoou'가 되었으리라는 것이다. 따라서 이 강의록의 진짜 저자는 서기 2세기의 플라톤주의자인 알비노스가 맞으며, 알키노오스는 필사자의 착각이 빚어 낸 잘못된 이름이라는 결론에 도달한다. 프로이덴탈의 해석은 즉각 많은 사람들의 환영을 받았다. 무엇보다도 『강의』의 저자가 알비노스로 '밝혀진' 이상 이 책의 철학적 계보나 성격 등에 관해 많은 것들을 설명할 수 있다고 여겼기 때문이다. 예컨대 알비노스가 가이오스의 제자였음을 고려하면, 이 책은 스뮈르나를 중심으로 활동했던 가이오스학파의 플라톤 해석에 기반한 것이라는 평가가

29 Jakob Freudenthal, *Der Platoniker Albinos und der falsche Alkinoos, Hellenistische Studien*, Heft 3, 1879.

가능해진다. 또한 『강의』는 그 내용에 있어서, 아풀레이우스의 라틴어 저술인 『플라톤과 그의 사상에 관하여(*De Platone et eius Dogmate*)』와도 많은 부분이 겹치는데, 이 점을 고려한다면, 가이오스학파의 플라톤주의가 지닌 영향력은 알비노스와 그의 제자인 갈레노스뿐만 아니라, 당시에 로마에서 활동했던 아풀레이우스까지 이어졌다는 해석도 가능해진다. 이와 같은 이유로 프로이덴탈의 해석은 20세기 후반까지 많은 플라톤주의 연구자들의 지지를 받았다.[30]

하지만 알키노오스가 알비노스와 동일인이라는 해석이 모두에게 지지받았던 것은 아니다. 몇몇 학자들은 프로이덴탈의 해석에 의문을 품었다. 특히 『강의』의 비판본을 편집한 존 휘태커(John Whittaker)는 알키노오스의 문헌이 필사되던 시기(서기 4~8세기)에는 주로 둥근 대문자인 언셜체(uncial script)가 사용되었다고 말하며, 해당 글자체로는 'B'와 'K'를 혼동할 일이 거의 없다고 지적한다. 또한 알비노스의 『서설』과 『강의』를 비교해 보면, 얼핏 문체가 유사해 보이긴 하지만, 그것은 동일 저자의 글

30 예컨대 중기 플라톤주의 연구의 권위자인 존 딜런(John Dillon) 역시 그의 기념비적인 저술인 *The Middle Platonists 80 B.C. to A.D. 220*(New York: 1977)에서 알키노오스를 알비노스의 오기로 보는 프로이덴탈의 해석을 받아들였다(J. Dillon, 1996, 268~269). 그는 이후에 자신이 틀렸음을 인정하고, 알비노스와 알키노오스가 동일인이 아니라는 해석을 받아들이게 된다(J. Dillon, 1993, xi 참조).

이라기보다는 당대의 플라톤주의 철학자들이 일반적으로 사용하던 문체와 표현의 유사성 수준에서 설명할 수 있으며,[31] 오히려 『강의』의 몇몇 부분에서는 알비노스와는 전혀 다른 플라톤 해석이 나타난다고 지적함으로써 두 사람이 서로 다른 인물이라고 주장하였다. 그의 비판은 강력한 설득력을 지닌 것으로서, 오늘날 다수의 학자들은 휘태커의 해석을 좇아 알비노스와 알키노오스를 서로 다른 사람으로 간주한다. 하지만 그로 인해 알키노오스라는 고풍스러운 이름[32]은 여전히 베일에 싸인 채로 남게 되었다. 우리는 『강의』의 내용 말고는 그에 관해 거의 아무것도 알지 못한다. 요컨대 알키노오스는 2세기 중반에 활동했던 플라톤주의 철학자들 가운데 한 명이었을 것이며, 『강의』는 학생들을 가르치기 위해 작성한 강의록이거나, 혹은 강의를 들은 학생의 필기였을 것이다.

(2) 알키노오스의 『플라톤 사상 강의』

제목이 알려주듯이 이 책은 '강의를 위한(didaskalikos)' 것이

31 J. Whittaker, 1987, 89~97.

32 알키노오스는 그리스 신화 속 왕, 그러니까 트로이아 전쟁 후에 표류하던 오뒷세우스의 귀향을 도와준 파이아케스인들의 지도자(호메로스, 『오뒷세이아』 VII~VIII, XIII권)이자, 그보다 약 두 세대 전에는 황금 양피를 구한 뒤에 세상을 떠돌던 이아손과 메데이아를 환대해 준 코르퀴라섬의 왕(아폴로니오스 로디오스, 『아르고호 이야기』 IV권)과 같은 이름이기도 하다.

며, 그 주제는 '플라톤의 사상(tōn Platōnos Dogmatōn)'이다. '사상'으로 옮긴 'dogmata'(단수는 dogma)는 '판단하다', '간주하다', '견해를 갖다'를 뜻하는 동사 'dokeō'에서 파생된 명사로, '판단', '견해', '믿음'을 의미한다. 플라톤 역시 이 단어를 '견해', '판단', '신념' 등의 의미로 사용한 적이 있다.[33] 하지만 플라톤 이후에 이 말은 '체계화된 사상' 내지는 '학설'을 의미하는 용어로 더 자주 사용되었다. 알키노오스의 『플라톤 사상 강의』 역시 플라톤의 철학을 하나의 완결된 사상으로 간주하며, 그 내용을 체계적으로 소개하고 있다. 『강의』는 전체 36개의 장으로 이루어져 있다.

〈표 3〉에서 볼 수 있듯이,[34] 『강의』에는 플라톤 철학의 주요 주제들이 거의 빠짐없이, 그것도 체계적으로 짜여 있다. 그리고 이런 짜임새 있는 구성은 알키노오스가 이 강의록에서 말 그대로 플라톤의 '사상(dogmata)'을 담아내려 함을 보여 준다. 사실 플라톤은 한 번도 자신의 철학을 체계적인 사상으로 간주한 적이 없다. 그는 자신의 철학적 사유를 이런저런 대화편들 속에서 자유로운 형식과 방법으로 펼쳤을 뿐, 그것을 하나의 일관된 사상 체계로 구축하지 않았다. 반면에 알키노오스가 『강의』에서 수행한 것은 여러 대화편들에 산재되어 있던 플라톤의 사유들을 하나의

33 플라톤, 『국가』 VII, 538c(신념); 『테아이테토스』 158d(견해); 『법률』 I, 644d(신념); XI, 926d(판단).

34 이하의 『강의』 구성은 휘태커(J. Whittaker, 1990, LXX~LXXII)의 분석을 따랐다.

표 3 『강의』의 구성

1. 예비적 탐구(I, 152, 1~III, 154, 5)

1.1. 철학의 정의(I, 152, 2~7)

1.2. 철학을 탐구하려는 사람이 갖춰야 할 것들(I, 152, 8~29)

1.3. 관조적인 삶과 실천적인 삶(II, 152, 30~153, 24)

1.4. 철학의 부분: (1) 이론 철학, (2) 실천 철학, (3) 변증술(III, 153, 25~154, 5)

2. 변증술과 논리학(IV, 154, 6~VI, 160, 43)

2.1. 인식론(IV, 154, 6~IV, 156, 23)

2.2. 변증술의 목적과 그 부분들(V, 156, 23~33)

2.3. 나눔(V, 156, 34~157, 10)

2.4. 분석(V, 157, 11~43)

2.5. 귀납(V, 157, 44~158, 4)

2.6. 명제(VI, 158, 5~17)

2.7. 추론(VI, 158, 17~159, 30)

2.8. 훌륭한 연설가에게 요구되는 지식(VI, 159, 31~37)

2.9. 궤변술(VI, 159, 38~42)

2.10. 범주들(VI, 159, 43~44)

2.11. 이름의 기원과 바른 사용에 관하여(VI, 159, 44~160, 41)

3. 이론 철학(VII, 160, 43~XXVI, 179, 33)

3.1. 수학(VII, 161, 10~161, 23)

3.2. 신학: 제일 원리(VIII, 162, 24~XI, 166, 36)

3.2.1. 질료(VIII, 162, 29~163, 10)

3.2.2. 이데아(IX, 163, 11~164, 6)

3.2.3. 신(X, 164, 7~166, 14)

3.3.13.6. 신들에게 있어서 혼의 세 부분(XXV, 178, 39~46)

3.3.14. 운명과 가능(XXVI, 179, 1~33)

4. 실천 철학(XXVII, 179, 34~XXXIV, 189, 11)

4.1. 좋음(선)(XXVII, 179, 35~181, 18)

4.1.1. 최고선(XXVII, 179, 35~39)

4.1.2. 인간적인 좋음(XXVII, 179, 39~181, 18)

4.2. 신과 닮는다는 것(XXVIII, 181, 19~182, 8)

4.3. 수학의 정화 기능(XXVIII, 182, 8~14)

4.4. 덕(XXIX, 182, 15~185, XXXI, 23)

4.4.1. 혼의 세 부분과 주요 덕들(XXIX, 182, 15~183, 16)

4.4.2. 좋은 상태와 중간적인 상태(XXX, 183, 17~37)

4.4.3. 지도적인 덕과 뒤따르는 덕(XXX, 183, 37~184, 14)

4.4.4. 중용으로서의 덕들(XXX, 184, 14~36)

4.4.5. 덕은 의지적인 반면 악덕은 비의지적이다(XXXI, 184, 37~185, 23)

4.5. 감정들(XXXII, 185, 24~187, 7)

4.6. 친애(XXXIII, 187, 8~188, 7)

4.7. 정치제도(XXXIV, 188, 8~189, 11)

5. 소피스트(XXXV, 189, 12~27)

5.1. 철학자와의 차이(XXXV, 189, 12~18)

5.2. 소피스트와 비존재(XXXV, 189, 18~27)

6. 결론(XXXVI, 189, 27~33)

사상 체계로 완성하는 것이었다. 이를 위하여 알키노오스는 아리스토텔레스나 스토아학파의 학문 구분과 방법론, 그들의 용어 및 논변의 절차 등을 과감히 도입하여 플라톤의 철학을 정리하고 재구성한다.

즉 알키노오스는 플라톤의 사상을 체계화하기 위해 역설적으로 플라톤 이외의 철학적 요소들을 당연하다는 듯이 사용하고 있는 것이다. 이런 모습은 플라톤 철학의 잘 정리되고 체계화된 모습을 보여주는 동시에, 서기 2세기에 이르러, 플라톤 철학이 여러 이질적인 요소들과의 혼합을 통해 변화되는 모습 또한 자연스럽게 드러낸다.

1. 예비적 탐구(I, 152, 1 ~ III, 154, 5)

『강의』는 철학과 철학자에 대한 플라톤의 정의로부터 시작한다(I). 반면에 II장에서 관조적인 삶과 실천적인 삶을 구분하는 것은 아리스토텔레스에게서 비롯된 전통이며, 또 이 구분에 기반하여 III장에서 철학을 이론학, 실천학, 변증술(논리학)로 나누는 것 역시 소요학파나 스토아학파에게 익숙한 특징이라고 할 수 있다. 아울러 『강의』의 대부분이 변증술(IV~VI장), 이론학(VII~XXVI장), 실천학(XXVII~XXXIV장)에 관한 내용을 중심으로 구성되었다는 사실 또한 주목할 점이라 하겠다.

2. 변증술과 논리학(IV, 154, 6 ~ VI, 160, 43)

인식론과 변증술, 논리학을 다루는 IV~VI장에서는 이런 경향이 더욱 분명하게 드러난다. 인식론과 관련해서는 기억이라든가, 인상과 관련하여 아리스토텔레스나 스토아학파의 용어들이 사용되고, 변증술과 추론을 다루는 장에서는 '연역'이나 '귀납'과 같은 아리스토텔레스의 개념들과 가정적 추론을 중심으로 하는 스토아학파의 명제 논리학이 번갈아 가며 거론되며, '정언명제'나 '가언명제' 등 소요학파와 스토아학파에서 주요하게 천착했던 개념들도 다뤄진다. 하지만 알키노오스는 이 모든 개념이나 논리적 장치들이 근본적으로는 플라톤 철학에서 비롯된 것이라고 생각한다. 비록 해당 용어들이 플라톤의 입을 통해 분명하게 언급되지는 않았지만, 여러 대화편들에서 전개된 다양한 논변들 속에서 잠재적으로 사용되었으리라는 것이다.

3. 이론 철학(VII, 160, 43 ~ XXVI, 179, 33)

알키노오스는 이론학을 신학과 자연학, 그리고 수학으로 나누는데, 이런 모습은 아리스토텔레스에게서 찾아볼 수 있다. 우선 그는 수학 및 수학과 관련된 학문들(기하학, 천문학, 화성학)에 대해서는 플라톤의 가르침을 충실히 따르는 것처럼 보인다(VII장).

반면에 신학에서 원리의 문제를 다룰 때는, '질료'라든가 질료에 내재한 '형상'처럼 아리스토텔레스의 개념들에 의지하는 모습을 보이기도 한다(VIII장). 특기할 만한 점은 이데아를 다루는 곳에서(IX장), 알키노오스가 이데아를 신의 사유 내지는 관념으로 이해한다는 것이다. 그럼으로써 자연스럽게 신이 이데아보다 더 우선적이고 원리적인 것으로 간주되는데, 이것은 서기 2세기에 활동했던 다수의 중기 플라톤주의자들이 공유하고 있었던 독특한 관점이기도 하다. 하지만 신의 본성을 다룰 때는(X장), 아리스토텔레스의 '부동의 원동자'라든가 '사유의 사유'와 같은 개념들의 영향이 나타나기도 한다.

그런가 하면 자연학의 경우, 알키노오스는 플라톤의 관점을 비교적 충실히 추종하는데, 예를 들어 성질의 비물체성을 주장하는 장(XI장)은 확실히 스토아 철학의 유물론을 겨냥하고 있는 것처럼 보인다. 반면에 『강의』는 우주의 생성부터 인간과 다른 생명체들의 제작에 이르기까지, 전반적으로 플라톤의 『티마이오스』의 내용을 충실히 요약, 정리하고 있다(XII~XXVI장).

4. 실천 철학(XXVII, 179, 34 ~ XXXIV, 189, 11)

실천학의 경우, 『강의』는 대부분 윤리학을 다루는 데 할애된다. 논의는 좋음(선)과 행복을 정의하는 데서 시작하여(XXVII장), 인생의 최종 목표를 신을 닮는 것으로 규정하는 것(XXVIII장)으로 끝난다.

다음으로 덕에 관한 논의로 나아가는데, 알키노오스는 플라톤의 『국가』 IV권에 기반하여 덕 일반과 개별적인 덕들의 본성을 규정한다(XXIX장). 하지만 덕의 특징들 가운데 양극단 사이의 중용을 강조한다거나, 반대로 악덕의 원인으로 적도의 부재와 중용의 상실을 거론하는 모습(XXX~XXXI장), 그리고 감정들 및 친애의 본성에 관한 논의들(XXXII~XXXIII장)은 『강의』의 저자가 아리스토텔레스와 소요학파의 영향 아래에 있음을 짐작하게 해 준다.

윤리학과 달리 정치학에 대해서는 실천학의 마지막에(XXXIV장) 간략히 다루는데, 어쩌면 이런 모습은 그리스의 민주정이나 로마의 공화정 시대와 달리, 황제가 다스리는 제국 시대에 이르러 철학자들이 정치에 대해 가졌던 무력감 내지는 무관심을 반영한 것이 아니었을까 짐작해 볼 수 있다.

5. 소피스트, 결론(XXXV, 189, 12 ~ 27) / 6. 결론(XXXVI, 189, 27 ~ 33)

마지막으로 『강의』는 소피스트의 본성을 다루면서 논의를 마치는데, 그 내용은 플라톤의 『소피스트』에 대한 간략한 요약에 그친다. 즉 소피스트는 철학자와 대립되며, 철학자들이 진리와 참된 존재에 천착하는 반면 소피스트들은 비존재에 몰두하는 사람들이라는 것이다. 소피스트에 관한 논의를 마지막에 놓은 것은 아마도 『강의』의 첫 부분에서 다룬 철학 및 철학자에 대한 논의와의 수미쌍관을 염두에 둔 것이 아니었을까 추측할 수 있다.

***

이상에서 살펴보았듯이, 알키노오스는 『강의』에서 아리스토텔레스나 스토아학파 등이 사용했던 학문 분류와 개념들, 그리고 방법론 등을 가지고서 전체적인 논변의 틀을 짜고, 그 안에 플라톤의 철학적 사유들을 녹여 냄으로써 하나의 일관된 사상 체계를 구성한 것처럼 보인다. 이렇듯 알키노오스가 『강의』를 통해서 (정작 플라톤 자신은 살아생전에 결코 하지 않았던) 플라톤의 철학을 하나의 사상으로 체계화한 것은 어떻게 평가할 수 있을까?

우선 알키노오스가 살았던 서기 2세기는 여러 철학 사조들이 난립하던 시대였음을 기억할 필요가 있다. 헬레니즘 시대를 거치면서 에피쿠로스주의, 회의주의, 스토아주의와 같은 새로운 조류들이 생겨났고, 그중에서도 스토아주의는 지중해 전역에 걸쳐 주류 철학으로 성장했다. 또한 아리스토텔레스와 소요 철학자들이 확립한 철학의 용어들과 방법론은 이미 고전기 후반부터 거의 교과서와 같은 권위를 갖게 되었다. 헬레니즘 이후의 이런 현상은 플라톤주의자들이 더 이상 설립자의 이름에 기대어 과거와 같은 지위를 누리기가 힘들어졌음을 의미한다. 이제 플라톤 학교의 선생들에게 필요한 것은 이미 높은 수준으로 조직되고 체계화된 다른 철학자들의 사상(특히 아리스토텔레스주의와 스토아주의)에 버금가게 대화편들 속에 흩어져 있는 플라톤의 철학적 사유들을 하나의 완결된 사상 체계로 재구성하는 일이었을 것이다. 학파들 간의 논쟁 속에서 플라톤에 대해 제기된 비판들을 견뎌 내기 위해서 플라톤주의자들은 스승을 대신하여 대화편에는 없는 답변들을 찾아내고, 그것들이 스승의 사유와 상충하지 않도록 조심하면서 플라톤의 사상으로 통합하고 체계화할 필요가 있었을 것이다. 『강의』에는 플라톤의 대화편에는 나오지 않지만 다른 철학자들이 제기했거나 다뤘던 문제들에 대한 플라톤식 설명들이 눈에 띄는데, 이것들은 대화편들 곳곳에 산재된 플라톤의 철학적 사유들을 유기적으로 조직화하는 과정과 궤를 같이한다고 할 수 있다.

또 한 가지 주목할 것은 알키노오스의 『강의』에 동시대의 다른 플라톤주의 저작들과 유사한 표현이나 사례들도 많이 나타난다는 점이다. 예컨대 『강의』는 동시대의 플라톤주의자인 아풀레이우스의 『플라톤과 그의 사상에 관하여』와 그 내용에 있어서 많은 부분을 공유하고 있다. 워낙 비슷한 것이 많아서 몇몇 학자들은 알키노오스와 아풀레이우스가 모두 가이오스 학파의 제자들이었을것으로 추측하기도 했다. 두 사람이 같은 학파에서 영향을 주고받았을 것이라는 해석에 대해서는 오늘날 부정적인 평가가 우세하다. 하지만 중요한 것은 이미 이 시기에는 플라톤주의에 관한 강의가 사람들 사이에 널리 퍼졌고, 그 서술 체계와 방식도 유형화되었으며, 정형화된 표현들 역시 널리 사용되고 있었음을 암시한다. 이 말은 어느 플라톤주의 학교에 가든지 간에 사람들은 비슷한 교과서를 사용했고, 그 내용과 표현 방식 역시 대동소이했다는 뜻으로 이해할 수 있다.

이런 점을 감안할 때 『강의』는 알키노오스만의 독창적인 저술이라기보다는 동시대의 여러 저술을 참조했거나, 혹은 그 이전에 있었던 교과서를 모델로 삼아 작성된 것이 아닐까 하는 추측도 가능하다. 나쁘게 말해서 『강의』는 기존 교과서들의 짜깁기에 불과하다고 폄하할 수도 있는 것이다. 또한 그런 한에서 이 책에서 저자의 어떤 철학적 개성이나 독창성을 기대하는 것은 무리라는 평가가 나오기도 한다. 더욱이 저자에 관한 어떠한 보고도 없이 그저 강의록만이 전해져 내려왔다는 사실도 이런 추측에 힘을 실어 준다. 그것은 『강의』가 플라톤을 공부하려는 학생들에게 유용한 교과서로서의 보존 가치는 갖고 있지만, 저자를 철학적 논쟁의 중심으로 끌어들이거나 알키노오스라는 이름을 철학사에 도두새길 만큼의 이론적 독창성은 부족함을 암시하기 때문이다.

하지만 어쨌든 이 저작이 플라톤에 관한 서기 2세기의 연구 성과를 잘 정리한 자료이며, 중기 플라톤주의자들의 사상이나 이론적 경향을 연구하는 데 중요한 자료라는 사실은 부정할 수 없다. 아울러 고대 철학사 전체를 보았을 때 『강의』는 단순히 고대의 플라톤 입문에 그친다기보다는, 헬레니즘으로부터 고대 후기에 접어드는 동안 플라톤주의가 다른 철학 사조들과 어떻게 공존하며 영향을 주고받았는지, 즉 당시의 철학적 지형을 관측할 수 있는 자료로서의 가치도 갖고 있다. 아울러 오늘날에도 여전히 플라톤의 대화편들을 읽는 현대인들에게, 알키노오스의 『강의』는 어떻게 우리가 플라톤을 이해하고 받아들일 것인가에 대한 유용한 참고가 될 수 있을 것이다.

참고 문헌

1. 원전, 번역 및 주석

1) 알비노스와 알키노오스 및 기타 중기 플라톤주의자들

(1) 알비노스

Boys-Stones, George, 2018, 69~72.

Fowler, Ryan C.(ed. & trs.), 2016, *Imperial Plato*, Las Vegas/Zürich/Athens: Parmenides Publishing.

Invernizzi, Giuseppe(a cura di), 1979, "Il *Prologo* di Albino," in *Rivisita di Filosofia Neo-Scolastica*(71~2), 352~361.

Le Corre, René(trad.), 1956, "Le Prologue d'Albinos," in *Revue philosophique de la France et de l'Étarnger*(146), 28~38.

Nüsser, Olaf(Hrsg. & Komm.), 1991, *Albins Prolog und die Dialogtheorie des Platonismus*, Stuttgart: B.G. Teubner Verlag.

Reis, Burkhard(Hrsg. & Übers.), 1999, *Der Platoniker Albinos und sein sogenannter Prologos*, Wiesbaden: Dr. Ludwig Reichert Verlag.

Vimercati, E., 2015, 369~399.
鎌田政年(訳),「アルビノス: プラトン序説」, in 中畑正志(編) 2008, 3~11.

(2) 알키노오스

Dillon, John(trs.), 1993, *Alcinous: The Handbook of Platonism*, Oxford: Clarendon Press.
Summereil, Orrin F. & Thomas Zimmer(Übers.), 2007, *Alkinoos: Didaskalikos. Lehrbuch der Grundsätze Platons*, Berlin: Walter de Gruyter.
Vimercati, E., 2015, 369~399.
Whittaker, John & Pierre Louis(éd.), 1990, *Alcinoos: Enseignement des doctrines de Platon*, Paris: Les Belles Lettres.
久保 徹(訳), 2008,「アルキノオス: プラトン哲学講義」, in 中畑正志(編) 2008, 13~137.

(3) 기타 중기 플라톤주의자들

선집

Boys-Stones, George(trs. & comm.), 2018, *Platonist Philosophy 80 BC to AD 250*, Cambridge: Cambridge Univ. Press.
Gioè, Adriano(a cura di), 2002, *Filosofi medioplatonici del II secolo D.C.: Testimonianze e frammenti di Gaio, Albino, Lucio, Nicostrato, Tauro, Severo, Arpocrazione*, Napoli: Bibliopolis.
Vimercati, Emmanuele(a cura di), 2015, *Medioplatonici*, Milano: Bompiani.
中畑正志(編), 2008,『プラトン哲學入門』, 京都: 京都大学学術出版会.

누메니오스

des Places, Édouard(éd.), 1973, *Numénius: Fragments*, Paris: Les

Belles Lettres.

아풀레이우스

Beaujeu, Jean(éd. & trad.), 1973, *Apulée: Opuscules philosophiques et fragments*, Paris: Les Belles Lettres.

Magnaldi, Iosepha(ed.), 2019, *Apulei Opera Philosophica*, Oxford: Oxford University Press.

Moreschini, Claudio(ed.), 1991, *Apvlei Platonici Madavrensis De Philosophia Libri*, Stuttgart/Leipzig: B. G. Teubner Verlag.

앗티코스

des Places, Édouard(ed. & trad.), 1977, *Atticus: Fragments*, Paris: Les Belles Lettres.

플루타르코스

Cherniss, H.F., 1976, *Plutarch: Moralia* (XIII~1): *Platonic Questions*; *On the Generation of the Soul in the* Timaeus; *Epitome of "On the Generation of the Soul in the* Timaeus"(coll. Loeb Classical Library 427), Massachusetts/London: Harvard University Press.

Ildefonse, Frédérique(trad.), 2006, *Plutarque: Dialogues pythiques*, Paris: GF-Flammarion.

Lelli, Emanuele & Giuliano Pisani(a cura di), 2017, *Plutarco: Tutti i Moralia*, Milano: Bompiani.

2) 중기 플라톤주의 이외의 고전 문헌들

(1) 소크라테스 이전 자연 철학자들과 소피스트들

김인곤 외(옮김), 2012 [=『단편 선집』], 『소크라테스 이전 철학자들의 단편 선집』, 파주: 아카넷.
강철웅(옮김), 2023, 『소피스트 단편 선집』, 파주: 아카넷.

(2) 플라톤과 구아카데메이아

플라톤

김유석(옮김), 2019, 『티마이오스』, 파주: 아카넷.
김인곤 · 이기백(옮김), 2021, 『크라튈로스』, 파주: 아카넷.
김인곤(옮김), 2021, 『고르기아스』, 파주: 아카넷.
김주일(옮김), 2019, 『에우튀데모스』, 파주: 아카넷.
_____, 2020, 『파이드로스』, 파주: 아카넷.
김태경(옮김), 2000, 『정치가』, 파주: 한길사.
박종현(역주), 2005, 『국가 · 正體』, 파주: 서광사.
박종현(역주), 2009, 『법률 · 미노스 · 에피노미스』, 파주: 서광사.
이창우(옮김), 2019, 『소피스트』, 파주: 아카넷.
전헌상(옮김), 2020, 『파이돈』, 파주: 아카넷.
정준영(옮김), 2022, 『테아이테토스』, 파주: 아카넷.

Adam, James(ed.), 2009, *The Republic of Plato*, 2 vols., Cambridge: Cambridge University Press(1st. ed.: 1902)
Brisson, Luc & Jean-François Pradeau(trad.), *Platon: Le Politique*, Paris: GF-Flammarion.
Dixsaut, Monique(trad.), 1991, *Platon: Phédon*, Paris: GF-Flammarion.
Duke, E.A.(et alii)(eds.), 1995, *Platonis Opera*, tom. I, Oxford: Clarendon Press.

스페우시포스(구아카데메이아의 2대 교장, 플라톤의 조카)

Isnardi Parente, Margherita(a cura di), 1980 [= IP], *Speusippo: Frammenti*, Napoli: Bibliopolis.

Tarán, Leonardo(ed. & comm.), 1981, *Speusippus of Athens*, Leiden: E.J. Brill.

크세노크라테스(구아카데메이아의 3대 교장)

Isnardi Parente, Margherita & Tiziano Dorandi(a cura di), 2012 [= IP-D], *Senocrate-Hermodoro: Frammenti*, Pisa: Edizioni della Normale Superiore di Pisa.

(3) 아리스토텔레스와 소요학파

아리스토텔레스

김재홍 외(옮김), 2011, 『니코마코스 윤리학』, 파주: 도서출판 길.

김재홍(옮김), 2017, 『정치학』, 파주: 도서출판 길.

_____, 2020, 『소피스트적 논박에 대하여』, 파주: 아카넷.

_____, 2021, 『아리스토텔레스의 토피카』, 파주: 서광사.

김진성(역주), 2008, 『범주들 · 명제들에 관하여』, 서울: 이제이북스.

_____, 2015, 『자연학 소론집』, 서울: 이제이북스.

_____, 2022, 『형이상학』, 파주: 서광사.

송유레(옮김), 2021, 『에우데모스 윤리학』, 파주: 아카넷.

천병희(옮김), 2017, 『수사학/시학』, 파주: 도서출판 숲.

Berti, Enrico(a cura di), 2017, *Aristotele: Metafisica*, Bari: Editori Laterza.

Bodéüs, Richard(éd. et trad.), 2001, *Aristote: Catégories*, Paris: Les Belles Lettres.

Bywater, Ingram(ed.), 1894, *Aristotelis Ethica Nicomachea*, Oxford: Clarendon Press.

Crubellier, Michel(trad.), 2014, *Aristote: Premiers Analytiques*, Paris: GF-Flammarion.

Pellegrin, Pierre(trad.), 2004, *Aristote: Traité du ciel*, Paris: GF-Flammarion.
______, 2007, *Aristote: Catégories/Sur l'interprétation*, Paris: GF-Flammarions.
Striker, Gisela(trs.), 2009, *Aristotle: Prior Analytics*, Book I, Oxford: Clarendon Press.
Walzer, Richard R. & Jean M. Mingay(eds.), 1991, *Aristotelis Ethica Eudemia*, Oxford: Clarendon Press.

데메트리오스(서기전 350~280년 무렵의 소요 철학자, 테오프라스토스의 제자)
Innes, Doreen C.(trs.), 1995, *Demetrius: On Style*, in *Aristotle: Poetics / Longinus. On Sublime / Demetrius: On Style*, Cambridge/London: Harvard University Press(coll: LCL).

아스파시오스(서기 80~150년 무렵의 소요 철학자)
Konstan, David(trs.), 2014, *Aspasius: On Aristotle Nicomachean Ethics 1~4, 7~8*, London/New York: Bloomsbury.

테오프라스토스(서기전 4~3세기, 아리스토텔레스의 제자이자 뤼케이온의 2대 교장)
Fortenbaugh, William W.(et alii)(ed. & trs.), 1993 [= Fortenbaugh], *Theophrastus of Eresus: Sources for His Life, Writings, Thought and Influence*, Part I, Leiden/New York/Köln: E.J. Brill.

(4) 헬레니즘 및 고대 후기(가나다순)
갈레노스(서기 129~216년, 페르가몬 출신의 의사이자 플라톤주의 철학자)
Garofalo, Ivan & Mario Vegetti(a cura di), 1978, *Opere Scelte di Galeno*, Torino: Tipografia Torinese.

Mueller, Iwanus(et alii), 1891, *Claudii Galeni Pergamenti Scripta Minora*, vol. II, Amsterdam: Adolf Hakkert, 1967.

네메시우스(서기 4세기의 기독교 철학자)

Morani, Moreno(ed.), 1987, *Nemisii Emeseni De Natura Hominis*, Leipzig: B. G. Teubner Verlag.

Sharples, R.W. & P.J. van der Eijk (trs.), 2008, *Nemeius: on the Nature of Man*, Liverpool: Liverpool University Press.

디오게네스 라에르티오스(서기 3세기 초반의 학설사가)

김주일 외(옮김), 2021, 『유명한 철학자들의 생애와 사상』(전 2권), 파주: 나남출판.

Dorandi, Tiziano(ed.), 2013, *Diogens Laertius: Lives of Eminent Philosophers*, Cambridge: Cambridge Univ. Press.

Goulet-Cazé, M.-O.(et alii), 1999, *Diogène Laërce: Vies et doctrines de philosophes illustres*, Paris: Le Livre de Poche.

막시모스 튀리오스(서기 2세기 후반의 수사가이자 플라톤주의자)

Trapp, Michael B.(ed.), 1994, *Maximus Tyrius: Dissertationes*, Stuttgart/Leipzig: Teubner.

______, (trs.), 1997, *Maximus of Tyre: The Philosophical Orations*, Oxford: Clarendon Press.

세네카, 루키우스 안나이우스(서기전 4~서기 65년, 로마의 정치가이자 스토아 철학자)

Graver Margaret & Anthony A. Long(trs.), 2015, *Seneca: Letters on Ethics to Lucilius*, Chicago/London: The University of Chicago Press.

섹스토스 엠페이리코스(서기 2세기의 의사이자 회의주의 철학자)

Bett, Richard(trs.), 2005, *Sextus Empiricus: Against the Logicians*, Cambridge: Cambridge University Press.

______, 2018, *Sextus Empiricus: Against Those in the Disciplines*, Oxford: Oxford University Press.

Refevre, René(trad.), 2019, *Sextus Empiricus: Contre les logiciens*, Paris: Les Belles Lettres.

심플리키오스(서기 480~560년 무렵, 킬리키아 출신의 신플라톤주의 철학자)

Chase, Michael(trs.), 2014, *Simplicius: On Aritotle Categories 1~4*, London/New York: Bloomsbury.

de Haas, Frans, A.J. & Barrie Fleet(trs.), 2014, *Simplicius: On Aristotle Categories 5~6*, London/New York: Bloomsbury.

아프로디시아스의 알렉산드로스(서기 200년 무렵의 아리스토텔레스 주석가)

Mueller, Iann(trs.), 2014, *Alexander of Aphrodisias: On Aristotle Prior Analytics 1. 23~31*, London/New York: Bloomsbury.

______, 2014, *Alexander of Aphrodisias: On Aristotle Prior Analytics 1. 32~46*, London/New York: Bloomsbury.

Sharples, Robert William(trs.), 2002, *Alexander of Aphrodiaias: Supplement to On the Soul*, London/New York: Bloomsbury.

암모니오스(서기 5~6세기, 알렉산드리아의 신플라톤주의 철학자)

Cohen, S. Marc & Gareth B. Matthews(trs.), 2014, *Ammonius: On Aristotle Categories*, London/New York: Bloomsbury.

에프렘(서기 306~373년, 쉬리아 출신의 기독교 신학자)

Mitchell, Charles Wand(trs.), 2008, *S. Ephraim's Prose Refutations of*

Mani, Marcion, and Bardaisan, New Jersey: Gorgias Press (1st ed.: 1912).

에픽테토스(서기 50~135년, 히에라폴리스 출신의 스토아 철학자)
김재홍(옮김), 2023, 『에픽테토스 강의』, 2 vols., 서울: 그린비.
Boter, Gerard(ed.), 2007, *Epictetus: Encheiridion*, Berlin: de Gruyter.
Cassanmagnago, Cesare(a cura di), 2009, *Epitteto: Tutte le Opere*, Milano: Bompiani.
Hadot, Pierre(trad.), 2000, *Manuel d'Épictète*, Paris: Le Livre de Poche.
Souilhé, Joseph(éd. & trad.), 1945~1965, Épictète: Entretiens, 4 vols., Paris: Les Belles Lettres.

오리게네스(서기 185~253년, 알렉산드리아 출신의 교부이자 신학자)
Borret, Marcel(éd. & trad.), 1967~1969, *Origène: Contre Celse*, 4 vols., Paris: Les Éditions du Cerf.

이암블리코스(서기 3~4세기, 칼키스 출신의 신플라톤주의 철학자)
Finamore, John F. & John Dillon(ed. & trs.), 2002, *Iamblichus: De Anima*, Leiden/Boston/Köln: Brill.

작자 미상(서기 6세기 후반의 신플라톤주의 철학자로 추정)
Trouillard, Jean & Alain Philippe Segonds(éd. et trad.), 1990, *Auteur anonyme: Prolégomènes à la philosophie de Platon*, Paris: Les Belles Lettres.

칼키디우스(4세기 무렵의 철학자, 플라톤의 『티마이오스』를 라틴어로 번역함)
Bakhouche, Béatrice(et alii)(éd. & trad.), 2011, *Calcidius: Commentaire au Timée de Platon*, 2 vols., Paris: J. Vrin.

Magee, John(trs.), 2016, *Calcidius: On Plato's Timaeus*, Cambridge/ London: Harvard University Press.

키케로, 마르쿠스 툴리우스(서기전 106~43년, 로마의 정치가이자 철학자)
강대진(옮김), 2019, 『신들의 본성에 관하여』, 서울: 그린비.
김남우(옮김), 2022, 『투스쿨룸 대화』, 파주: 아카넷.
양호영(옮김), 2021, 『아카데미아 학파』, 파주: 아카넷.

포르퓌리오스(서기 234~305년, 신플라톤주의자, 플로티누스의 제자)
Brisson, Luc(et alii)(éd. & trad.), 1982/1992, *Porphyre: Vie de Plotin*, 2 vols., Paris: J. Vrin.
Brisson, Luc(et alii)(éd. & trad.), 2012, *Porphyre: Sur la manière dont l'embryon reçoit l'âme*, Paris: J. Vrin.
Dorandi, Tiziano(et alii)(éd. & trad.), 2019, *Porphyre: L'antre des nymphes dans l'Odyssée*, Paris: J. Vrin

프로클로스(서기 5세기의 신플라톤주의 철학자)
Diehl, Ernest(Hrsg.), 1906, *Procli Diadochi in Platonis Timaevm Commentaria*, 3 vols., Leipzig: B. G. Teubner Verlag.
Festugière, André Jean(trad.), 2006, *Proclus: Commentaire sur le Timée*, 5 vols., Paris: J. Vrin(1ère éd.: 1966~1968).
_____, 1970, Proclus: *Commentaire sur la République*, 3 vols., Paris: J. Vrin.
Morrow, Glenn R.(trs.), 1970, *Proclus: A Commentary on the First Book of Euclid's Elements*, Princeton: Princeton University Press.
Segonds, Alain Philppe & Concetta Luna(éd. & trad.), 2007~2021, *Proclus: Commentaire sur le Parmémide de Platon*, 10 vols., Paris: Les Belles Lettres.

Tarrant, Harold(et alii), 2007~2017, *Proclus: Commentary on Plato's Timaeus*, 6 vols., Cambridge: Cambridge University Press.

Van Riel, Gerd(ed.), 2022, *Procli Diadochi in Platonis Timaevm Commentaria*, 5 vols., Oxford: Clarendon Press.

프리스키아누스(서기 6세기, 아테나이 출신의 신플라톤주의 철학자)

Huby, Pamela(et alii)(trs.), 2016, *Priscian: Answer to King Khosroes of Persia*, London/New York: Bloomsbury.

플로티누스(서기 3세기의 신플라톤주의 철학자)

Brisson, Luc(et alii)(trad.), 2002~2010, *Plotin: Traités suivi de Porphyre: Vie de Plotin*, 9 vols., Paris: GF-Flammarion.

Henry, Paul & Hans-Rudolf Schwyzer(eds.), 1964~1983, *Plotini Opera*, 3 vols., Oxford: Clarendon Press.

O'Meara, Dominic(trad.), 2019, *Plotin: Traité 19 – sur les vertus*, Paris: J. Vrin.

헬레니즘 단편집

Edelstein, Ludwig & Ian G. Kidd(ed. & comm.), 1989~1999 [= EK], *Posidonius*, 3 vols., Cambridge: Cambridge University Press.

Long, Anthony A. & David N. Sedley(ed. & trs.), 1987 [= LS], *The Hellenistic Philosophers*, 2 vols., Cambridge: Cambridge University Press.

Radice, Roberto(a cura di), 2002, *Stoici antichi. Tutti i frammenti*, Milano: Bompiani(secondo la raccolta di SVF).

von Arnim, Hans(Hrsg.), 1903~1905 [= SVF], *Stoicorum Veterum Fragmenta*, 4 vols., Stuttgart: B. G. Teubner Verlag.

(5) 기타 고전 문헌

그리스 서사시 단편들

West, Martin L.(trs.), 2003, *Greek Epic Fragments*, Cambridge/London: Harvard University Press.

스토바이오스(서기 5세기, 마케도니아 출신의 작가)

Wachsmutt, Curtius & Otto Hense(Hrsg.), 1884~1923, *Ionannis Stobaei Anthologium*, t. I~IV, Berlin: Weidmann.

아에티오스(서기 1~2세기의 학설사가로 『철학자들의 견해들』의 저자)

Mansfeld, Jaap & David T. Runia(eds.), 2020, *Aëtiana V*, 4 vols., Leiden/Boston: Brill.

크세노폰(서기전 430~355/354, 아테나이 출신의 역사가이자 소크라테스주의 철학자)

김주일(옮김), 2021, 『소크라테스 회상』, 파주: 아카넷.

포티오스(서기 9세기의 콘스탄티노폴리스의 총대주교이자 신학자)

Henry, René(et alii), 1959~1991, *Photius: Bibliothèque*, 9 vols., Paris, Les Belles: Lettres.

학설지(學說誌)

Diels, Hermann(Hrsg.), 1965, *Doxographi graeci*, Berlin: W. de Gruyter(1st. ed.: 1879).

2. 2차 문헌

1) 저서 및 논문들

구리나, 장바티스트, 2016, 『스토아주의』, 김유석(옮김), 파주: 글항아리.

김유석, 2009, 「대화의 철학 혹은 철학적 대화: 플라톤의 초기 대화편을 바라보는 한 시선」, in 『해석학연구』(23), 79~108.

______, 2022, 『메가라학파』, 파주: 아카넷.

______, 2024, 「데미우르고스 안의 이데아들: 중기 플라톤주의자 알키노오스의 『티마이오스』 해석에 관하여」, in 『동서철학연구』(114), 249~272.

송유레, 2011, 「플로티누스의 세계제작자: 플라톤의 『티마이오스』의 탈신화적 해석」, in 『철학사상』(41), 3~36.

이창우, 2010, 「신(神)을 닮는 것 : 스토아 윤리학 및 자연철학에 전해진 플라톤의 유산 – 『티마이오스』를 중심으로」, in 『가톨릭 철학』(15), 5~33.

Armstrong, Arthur Hilary, 1960, "The Background of the Doctrine: 'That the Intelligibles are not Outside the Intellect'," in *Entretien sur l'Antiquté classique* (5), 393~425.

Baltes, Matthias, 1999, "Muß die 'Landkarte des Mittelplatnismus' neu gezeichnet werden?" in *DIANOHMATA. Kleine Schriften zu Platon und zum Platonismus*, Stuttgart: B.G. Teubner u. Leipzig, 327~350.

Bonazzi, Mauro, 2012, "Theoria and Praxis: On Plutarch's Platonism," in T. Bénnatouil & M. Bonazzi(eds.), *Theoria, Praxis and the Contemplative Life after Plato and Aristotle*, Leiden: Brill, 2012, 139~161.

Brenk, Frederick E., 1986, "In the Light of the Moon: Demonology in the Early Imperial Period," in *Aufstieg und Niedergang der Römischen Welt* (II), 16, 3, 2068~2145.

Brisson, Luc, 1997, "Les traditions platoniciennes et aristotéliciennes," in *Philosophie grecques*, sous la direction de Monique Canto-Sperber, Paris: PUF, 595~699.

_____, 2015, *Le même et l'autre dans la structure ontologique du Timée de Platon*, Sankt Augustin: Academia(1ère éd.: 1974).

Chase, Michael & Richard Goulet, 2016, "Thrasyllos," in *Dictionnaire des philosophes antiques*, tom. VI, Paris: Éditions CNRS(1ère éd.: 1989), 1150~1172.

Cherniss, Harold F., 1937, "Review of R.E. Witt, *Albinus and the History of Middle Platonism*," in L. Tarán 1977, 468~473.

_____, 1949, "Review of P. Louis, *Albinos. Épitomée*," in L. Tarán 1977, 474~478.

D'Ancona, Cristina, 2002, "Book Review: *Der Platoniker Albinos und sein sogenannter Prologos* by B. Reis," in *Mnemosyne*(55~5), 613~626.

De Durand, Georges-Mathieu, 1973, "L'homme raisonnable mortel: pour l'histoire d'une définition," in *Phoenix*(27~4), 328~344.

Dillon, John, 1996, *The Middle Platonist 80 B.C. to 220 A.D.*, Ithaca/New York: Cornell University Press(1st. ed.: 1977).

_____, 2002, "Book Review: *Der Platoniker Albinus und sein sogenannter Prologos*," in *International Journal of the Classical Tradition*(8~4), 625~627.

_____, 2018, "Dercyllidès," in *Dictionnaire des philosophes antiques*, tom. II, Paris: Éditions CNRS(1ère éd.: 1994), 747~748.

Donini, Pierluigi, 2011, "La connaissance de dieu et la hiéarchie divine chez Albinos," in *Commentary and Tradition. Aristotelianism, Platonism, and Post-Hellenistic Philosophy*, ed. by Mauro Bonazzi, Berlin/New York: Walter de Gruyter, 423~436.

Dorion, Louis-André, 2000, "Euthydème et Dionysodore sont-ils des Mégariques ?," in *Plato* Euthydemus, Lysis, Charmides. *Proceedings of the V Symposium Platonicum*, ed. by Thomas M. Robinson & Luc Brisson, Sankt Augustin: Academia, 35~50.

Festugière, André-Jean, 1954, *La révélation d'Hermès trismégistre, IV – Le Dieu inconnu et la gnose*, Paris: Librairie Lecoffre J. Gabalda.

Göransson, Tryggve, 1995, *Albinus, Alcinous, Arius Didymus*, Göteborg: Acta Universitatis Gothoburgensis.

Goulet, Richard, 2018, "Aristophane de Byzance," in *Dictionnaire des philosophes antiques*, tome I, Paris: CNRS, 406~408.

Hadot, Pierre, 1974, "Les division des parties de la philosophie dans l' Antiquité," in *Museum Helveticum*(36~4), 201~223.

Hamilton, Walter, 1947, "The Budé Albinus," in *The Classical Review*(61~3), 99~101.

Irwin, Terence H., 2022, "Plato in his Context," in R. Kraut 2022, 39~81.

Kraut, Richard(ed.), 2022, *The Cambridge Companion to Plato*, Cambridge: Cambridge University Press(1st ed.: 1992).

Mansfeld, Jaap, 1988, "Compatible Alterantives: Middle Platonist Theology and the Xenophanes Reception," in *Knowledge of God in the Graeco-Roman World*, ed. by R. van den Broek, Leiden: E.J. Brill, 92~117.

Moreschini, Claudio, 1978, *Apuleio e il platonisimo*, Firenze: Leo S. Olschki Editore.

Opsomer, Jan, 2005, "Demiurges in Early Imperial Platonism," in *Gott und die Götter bei Plutarch*, hrsg. von Rainer Hirsch-Luipold, Berlin/New York: Walter de Gruyter, 2005, 51~99.

Sedley, David, 2017, "Becoming Godlike," in *The Cambridge Companion to Ancient Ethics,* Cambridge: Cambridge University Press, 319~338.

Tarán, Leonardo(ed.), 1977, *Harold Cherniss Selected Papers*, Leiden: E.J. Brill.

Tarrant, Herold, 1993, *Thrasyllan Platonism*, Ithaca/London: Cornell University Press.

Whittaker, John, 1974a, "Parisinus Graecus 1962 and the Writings of Albinus," in *Phoenix*, (28~3), 320~354.

_____, 1974b, "Parisinus Graecus 1962 and the Writings of Albinus: Part 2," in *Phoenix*, (28~4), 450~456.

_____, 1979, "Christianity and Morality in the Roman Empire," in *Vigiliae Christianae*, (33~3), 209~225.

_____, 1987, "Platonic Philosophy in the Early Centuries of the Empire," in *Aufstieg und Niedergang der römischen Welt*, (36~1), 81~123.

_____, 1997, "Review of Olaf Nüsser, *Albins Prolog und die Dialogtheorie des Platonismus*," in *Gnomon*, (69), 300~307.

_____, 2005, "Gaius," in *Dictionnaire des philosophes antiques*, tome III, Paris, CNRS, 437~440.

_____, 2018, "Albinos," in *Dictionnaire des philosophes antiques*, tome I, Paris, CNRS, 96~97.

2) 사전, 문법, 기타 연구 도구들

그리말, 피에르, 2003, 『그리스 로마 신화 사전』, 최애리 외(옮김), 파주: 열

린책들.

Chantraine, Pierre, 1968, *Dictionnaire étymologique de la langue grecque*, Paris: Klincksieck.

Deniston, John Dewar, 1991, *The Greek Particles*, London/Indianapolis: Hackett.

Janko, Richard, 1985, "Autos ekeinos. A Neglected Idiom," in *The Classical Quarterly*, (35~1), 20~30.

Smyth, Herbert Weir, 1956, *Greek Grammar*, Cambridge: Harvard University Press.

찾아보기

일러두기

- 「찾아보기」에 표기된 『서설』과 『강의』의 쪽수와 행수는 번역의 대본인 카를 프리드리히 헤르만(K.F. Hermann)의 것이다. 『서설』은 헤르만 비판본의 147~151쪽이며, 『강의』는 152~189쪽이다.
- 「찾아보기」는 헤르만 비판본의 쪽수와 행수로 표기했다. 그리스어와 한국어의 어순이 달라서 1~2행 정도의 차이가 발생할 수 있지만, 그 차이는 가급적 2행을 넘지 않도록 했다(한 줄 안에 같은 단어가 반복해서 나올 경우에는 행수를 반복하여 적었다).
- 「찾아보기」에 수록된 단어들은 철학의 주요 개념들, 철학적 내용을 담고 있는 어휘들, 역사 정치 문화적 맥락을 암시하는 단어들, 그리고 고유명사들(역사적 인물, 신화 속 등장인물)이며, 고유명사의 경우 이름마다 간단한 설명을 첨가하였다.
- 그리스어는 로마자로 바꿔 표기하였다. 그리스어를 로마자로 표기함에 있어서 국제 표준은 따로 정해져 있지 않다. 이 책에서는 비교 언어학자인 에밀 벤베니스트(Émile Benveniste, 1902~1976)가 사용한 표기 방식을 추종하였다. 이는 벤베니스트의 방식이 그리스어의 음가를 로마자로 가장 충실하게 재현했다고 판단했기 때문이다. 그리스어를 로마자로 옮길 때는 몇 가지 주의해야 할 표기들이 있는데, 그것들은 다음과 같다.
  ① 모음의 경우, η는 ē로, ω는 ō로, υ는 u로 표기하였으며, 장모음 아래 오는 ι(iota subscript)는 ι를 장모음 옆에 병기하였다. 예) τῳ ζῳῳ = tōi zōiōi.
  ② 자음의 경우, ξ는 ks로, χ는 ch 로, φ는 ph로, ψ는 ps로 표기하였으며, [ŋ]로 발음하는 γγ [ŋg], γκ [ŋk], γξ [ŋks], γχ [ŋkh]는 각각 ng, nk, nx, nch로 표기하였다.
  ③ 한국어의 히읗(h) 발음에 해당하는 그리스어의 강기식(强氣息, rough breathing) 부호(‘)는 h로 표기하였다. 예) ἁ = ha, ἑ = he, ἱ = hi, ὁ = ho ὑ = hu.

④ 그리스어의 모음에는 강세(accent)가 표기되지만, 로마자에서는 따로 표기하지 않았다.

• 그리스어의 표제어는 다음의 기준에 따라 표기하였다.

① 동사는 기본적으로 현재, 직설법, 능동태, 1인칭 단수 형태로 표기하였다.

② 명사, 형용사, 분사는 단수, 주격의 형태로 표기하였다.

③ 특히 형용사의 경우 특별한 의미가 있는 경우를 제외하고는 비교급이나 최상급이 아닌 원급 형태로 표기하였다.

④ 그리스어의 모음에는 강세(accent)가 표기되지만, 로마자에서는 따로 표기하지 않았다.

한국어 - 그리스어

ㄱ

낭비벽(asōtia) 183H29, 184H20
낮(hēmera) 161H29, 171H28
낮은(音)(barus) 174H5
냄새(osmē) 174H8, 8, 13, 15
냄새 없는(aosmos) 163H1
넉넉함(자유인다움)(eleuthēriotēs) 184H19
노고(ponos) 172H18
노폐물(diaphthora) 176H34
녹음 / 녹이다(suntēxis / suntēkō) 174H33, 175H35
논고(suntaxis) 180H42
논리학의(logikos) ⇨ 이성적인
논박 / 논박하다 / 논박적인 (elenchos / elenchō / elenktikos) 148H28, 150H32, 151H9, 158H18, 19
논박적인(anatreptikos) 148H37, 151H11
논변(logos) ⇨ 이성
높은(音)(oxus) ⇨ 날카로운 174H4
뇌(enkephalos) 172H25, 174H3
눈(omma, ophthalmos) 161H36, 173H17, 173H20, 180H24, 26
눈꺼풀(blapharon) 173H28
눈물(dakruon) 175H37
눈이 멀다(apotuphloō) 180H25
느낌(pathos) ⇨ 겪음
느린(bradus) 171H9, 174H5
늙지 않는(agērōs) 167H44
능력, 특성, 가능(태)(dunamis) 147H5, 154H35, 159H31, 160H3, 163H8, 9, 164H19, 36, 167H22, 27, 168H11, 169H17, 170H27, 30, 171H13, 174H7, 39, 176H31, 36, 178H42, 179H24, 25, 27, 182H33, 37, 39

ㄷ

다시 불을 붙이다(anazōpureō) 180H25
다채로운 / 다채롭게(poikilos / poikilōs) 148H7, 162H40, 170H15, 174H21, 181H20
단단한, 입체인(stereos) 168H22, 25
단맛 / 단(glukutēs / glukus) 174H26, 28, 176H28, 180H4
단적인, 단순한, 순수한 / 단적으로(haplos / haplōs) 148H6, 155H33, 34, 158H15, 25, 164H12, 166H6, 178H14, 187H2, 7, 185H42, 186H3,

ㄹ

ㅁ

ㅂ

선택할 만한(hairetēs) 181H6
선행하다(proupokeimai) 155H1, 5, 163H20
설득하다 / 설득적인(peithō / pithanos) 154H31, 159H34, 184H9
설명(logos) ⇨ 이성
설명적인(huphēgētikos) 148H25, 26, 28, 150H36, 151H6, 158H28
설치물 / 설치하다(kataskeuma / kataskeuazō) 167H8, 174H22, 39
섭리, 구상 / 섭리로 다스리다 (pronoia / pronoeō) 167H13, 161H5
성격(ēthos) 148H5; 153H15, 39, 185H16, 187H12
성격의 구현(ēthopoiia) 147H20, 148H2~3
성긴(manos) 168H19
성물의(hieros) ⇨ 신성한
성질, 질 / 성질을 가진, 질적인 (poiotēs / poios) 156H1, 159H4, 5,162H39, 165H10, 11, 12, 166H15, 17, 18, 18, 19, 20, 20, 21~22, 23, 24, 24, 25, 25, 27, 168H20, 21
성질 변화(alloiōsis) 165H38
성질 없는(apoios) 162H36, 41, 163H6, 166H23
성채(akropolis) 176H13~14
세련된(도회적인)(asteios) 185H16, 187H21, 29, 34
소리, 발화된 말(phōnē) 156H38, 159H41, 161H39, 173H43, 174H2
소리를 통한 계시(otteia) 171H25
소멸하다 / 소멸하는(phthartos / phtheirō) 166H13, 177H43, 178H13, 14, 32
소멸하지 않는(aphthartos) 157H32, 34, 35~36, 36, 167H4, 177H35, 178H15
소재(hulē) ⇨ 질료
소질 없는(aphuēs) 149H26
소피스트 / 소피스트적인(sophistēs / sophistikos) 148H4, 6~7, 150H29, 151H10, 12, 158H29, 189H13, 17
소피스트술(sophisma) 153H37, 159H38, 159H41
소홀히 하다(ameleō) 152H26, 181H28
소화하다(dioikeō) 172H42
속이다(exapataō) 180H35, 185H4

ㅇ

188H15
조각상(andrias) 163H9, 10
조롱(gelōs) 186H26
조밀한(puknos) 173H18, 175H5, 176H30
조사하다(skopeō, episkopeō) 156H17, 157H30, 38, 162H26~27
조정(diaita) 167H14
조화로운(enarmonios) 161H36~37, 39
조화로운 결속(sunarmogenē) 167H37
조화를 이루다(epharmozō) 187H15
존립(hupostasis) 169H35, 177H23, 189H20
존재(ousia) ⇨ 실체
종, 종류(eidos) ⇨ 형상
종족(genos) ⇨ 유
종합(sunagōgē) 178H29
종합의(sunthetikos) 157H27
종차(diaphora) ⇨ 차이
좋게 만들다(euergeō) 164H37
좋은, 훌륭한(agathos) 156H20, 40, 43, 158H10, 11, 14, 41, 41, 161H21, 164H34, 36, 37, 165H8, 31, 42, 167H15, 177H11, 179H36, 39, 40, 41, 180H1, 7, 10, 12, 180H16, 17, 40, 41, 181H1, 4, 7, 15, 182H28, 183H8, 9, 185H3, 7, 27, 36, 38, 39, 186H42, 43, 187H2, 7, 24, 39, 188H21, 25, 31, 189H6, 15
좋은 상태(euexia) 182H2
좋은 상태에 있다(eupatheō) 153H6
좋은 소질 / 좋은 소질을 타고 난(euphuia / euphuēs) 149H26, 152H24, 183H17
좋음(agathotēs) 165H9
주인이 되다 / 주인의(despozō / despotikos) 173H6, 182H34
주제(topos) ⇨ 장소
죽다(teleutaō) ⇨ 끝나다
죽음 / 죽다(thanatos / thnēiskō) 177H20, 39, 39, 42, 181H14
죽이다(apokteinō) 179H17
준비하다(prokataskeuazō) 150H23
중간이 없는(amesos) 157H14, 177H36
중간인, 중용인, 중심인 / 중간에 맞게(mesos / mesōs) 157H1, 159H10, 11, 27, 167H33, 38, 170H4,

ㅊ

ㅋ

ㅌ

ㅍ

ㅎ

그리스어 - 한국어

A

aosmos 냄새 없는 163H1
apangeltikos 보고하는 154H34
aparalogistos 오류에 속지 않는 150H28~29, 151H10
apathēs 무감정한 184H25
apeikazō 비유하다 155H13
apeikonizō 모상이 되다 167H11
apeiros 무한한 178H5, 179H5, 5, 6
aphairesis 추상 165H17, 18
aphomoioō 닮게 되다 167H12,
aphrosunē / aphrōn 어리석음 / 어리석은 180H28, 183H13, 25
aphthartos 소멸하지 않는 157H32, 34, 35~36, 36, 167H4, 177H35, 178H15
aphuēs 소질 없는 149H26
aplanēs 방황하지 않는 170H14, 21, 27, 40, 171H10, 35
apoblepō 바라보다 155H15, 167H10
apodeixis / apodeiknumi / apodeiktikos 증명 / 증명하다 / 증명의 148H27, 151H9, 153H33, 34, 157H24, 29, 30, 158H18, 19, 28, 166H2
apoios 성질 없는 162H36, 41, 163H6, 166H23
apokatastasis 회귀 154H3
apokrisis 답변 147H19, 25, 26, 27
apokteinō 죽이다 179H17
apolemos 전쟁이 없는 188H10
apollumi 파괴하다, 파멸시키다 161H24, 180H25
apologeō 변론하다 149H10
apophasis / apophatikos 부정 / 부정하는 158H6, 7, 8, 11, 13, 189H23
aposēmainō 고지하다 179H26
apotelesma 완성품 170H1~2
apotuphloō 눈이 멀다 180H25
archē 원리, 출발점, 시작 147H10, 14, 149H16, 20, 150H23, 154H33, 155H29, 157H15, 30, 31, 34, 34, 42, 159H10, 11, 26, 162H7, 24, 163H12, 164H7, 39, 166H35, 167H7, 169H19, 173H8, 178H18, 18, 181H38, 42, 43
archikos / archikōs 근원적인 / 근원적으로 161H2, 162H11, 163H11, 166H7, 10, 168H24, 169H35, 178H8, 16, 186H3, 10
archōn 통치자 188H19, 28, 33

aulos 비질료적인 163H36, 38, 166H24, 24
austēros 떫은 174H27, 37~38
autarkēs 자족적인, 충분한 160H11, 167H45, 180H40
autokinētos 스스로 움직이는 157H29, 30, 35, 35, 178H16, 17, 17, 21
autonomeō 자기 일을 하다 188H27
autotelēs 자기 완결적인 163H31, 164H32
auxēsis 차원 161H25, 26
axierastos 사랑할 만한 187H33, 42

B

barus 낮은 174H5
basileus / basileia / basileuō 왕 / 왕국 / 왕이 되다, 군림하다 176H14, 181H16, 188H23~24, 188H24
bebaios / bebaiōs 확고한 / 확고하게 150H27, 154H29, 30, 162H21, 186H9
biblion 책 159H4, 7, 40
bioō / bios / biōtos 삶 / 살다 / 살 가치가 있는 148H4, 149H12, 14, 151H3, 4, 152H30, 153H1, 15, 24, 172H14, 16, 179H9, 188H4
biōtikos 현생의 180H36
blabē 피해 185H14
blapharon 눈꺼풀 173H28
boschēmatōdēs 짐승의 성질을 띤 187H29
boulē / bouleuō 숙고 / 숙고하다, 숙의하다 147H11, 147H11, 188H16
boulēsis 의지 165H1, 171H23, 178H37
bouleuma 결심 177H7
brachuoneiros 꿈이 거의 없는 173H29
bradus 느린 171H9, 174H5

C

chalkos 청동 163H8
charaktēr 유형 148H21, 23, 25, 149H2, 150H31, 34, 36, 151H5, 11
cholē 담즙 175H34, 39, 176H1, 2
cholera 콜레라 163H27
chōra 공간 161H5, 162H31, 169H8, 11
chōreō 흐르다 155H20
chōrizō 분리하다, 구분하다

D

11, 14, 16, 17, 19, 20, 30, 149H3, 25, 150H14, 32, 34, 36, 151H6, 11, 155H19, 158H28
diameibō 갈아타다 178H35
dianemō 분배하다 176H37
dianoia 사고, 추론적 사유 155H15, 18, 162H17
diaphanēs 투명한 173H34
diaphora 차이, 종차 148H20, 149H1, 157H7, 9, 159H28, 32, 165H6, 174H26, 42, 188H41
diaphthora 노폐물 176H34
diaplastikos 형성되는 178H35
diapuros 열정적인 184H41, 188H1
diasōstikos 지켜 내는 182H37, 183H4, 5
diastasis 거리 183H36
diastēma 간격 170H11, 25
diastrophē 비틀림 186H25
diatribē / diatribō 시간 보내기 / 시간 보내다 149H11, 161H23
didaktos 가르칠 수 있는 184H4
didaskalia / didaskō / didaskalikos 가르침, 강의 / 가르치다 / 가르치는 148H26, 149H16, 150H14~15, 152H2, 158H20, 160H27, 29, 169H17, 177H15, 182H6, 186H36
diegeirō 자극하다 176H27
diexodos 연속된(서술, 설명) 147H25, 156H7
dikaiosunē / dikaios 정의로움 / 정의로운 152H19~20, 29, 158H16, 40, 41, 181H22, 25, 26, 28~29, 31, 36, 182H37~38, 188H26
dikastikos 사법의 189H9
dikazō 판관이 되다 153H18
dikē 정의, 재판, 벌 149H9, 172H14, 175H17, 185H21
dioikeō 소화하다 172H42
diorizō 구별하다 174H25
diorthōsis 수정 188H37
dōdekahedron 십이면체 168H16, 23, 40, 44, 169H2
dogma 사상, 생각 150H24, 26, 35, 151H1, 152H1, 182H35, 37, 183H4, 5, 189H29, 32~33
dokimion 시험 174H23
doruphoreō 호위하다 173H10

eupatheō 좋은 상태에 있다 153H6
eupeitheia / eupeithēs 순종 / 순종하는 182H30, 32, 182H34
euphrosunē 기뻐하는 마음 186H43
euphuia / euphuēs 좋은 소질 / 좋은 소질을 타고난 149H26, 152H24, 183H17
eurhōstia 활력 181H17
euschēmōn 우아한 182H17
eutelos 하찮은 163H29
eutheia / euthus 직선 / 직선의, 곧은 158H42, 159H2, 17, 18, 170H40, 184H15
eutuchēs 운이 좋은 181H10
exapataō 속이다 180H35, 185H4
exetazō 연구하다 147H8
exomoioō 똑 닮다 181H43

G

gastēr 배 172H43
gē 흙, 지구 166H9, 167H21, 25, 29, 31, 38, 41, 168H12, 22, 170H41, 171H27, 36, 172H6, 21, 30, 31, 176H5, 180H29
gēinos 흙으로 된 187H36
gelōs 조롱 186H26
genesis / genētos 생겨남, 생성, 출생 / 생겨난 150H7, 162H27, 28, 33, 166H13, 167H17, 169H32, 34, 170H23, 171H16, 172H16, 30, 178H18
genikos 유적인 174H11
gennaios 고귀한 148H6, 184H41, 187H43
genos 유, 부류, 종족 156H34, 157H1, 6, 10, 165H6, 171H39, 172H4, 7, 174H15, 176H10
geōlophos 완만한 189H2
geōmetria / geōmetrikos 기하학 / 기하학적인 154H5, 161H20, 22, 162H4, 11, 182H11
glōtta 혀 174H21, 22, 30
gnōmē 견해 152H17
gnōsis / gnostikos 인식, 인지 / 인식의 152H10, 32, 153H27, 28, 154H23, 161H3, 18, 21, 173H43, 178H40
gomphos 나사 172H23
goneus 부모 184H22, 25, 187H17
gōnion 각 168H29

I

K

L

9, 10, 13, 13, 14, 15, 20, 30, 157H39, 158H1, 5, 21, 38, 159H9, 32, 34, 160H20, 161H43, 162H34, 163H11, 35, 164H8, 165H21, 23, 166H35, 167H31, 173H7, 175H25, 176H7, 36, 178H33, 180H7, 181H38, 182H5, 183H5, 6, 6, 13, 22, 41, 184H31, 185H16
lupē / lupeō / lupēros 괴로움, 슬픔 / 괴로워하다, 슬퍼하다 / 괴로운 172H12, 174H12, 176H40, 184H25, 26, 27, 185H32, 41, 42, 186H6, 7, 14, 19, 20, 29, 31, 187H6
lura 뤼라 163H26
lusiteleō 유익하다 185H20

M

machē 모순 158H17, 189H21
maieutikos 산파술적인 148H35, 150H34
makarios 축복받은 180H18, 181H33
malagma 완충재 176H25
malassō / malakos 부드럽게 하다 / 부드러운 173H1, 174H40, 175H3, 176H23
manos 성긴 168H19
manteia / mantikos 예언 / 예언의 171H26, 176H29
mathēma 학과 149H34, 152H8~9, 15, 154H5, 161H27, 32, 42, 162H2, 9, 13, 17, 20, 22, 182H10
mathēmatikos 수학의 154H5, 161H1, 7, 161H10, 161H14
mathēsis 배움 177H45, 178H1, 3
megethos 크기 164H16
meignumi / miktos 혼합하다 / 혼합된 158H24, 27, 159H24, 186H14, 38, 187H5
meiromai 운명으로 부과되다 172H9~10
meis 달(시간) 161H30, 170H31
meletē 훈련 185H16
meli 꿀 156H3
meristos 부분으로 나뉠 수 있는 169H24, 28
meros 부분, 입자, 특칭 명제, 개별 156H35, 158H9, 10, 36, 42, 159H2, 9, 13, 16, 19, 160H19, 20, 161H14, 163H28, 165H12, 14, 35,

O

P

R

T

189H18
trachus / trachutēs 거침 / 거친 174H36, 42, 175H4, 7
tragōidia 비극 147H30, 148H9
trigōnon 삼각형 168H19, 27, 31, 33, 34, 38, 169H1, 2, 3, 172H29
tritaios 삼일열의 176H4~5
tromos 떨림 175H11
trophē 양분, 양식, 양육 150H19, 152H24, 171H30
tupos 자국 154H36
turannis 참주정 188H34~35

Z

zēlos 부러움 186H13
zēn 생명 177H18, 19, 38
zētēsis / zēteō / zētēteos 검토 / 검토하다 / 검토해야 하는 157H22~23, 26, 27, 28, 29, 37, 40, 158H19, 160H4, 161H31, 187H2, 188H11
zētētikos 탐구적인 148H25, 27, 29
zōē / zaō 삶 / 살다 177H40, 178H22, 180H22
zōidion 황도 12궁 168H41, 42, 169H4
zōiōn 동물 147H23, 157H6, 158H37, 37, 161H4, 167H3, 3, 169H42, 171H14, 19, 39, 172H3, 176H41, 178H7, 187H24
zophos 어둠 180H32, 36
zumōma 발효된 것 172H33~34

고유명사

신화

라이오스(Laios)(테바이의 왕, 자식의 손에 죽을 것이라는 신탁을 받고 갓 태어난 오이디푸스를 죽이려 하지만 실패하고, 훗날 아들의 손에 죽임을 당한다.) 177H8, 179H16
메데이아(Mēdeia)(콜키스의 왕 아이에테스의 딸. 황금 양피를 구하러 콜키스에 온 이아손과 사랑에 빠져 아버지를 배신하지만, 결국 그녀 자신도 이아손에게 배신당한다.) 177H4
아레스(Arēs)(제우스와 헤라 여신의 아들. 전쟁의 신) 171H12
아폴론(Apollōn)(제우스와 레토 여신의 아들. 학문과 의술, 예언

의 신) 179H15
에로스(Erōs)(사랑의 신. 헤시오도스 버전에서는 카오스, 가이아, 타르타로스와 함께 원초적인 신으로, 호메로스 버전에서는 아프로디테의 아들로, 플라톤의 『향연』에서는 포로스와 페니아의 아들로 묘사된다.) 187H34
제우스(Zeus)(티탄족인 크로노스와 레아의 아들, 아버지를 타르타로스에 위폐시키고 신들의 왕이 된다.) 166H22, 168H14, 171H12
크로노스(Kronos)(우라노스의 아들. 아버지를 거세하고 세계의 지배자가 되지만, 훗날 아들인 제우스와의 싸움에 패하여 몰락한다.) 171H10
파리스(Paris)(트로이아의 왕 프리아모스와 헤카베의 아들. 라케다이몬의 왕비였던 헬레네를 유혹하여 조국으로 데려오지만, 이것은 트로이아 전쟁의 빌미가 되었다.) 179H13
헤르메스(Hermēs)(제우스와 마야 여신의 아들. 전령의 신) 171H6
헬레네(Helenē)(제우스와 여인 레다의 딸이자, 라케다이몬의 왕 메넬라오스의 아내. 세상에서 가장 아름다운 여인으로 유명하며, 파리스와의 불륜으로 트로이아 전쟁의 빌미가 된다.) 179H13, 15

인명

데르퀼리데스(Derkullidēs)(서기 1세기 무렵의 문헌학자, 트라쉴로스보다 약 50년 정도 앞서 플라톤의 작품을 분류했다고 전해짐.) 149H13
소크라테스(Sōkratēs) 149H9, 12, 155H3, 8, 9, 10, 11, 158H7, 8, 163H28
에우튀데모스(Euthudēmos)(서기전 5세기, 투리오이에서 활동한 쟁론가이자 소피스트) 158H31
크뤼시포스(Chrusippos)(서기전 280/279~207/6년, 솔로이 출신의 스토아 철학자) 177H8
투퀴디데스(Thoukudidēs)(서기전 460~400년, 아테나이 출신의 역사가) 148H15

옮긴이의 말

고대 철학사 안에는 수많은 철학자들의 이름이 등장하지만, 막상 모든 저술이 오늘날까지 비교적 온전하게 전해지고 있는 철학자는 단 두 명에 불과한데, 그들은 바로 플라톤과 플로티누스이다. 이들은 모두 플라톤주의 전통에 속하는 사람들로서, 한 명은 그 개시자이고, 다른 한 명은 신플라톤주의의 설립자이다. 플라톤의 작품들은, 구아카데메이아(서기전 387년경 설립)에서 시작되어 신아카데메이아(서기전 3~1세기), 중기 플라톤주의(서기 1~2세기), 그리고 신플라톤주의(서기 3~6세기)에 이르기까지, 거의 900여 년에 걸쳐 이어진 플라톤 대화편들의 필사와 주석 작업 덕분에 모두 보전될 수 있었다. 같은 전통 속에 있었던 플로티누스 역시, 제자인 포르퓌리오스가 그의 논고들을 수집, 정리함으로써, 그의 작품들이 모두 온전히 전승될 수 있었다.

물론 플라톤 이외에도 여러 철학자들의 다양한 학파가 있었지만, 이렇게 학파의 설립자나 주요 인물의 작품이 단절 없이 필사되고 전승된 것은 플라톤주의 전통이 유일하다. 그리고 이는 전통 안에서 플라톤 철학의 권위에 대한 신뢰와 플라톤주의자들 서로 간의 유대가, 다른 학파들은 비교할 수 없을 정도로 높고 강력했음을 방증한다. 하지만 그 신뢰는 그저 맹목적인 믿음이 아니었고, 유대 역시 무조건적인 친목과 다른 것이었다. 플라톤주의자들은 모두 스승의 변호인들로서 다양한 철학자들의 질문과 파상공세에 맞서, 스승이 미처 언급하지 않은 문제들에 대한 답변을 대신 구하였다.

이를 위해 그들은 플라톤의 대화편을 끊임없이 다시 읽었고 재해석했으며, 더 나은 해석을 위해 플라톤주의자들 서로 간에도 격렬한 논쟁을 마다하지 않았다. 그 속에서 플라톤 철학은 아리스토텔레스, 스토아주의, 에피쿠로스주의 등과 대결하거나 화해했고, 퓌타고라스주의와 기독교 및 동방의 신비주의 등과 영향을 주고받으면서, 플라톤 본인의 의사와 상관없이 플라톤주의라는 다채롭고 고도로 체계화된 사상으로 전화되었으며, 다시 이 플라톤주의는 초기 기독교와 르네상스 인문주의에 적잖은 영향을 끼쳤다.

그중에서도 중기 플라톤주의자들이 활약했던 서기 2세기는 플라톤 대화편의 분류와 독서 방법, 플라톤 철학을 둘러싼 질문들과 답변들, 플라톤 사상 입문 등과 관련된 책들이 쏟아져 나오던 시기였다. 요컨대 플라톤 철학의 체계화와 해석의 전통이 확립된 것은 바로 그들의 이런 활약을 통해서였던 셈이다.

이 책이 나오기까지는 많은 분들의 지원과 도움이 있었다. 우선 이 번역은 한국연구재단의 인문사회 학술연구교수 지원 사업에 힘입어 시작된 연구의 일환으로 이루어진 것임을 밝힌다. 하지만 번역의 완성도는 역자가 연구원으로 있는 정암학당의 도움이 없었더라면 기대했던 바에 미치지 못했을 것이다. 학당에서는 이 책의 초역이 끝난 2022년 봄에 관련 주제로 연구 강좌를 개설해 주었다. 또한 2023년 12월~2024년 5월에는 학당 연구원 선생님들과의 윤독을 통해 번역을 검증하고 적잖은 오류를 수정할 수 있었다. 윤독에 참여해서 비판과 조언을 아끼지 않고 해 주신 강철웅, 김선희, 양호영, 이기백, 이준엽, 한경자 선생님께 감사드린다. 아울러 횡성의 정암학당 연구실을 개방하여 주말마다 좋은 환경에서 연구에 몰두할 수 있도록 배려해 주신 이정호 선생님께도 깊은 감사를 드린다. 그리고 역자에게 철학하는 법을 가르쳐 주신 숭실대학교의 한석환 선생님과, 지금도 궁금한 것 하나를 여쭤 보면, 셋 이상을 알려주시는 프랑스 국립과학연구소(CNRS)의 뤽 브리송(Luc Brisson) 선생님께 깊은 존경과 감사의 마음을 전한다. 마지막으로 좋은 책이 나올 수 있도록 신경 써주신 아카넷 출판사의 박수용 팀장님과 직원분들께도 감사의 마음을 전한다.

2025년 1월 27일, 용인에서

김유석

사단법인 정암학당을 후원해 주시는 분들

정암학당의 연구와 역주서 발간 사업은 연구자들의 노력과 시민들의 귀한 뜻이 모여 이루어집니다. 학당의 모든 연구는 시민들의 자발적인 후원을 바탕으로 하기 때문입니다. 그 결실을 담은 '정암고전총서'는 연구자와 시민의 연대가 만들어 내는 고전 번역 운동의 산물이라고 할 수 있습니다. 이 같은 학술 운동의 역사적 의미를 기리고자 이 사업에 참여한 후원회원 한 분 한 분의 정성을 이 책에 기록합니다.

평생후원회원

Alexandros Kwanghae Park			강대진	강상진	강선자	강성식	강성훈	강순전	강승민
강용란	강주완	강창보	강철웅	고재희	공기석	곽삼근	권세혁	권연경	권장용
기종석	길명근	김경랑	김경현	김귀녀	김기영	김남두	김대겸	김대오	김미성
김미옥	김병연	김상기	김상수	김상욱	김상현	김석언	김석준	김선희(58)	김성환
김숙자	김순옥	김영균	김영순	김영일	김영찬	김영희	김옥경	김운찬	김유순
김 율	김은자	김은희	김인곤	김재홍	김정락	김정란	김정례	김정명	김정신
김정화	김주일	김지윤(양희)		김지은	김진규	김진성	김진식	김창완	김창환
김출곤	김태환	김 헌	김현래	김현주	김현제	김혜경	김혜자	김효미	김휘웅
도종관	류한형	문성민	문수영	문우일	문종철	박계형	박금순	박금옥	박명준
박병복	박복득	박상태	박선미	박선영	박선희	박세호	박수영	박승찬	박윤재
박정수	박정하	박종면	박종민	박종철	박진우	박창국	박태일	박현우	박혜영
반채환	배인숙	백도형	백영경	변우희	사공엽	서광복	서동주	서 명	성 염
서지민	설현석	성중모	손병석	손성석	손윤락	손혜민	손효주	송경순	송대현
송성근	송순아	송요중	송유레	송정화	신성우	심재경	안성희	안 욱	안재원
안정옥	양문흠	양호영	엄윤경	여재훈	염수균	오서영	오지은	오흥식	유익재
유재민	유태권	유 혁	유형수	윤나다	윤신중	윤정혜	윤지숙	은규호	이경선
이광영	이기백	이기석	이기연	이기용	이도헌	이두희	이명호	이무희	이미란
이민성	이민숙	이봉규	이상구	이상원	이상익	이상인	이상희(69)	이상희(82)	이석호
이선희	이순이	이순정	이승재	이시연	이아람	이영원	이영호(48)	이영호(66)	이영환
이옥심	이용구	이용술	이용재	이용철	이원제	이원혁	이유인	이은미	이임순
이재경	이재환	이정선(71)	이정선(75)	이정숙	이정식	이정호	이종환(71)	이종환(75)	이주완
이주형	이지민	이지수	이 진	이창우	이창연	이창원	이충원	이춘매	이태수
이태호	이필렬	이한주	이향섭	이향자	이황희	이현숙	이현임	임대윤	임보경
임성진	임연정	임창오	임환균	장경란	장동익	장미성	장영식	전국경	전병환
전헌상	전호근	정선빈	정세환	정순희	정연교	정옥재	정은정	정 일	정정진
정제문	정준영(63)	정준영(64)	정해남	정흥교	정희영	조광제	조대호	조문숙	조병훈
조성대	조익순	조준호	조정희	조태현	지도영	차경숙	차기태	차미영	채수환
최 미	최세용	최수영	최병철	최영아	최영임	최영환	최운규	최원배	최윤정(77)
최은영	최인규	최지호	최 화	최현석	표경태	풍광섭	하선규	하성권	한경자
한명희	허남진	허선순	허성도	허영현	허용우	허정환	허지현	홍섬의	홍순정
홍 훈	황경화	황규빈	황예림	황유리	황주영	황희철			
가지런e류 교정치과			나와우리 〈책방이음〉			도미니코수도회		도바세	

방송대문교소담터스터디	방송대영문과07학번미아팀	법률사무소 큰숲	부북스출판사(신현부)
생각과느낌 정신건강의학과	이제이북스	(주)알파휴	카페 벨라온

(개인 304, 단체 12, 총 316)

후원위원

강진숙	강태형	고명선	곽성순	구미희	권소연	권영우	권이혁	길양란	김경원
김나윤	김대권	김대희	김명희	김미란	김미선	김미향	김백현	김복희	김상봉
김성민	김성윤	김순희(1)	김승우	김양희	김애란	김연우	김영란	김용배	김윤선
김장생	김정수	김정이	김정자	김지수(62)	김진숙(72)	김현자	김형준	김형희	김희대
맹국재	문영희	박미라	박우진	박원빈	박종근	박태준	박현주	백선옥	서도식
성민주	손창인	송민호	송봉근	송상호	송찬섭	신미경	신성은	신영옥	신재순
심명은	안희돈	양은경	양정윤	오현주	오현주(62)	우현정	원해자	유미소	유효경
이경진	이명옥	이봉철	이선순	이수민	이수은	이순희	이승목	이승준	이신자
이은수	이정민	이정인	이지희	이진희	이평순	임경미	임우식	장세백	장영재
전일순	정삼아	정은숙	정태윤	정태흡	정현석	조동제	조명화	조미연	조민아
조백현	조범규	조성덕	조진희	주은영	천병희	최광호	최세실리아		최승렬
최승아	최이담	최정옥	최효임	한대규	허 광	허 민	홍순혁	홍은규	홍정수
황정숙	황훈성	정암학당1년후원							

문교경기 〈처음처럼〉	문교수원3학년학생회	문교안양학생회	문교경기8대학생회
문교경기총동문회	문교대전충남학생회	문교베스트스터디	문교부산지역7기동문
문교부산지역학우일동(2018)	문교안양동문(2024)	문교안양학습관	문교인천동문회
문교인천지역학생회	방송대동아리 〈아노도스〉	방송대동아리 〈예사모〉	
방송대동아리 〈프로네시스〉	사가독서회		

(개인 122, 단체 17, 총 139)

후원회원

강경훈	강경희	강규태	강보슬	강상훈	강선옥	강성만	강성심	강신은	강유선
강은미	강은정	강임향	강창조	강 항	강희석	고강민	고경효	고복미	고숙자
고승재	고창수	고효순	공경희	곽범환	곽수미	구본호	구외숙	구익희	권 강
권동명	권미영	권성철	권순복	권순자	권오경	권오성	권오영	권용석	권원만
권정화	권해명	권혁민	김건아	김경미	김경원	김경화	김광석	김광성	김광택
김광호	김귀종	김길화	김나경(69)	김나경(71)	김남구	김대영	김대훈	김동근	김동찬
김두훈	김 들	김래영	김명주(1)	김명주(2)	김명하	김명화	김명희63	김문성	김미경(61)
김미경(63)	김미숙	김미정	김미형	김민경	김민웅	김민주	김범석	김병수	김병옥
김보라미	김봉습	김비단결	김선규	김선민	김선희(66)	김성곤	김성기	김성은	김성은(2)
김세은	김세원	김세진	김수민	김수진	김수환	김숙현	김순금	김순태	김순호
김순희(2)	김시인	김시형	김신태	김신판	김승원	김아영	김양식	김영선	김영숙(1)
김영숙(2)	김영애	김영준	김영효	김옥주	김용술	김용한	김용희	김유석	김유진
김은미	김은심	김은정	김은주	김은파	김인식	김인애	김인욱	김인자	김일학

김정근	김정식	김정현	김정현(96)	김정훈	김성희(1)	김성희(2)	김종태	김종호	김종희
김주미	김주희	김중우	김지수(2)	김지애	김지열	김지유	김진숙(71)	김진태	김철한
김충구	김태식	김태욱	김태헌	김태훈	김태희	김평화	김하윤	김한기	김현규
김현숙(61)	김현숙(72)	김현우	김현정	김현정(2)	김현중	김현철	김형규	김형전	김혜리
김혜숙(53)	김혜숙(60)	김혜원	김혜정	김홍명	김홍일	김희경	김희성	김희정	김희준
나의열	나춘화	나혜연	남수빈	남영우	남원일	남지연	남진애	노마리아	노미경
노선이	노성숙	노채은	노혜경	도진경	도진해	류남형	류다현	류동춘	류미희
류시운	류연옥	류점용	류종덕	류지아	류진선	모영진	문경남	문상흠	문순현
문영식	문정숙	문종선	문준혁	문찬혁	문행자	민 영	민용기	민중근	민해정
박경남	박경수	박경숙	박경애	박귀자	박규철	박다연	박대길	박동심	박명화
박문영	박문형	박미경	박미숙(67)	박미숙(71)	박미자	박미정	박믿음	박배민	박보경
박상선	박상윤	박상준	박선대	박선영	박성기	박소운	박수양	박순주	박순희
박승억	박연숙	박영찬	박영호	박옥선	박원대	박원자	박유정	박윤하	박재준
박재학	박정서	박정오	박정주	박정은	박정희	박종례	박주현	박주형	박준용
박준하	박지영(58)	박지영(73)	박지창	박지희(74)	박지희(98)	박진만	박진선	박진헌	박진희
박찬수	박찬은	박춘례	박태안	박한종	박해윤	박헌민	박현숙	박현자	박현정
박현철	박형전	박혜숙	박홍기	박희열	반덕진	배기완	배수영	배영지	배제성
배효선	백기자	백선영	백수영	백승찬	박애숙	백현우	변은섭	봉성용	서강민
서경식	서근영	서두원	서민정	서범준	서봄이	서승일	서영식	서옥희	서용심
서원호	서월순	서정원	서지희	서창립	서회자	서희승	석현주	설진철	성윤수
성지영	소도영	소병문	소상욱	소선자	손금성	손금화	손동철	손민석	손상현
손정수	손지아	손태현	손한결	손혜정	송금숙	송기섭	송명화	송미희	송복순
송석현	송연화	송염만	송원욱	송원희	송용석	송유철	송인애	송진우	송태욱
송효정	신경원	신경준	신기동	신명우	신민주	신상하	신성호	신영미	신용균
신정애	신지영	신혜경	심경옥	심복섭	심은미	심은애	심재윤	심정숙	심준보
심희정	안건형	안경화	안미희	안숙현	안영숙	안정숙	안정순	안진구	안진숙
안화숙	안혜정	안희경	안희돈	양경엽	양미선	양병만	양선경	양세규	양예진
양지연	양현서	엄순영	오명순	오성민	오승연	오신명	오영수	오영순	오유석
오은영	오진세	오창진	오혁진	옥명희	온정민	왕현주	우남권	우 람	우병권
우은주	우지호	원만희	유두신	유미애	유성경	유승현	유정모	유정원	유 철
유향숙	유희선	윤경숙	윤경자	윤선애	윤수홍	윤여훈	윤영미	윤영선	윤영이
윤에스더	윤 옥	윤은경	윤재은	윤정만	윤혜영	윤혜진	이건호	이경남(1)	이경남(72)
이경미	이경아	이경옥	이경원	이경자	이경희	이관호	이광로	이광석	이군무
이궁훈	이권주	이나영	이다연	이덕제	이동래	이동조	이동춘	이명란	이명순
이미옥	이민희	이병태	이복희	이상규	이상래	이상봉	이상선	이상훈	이선민
이선이	이성은	이성준	이성호	이성훈	이성희	이세준	이소영	이소정	이수경
이수련	이숙희	이순옥	이승훈	이승훈(79)	이시현	이양미	이연희	이영민	이영숙
이영실	이영신	이영애	이영애(2)	이영철	이영호(43)	이옥경	이용숙	이용안	이용웅
이용찬	이용태	이원용	이유진	이윤열	이윤주	이윤철	이은규	이은심	이은정
이은주	이이숙	이인순	이재현	이정빈	이정석	이정선(68)	이정애	이정임	이종남

이종민	이종복	이준호	이중근	이지석	이지현	이진아	이진우	이창용	이철주
이춘성	이태곤	이태목	이평식	이표순	이한솔	이 혁	이현주(1)	이현주(2)	이현호
이혜영	이혜원	이호석	이호섭	이화선	이희숙	이희정	임가흔	임미정	임석희
임솔내	임정환	임창근	임현찬	장모범	장선희	장시은	장영애	장오현	장재희
장지나	장지원(65)	장지원(78)	장지은	장철형	장태순	장해숙	장홍순	전경민	전다록
전미래	전병덕	전석빈	전영석	전우성	전우진	전재혁	전종호	전진호	정경회
정계란	정금숙	정금연	정금이	정금자	정난진	정미경	정미숙	정미자	정상묵
정상준	정선빈	정세영	정아연	정양민	정양욱	정 연	정연화	정영목	정영훈
정옥진	정용백	정우정	정유미	정은정	정일순	정재연	정재웅	정정녀	정지숙
정진화	정창화	정하갑	정현진	정은교	정해경	정현주	정현진	정호영	정환수
조권수	조길자	조덕근	조미선	조미숙	조병진	조성일	조성혁	조수연	조슬기
조영래	조영수	조영신	조영연	조영호	조예빈	조용수	조용준	조윤정	조은진
조정란	조정미	조정옥	조정원	조증윤	조창호	조황호	주봉희	주연옥	주은빈
지정훈	진동성	차문송	차상민	차혜진	채장열	천동환	천명옥	최경식	최명자
최미경	최보근	최석묵	최선희	최성준	최수현	최숙현	최연우	최영란	최영부
최영순	최영식	최원옥	최유숙	최유진	최윤정(66)	최은경	최일우	최자련	최재식
최재원(1)	최재원(2)	최재혁	최정욱	최정호	최정환	최종희	최준원	최지연	최진욱
최혁규	최현숙	최형석	최혜정	표종삼	하승연	하혜용	한미영	한규호	한생곤
한선미	한연숙	한옥희	한윤주	한호경	함귀선	허미정	허성준	허 양	허 웅
허인자	허정우	홍경란	홍기표	홍병식	홍성경	홍성규	홍성은	홍순아	홍영환
홍은영	홍의중	홍지흔	황경민	황광현	황미영	황미옥	황선영	황신해	황은주
황재규	황정희	황현숙	황혜성	황희수	kai1100	익명			

리테라 주식회사	문교강원동문회	문교강원학생회	문교경기 〈문사모〉
문교경기동문 〈문사모〉	문교서울총동문회	문교원주학생회	문교잠실송파스터디
문교인천졸업생	문교전국총동문회	문교졸업생	문교8대전국총학생회
문교11대서울학생회	문교K2스터디	서울대학교 철학과 학생회	
(주)아트앤스터디	영일통운(주)	장승포중앙서점(김강후)	책바람

(개인 747, 단체 19, 총 766)

2025년 3월 31일 현재, 1,173분과 48개의 단체(총 1,221)가 정암학당을 후원해 주고 계십니다.

지은이
알비노스(Albinos)

서기 2세기 중반의 중기 플라톤주의 철학자이다. 그의 생몰 연대나 고향, 가족 관계에 대해서는 알려진 것이 없다. 다만 그에 관한 고대의 증언들을 종합해 보면, 그는 스뮈르나(오늘날 튀르키예의 이즈미르)를 중심으로 활동했으며, 의사이자 플라톤주의자인 갈레노스가 그의 제자였다고 전한다. 알비노스는 『플라톤 대화편 입문』을 썼다고 하는데, 해당 저술은 소실되었고 오늘날에는 그 『서설』만이 남아 있다. 하지만 『서설』에 담긴 플라톤 대화편의 분류와 독서 순서에 관한 내용은 이후의 학설사가들에게 지대한 영향을 끼쳤다.

지은이
알키노오스(Alkinoos)

서기 2세기 무렵의 플라톤주의자로 알려져 있지만, 그 신원은 확실치 않다. 오히려 이 인물보다는 그 이름이 저자로 적혀 있는 『플라톤 사상 강의』라는 저술이 더 유명한데, 해당 작품은 고대로부터 전승된 플라톤 입문서들 가운데 가장 많이 읽힌 책이다. 한때 '알키노오스'가 사실은 '알비노스'의 오기라고 보아, 이 책의 저자를 알비노스로 여기는 해석도 있었지만, 오늘날에는 두 사람을 다른 인물로 보는 견해가 다수를 차지한다. 『강의』는 고대인들이 플라톤 철학을 어떻게 이해하고 해석했는지를 잘 보여 준다는 점에서 플라톤주의의 전통을 이해하는 데 귀중한 자료로 평가받는다.

옮긴이
김유석

숭실대학교 철학과를 졸업하고 파리1대학 철학과에서 플라톤의 초기 대화편 연구로 박사 학위를 취득했으며, 현재 정암학당 연구원으로 있다. 소크라테스주의와 플라톤주의 전통에 관심을 갖고서 연구를 진행해 왔으며, 현재 중기 플라톤주의에 관한 연구를 수행하고 있다. 저서로는 『메가라학파』(아카넷, 2022), 역서로는 플라톤, 『티마이오스』(아카넷, 2019), 루이-앙드레 도리옹, 『소크라테스』(소요서가, 2023)가 있으며, 논문으로는 「견유 디오게네스의 수련에 관하여」(2021), 「스페우시포스의 「필리포스 II세에게 보내는 편지」와 그 수사학적 성격들」(2023), 「서기 1세기의 수사학 예비훈련 교과인 '프로귐나스마타'에 관하여」(2024), 「데미우르고스 안의 이데아들: 중기 플라톤주의자 알키노오스의 『티마이오스』 해석에 관하여」(2024) 등이 있다.

정암고전총서는 정암학당과 아카넷이 공동으로 펼치는 고전 번역 사업입니다.
고전의 지혜를 공유하여 현재를 비판하고 미래를 내다보는 안목을 키우는
문화적 기반을 마련하고자 합니다.

정암고전총서 04

고대의 플라톤주의자들 1

1판 1쇄 찍음 2025년 4월 16일
1판 1쇄 펴냄 2025년 4월 30일

지은이 알비노스 · 알키노오스
옮긴이 김유석
펴낸이 김정호

책임편집 박수용
디자인 이대응

펴낸곳 아카넷
출판등록 2000년 1월 24일(제406-2000-000012호)
주소 10881 경기도 파주시 회동길 445-3 2층
전화 031-955-9510(편집) · 031-955-9514(주문)
팩스 031-955-9519
www.acanet.co.kr

Printed in Paju, Korea.

ISBN 978-89-5733-977-0 94160
ISBN 978-89-5733-609-0(세트)

이 저서는 2021년 대한민국 교육부와 한국연구재단의 지원을 받아 수행된 연구임 (NRF-2021S1A5B5A16077200).